科技论文检索与写作

朱道义　编著

中国石化出版社

内容提要

本书以科技论文写作流程为主线，详细介绍了科技论文写作过程中的检索、开题、论文结构与布局、实验设计与数据处理、写作技巧等，包括了文献信息检索与管理、学术规范与科研论文简介、文献综述与开题报告撰写、实验设计与数据处理、期刊论文写作、学位论文写作6个方面的主要内容。内容满足新时代理工科类学生和技术人员科技论文撰写与发表需要。

本书可作为高等院校理工类学生的教材，更可供科研工作者学习参考。

图书在版编目(CIP)数据

科技论文检索与写作/朱道义编著.—北京：中国石化出版社，2022.8(2025.12重印)
ISBN 978-7-5114-6823-9

Ⅰ.①科… Ⅱ.①朱… Ⅲ.①科技情报-情报检索②科学技术-论文-写作 Ⅳ.①G250.255②G301

中国版本图书馆CIP数据核字(2022)第147755号

中国石化出版社出版发行

地址:北京市东城区安定门外大街58号
邮编:100011 电话:(010)57512500
发行部电话:(010)57512575
http://www.sinopec-press.com
E-mail:press@sinopec.com
北京科信印刷有限公司印刷
全国各地新华书店经销

*

787×1092毫米16开本12.5印张289千字
2022年9月第1版 2025年12月第3次印刷
定价:69.00元

前　言

随着我国高等教育规模的不断扩大、科学技术队伍的不断壮大，越来越多的科技研究成果被记录并发表出来。针对初学者，高等院校通常开设“科技论文检索与写作”类课程，以培养学生通过文献研究分析复杂问题、设计解决方案、预测并模拟实验，以及将成果与业界同行及社会公众进行有效沟通和交流的能力。随着信息技术的迅猛发展，信息检索资源也越来越丰富，培养学生利用互联网高效、快速地检索准确、全面的文献信息的科学方法，其重要性不言而喻。另外，科技论文写作作为实践教学的关键环节，能将理论与实践相结合，培养出高素质科技人才。

本书以科技论文写作流程为主线，以实践性为主要特点，全面系统地介绍了文献信息检索、论文选题、开题报告与文献综述、实验设计、图表制作以及论文写作等一系列内容。

全书分为6章。第1章介绍文献信息检索与管理知识，包括文献信息基本概念、检索方法以及NoteExpress文献管理工具的使用方法；第2章介绍学术规范以及科技论文的基本概念，包括学术道德规范建设、科技论文的不同类型及其特点；第3章介绍文献综述与开题报告、项目申请书的撰写方法；第4章介绍实验设计与数据处理知识，包括常见实验设计方法、表格、插图以及公式的规范与绘制方法；第5章详细介绍期刊论文的写作方法，包括期刊论文结构与各部分写作技巧、英文期刊论文写作常见问题以及期刊论文的规范发表流程等；第6章系统介绍学位论文的写作方法，包括学位论文的选题与论证、学位论文结构与各部分写作技巧、学位论文格式与排版以及学位论文答辩技巧等。本书实用性强，教学过程中，建议授课教师选择多媒体教室进行授课，并根据教学的具体目标与要求对内容进行取舍。

本书在参考大量国内论文检索与写作的相关专著和教材的基础上，融合了NoteExpress文献管理工具知识以及Origin插图制作方法的内容，以使读者的写作更加便捷与规范。书中还提供了不同文献信息检索工具的访问链接，方便读者浏览并进行自主学习。

本书所有内容均由编著者收集、整理与编写，并在中国石油大学（北京）克拉玛依校区以校内讲义的形式进行了多次的试用与修改。教材编写与出版过程中，得到了许多国内外专家、学者以及科研工作者的关注与帮助，在此一并致以诚挚的感谢！

由于信息检索技术正处于一个高速发展阶段，检索方法也更新迅速，加之编者水平与经验有限，疏漏、错误之处在所难免，恳请广大同仁、读者批评指正，提出宝贵意见，以便再版时修正。

朱道义

2022 年 3 月于克拉玛依

目　录

第 1 章　文献信息检索与管理

在科技论文写作前，通常需要对文献进行收集与分析。当面对庞杂的信息时，利用数据库进行文献信息检索，可以更加快速准确、全面系统地对相关领域的前沿文献进行普查，阅读、分析，进而明确初选课题的研究背景与意义，分析出初选课题的现有水平和国内外研究现状，并指出课题现有研究存在的不足和有待改进之处，并提出一些科研假设或解决方法。同时，在日常科研活动中，面对对于大量的文献资源，可以利用文献管理工具进行高效管理与应用，极大地提高科研效率。

1.1　文献的基本概念

1.1.1　文献的定义

文献(Literature)是指通过一定的方法和手段、运用一定的意义表达和记录体系记录在一定载体的有历史价值和研究价值的知识。根据中华人民共和国国家标准《文献著录 第 1 部分：总则》(GB/T 3792.1—2009)，文献被定义为记录有知识的一切载体。根据定义，文献一般由知识内容、信息符号、载体材料、记录方式 4 要素构成。

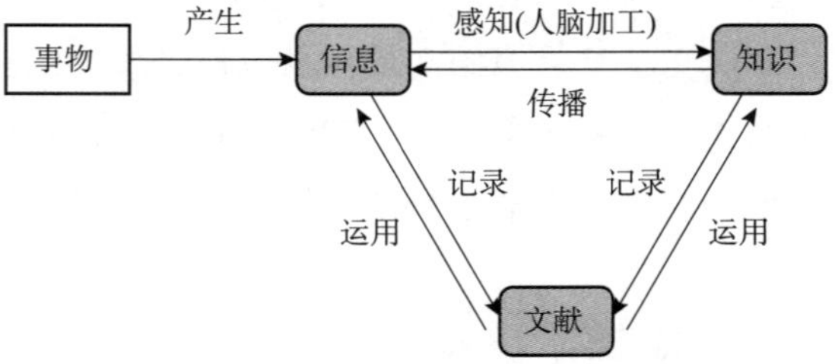

图 1－1　信息、知识以及文献三者之间的关系

信息、知识、文献三者之间是密切相关的，如图 1－1 所示。信息(Information)是物质的一种属性，是事物运动的状态以及其状态改变的方式。因此，信息不是事物的本身，而是存在于事物当中，是事物运动的状态与方式，是对事物运动方式的抽象反应。人脑对事物属性的感知形成信息，人们在大脑中对信息进行加工、整理和创造，以此来形成系统化的表现、形成人类社会实践的知识。知识(Knowledge)是人们在改造客观世界的实践中所获得的认识和经验的总和，是人们在改造客观世界的过程中理性认识了的信息。因此，知识是信息的一部分，知识的传播可以形成新的信息。知识和信息被记录在载体上可以形成文献。文献被人类广泛传播、有目的地运用在理论和实践中，进而又可以产生新的信息、知识和文献。如此循环不断创新形成各种各样的新知识，从而推动人类社会前进。由此可

见，信息、知识、文献在社会系统中表现出一种不间断的延续性。

1.1.2 文献的类型

1.1.2.1 按照文献的加工程度划分

根据其性质、用途、内容和加工程度，可以将文献划分为零次文献、一次文献、二次文献和三次文献，如图1－2所示。

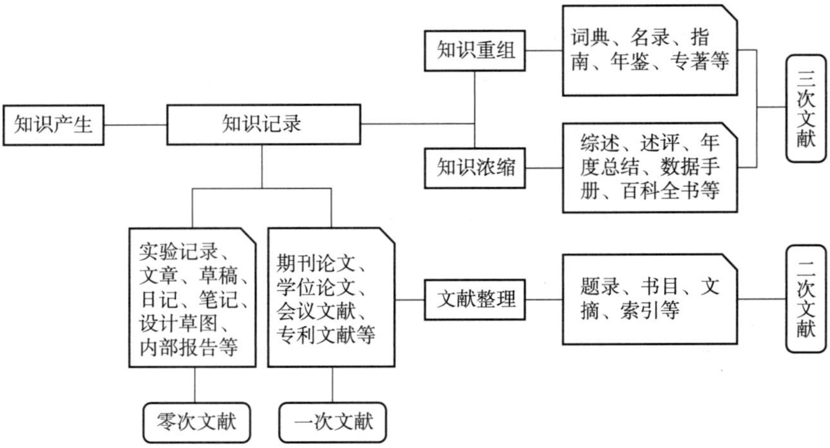

图1－2 文献类型划分

1）零次文献（Zeroth literature）

零次文献指未经正式发表或未形成正规载体的一种文献形式，即未公开于社会的文献，如教案、手稿、书信、笔记、会议记录等。零次文献的特点是客观性、零散性和不成熟性。

2）一次文献（Primary literature）

一次文献又称原始文献，是以作者本人的经验、研究或研制成果为依据撰写的经公开发表的文献。一次文献是文献的主题，是最基本的信息源，是文献检索的主要对象，一般包括报刊论文、专著、研究报告、会议文献等。一次文献的特点是创造性、原始性、分散性。

3）二次文献（Secondary literature）

二次文献又称检索性文献，即为查检一次文献而被信息部门编辑的文献，是对一次文献的浓缩和有序化。二次文献是最重要的有组织、有系统的检索工具，能够提供一次文献的线索，如书目、索引、题录、文摘等。二次文献的特点是系统性、易检性。

4）三次文献（Tertiary literature）

三次文献又称参考性文献，即在一次、二次文献的基础上编制的、查阅二次文献、了解学术动态以及一次文献概况的出版物，是一种再创造性文献，是一次文献的浓缩，对学术研究具有很大的指导和参考作用，如百科全书、年鉴、手册、指南以及综述、述评等。三次文献的特点是总结性、先导性。

在检索文献时，一般先对相关的三次文献和二次文献进行检索，再通过他们查找一次文献，进而扩大查找文献的范围，以找到有实用价值的文献。

1.1.2.2　按照文献的出版类型划分

科技论文中常见的文献出版类型主要包括图书(如专著)、期刊、会议文献、学位论文、专利文献、网上电子公告 6 种类型。

1)图书

图书(Book)大多数是根据已发表的科学技术成果、生产技术知识和经验经过作者的选择、鉴别、核对、组织而成的，论述比较系统全面，但出版周期较长，知识的新颖性不够。图书主要包括专著(Monograph)、丛书(Series of Monographs)、手册(Handbook)等。专著指的是针对某一专门研究题材的，是著作的别称。

专著的引用方法为：

[序号]作者．专著名[M]．版本．出版地：出版者，出版年：起止页．

【例 1－1】

在写学术论文时，若需引用“界面张力”这个名词的定义，假设出现在北京市中国石化出版社的《应用物理化学》第 71 页。请写出相对应的文献引用格式。

【解析】

引用格式如下：

[1]王业飞，赵福麟．应用物理化学[M]．北京：中国石化出版社，2018：71.

2)期刊

期刊又称杂志(Journal)，其出版周期短、报道速度快、信息内容新、发行数量大、品种多、影响广，并能及时反映科学技术中的新成果、新水平和新动向。期刊通常用于学习专业知识、调研课题研究现状、了解与掌握某学科的发展水平与动态等，是学者和科研人员最常用的文献来源。

期刊的引用方法为：

[序号]作者．题(篇)名[J]．刊名．出版年，卷号(期号)：起止页．

【例 1－2】

在撰写论文中的文献综述部分时，需要引用《SPE Journal》期刊中的“A unified model to predict flowing pressure and temperature distributions in horizontal wellbores for different energized fracturing fluids”一文。该论文的信息截图如图 1－3 所示。请写出相对应的文献引用形式。

【解析】

引用格式如下：

[1]Zhengming Xu，Kan Wu，XianZhi Song，et al. A unified model to predict flowing pressure and temperature distributions in horizontal wellbores for different energized fracturing fluids

[J]. SPE Journal. 2019，24(2)：834～856.

（提示：作者间用半角符号“,”间隔。作者少于3人应全部写出，3人以上只列出前3人，后加“等”或“et al.”）

核心期刊是指在某一学科领域(或若干领域)中最能反映该学科的学术水平、信息量大、利用率高、受到普遍重视的权威性期刊。确定核心期刊的方法有多种，我国一般根据以下几条原则来综合测定：①载文量(即刊载本学科的文献量)多的期刊；②被二次文献摘录量大的期刊；③被读者引用次数多的期刊。科技类期刊通常被分为中文核心期刊(通常指北京大学图书馆“中文核心期刊”，一般每3～4年更新一次)、SCIE(科学引文索引扩展版)收录期刊、EI(工程索引)收录期刊以及其他普通期刊等。SCI收录和EI收录期刊主要针对英文期刊，将在第1.2.4.3节进行详细介绍。

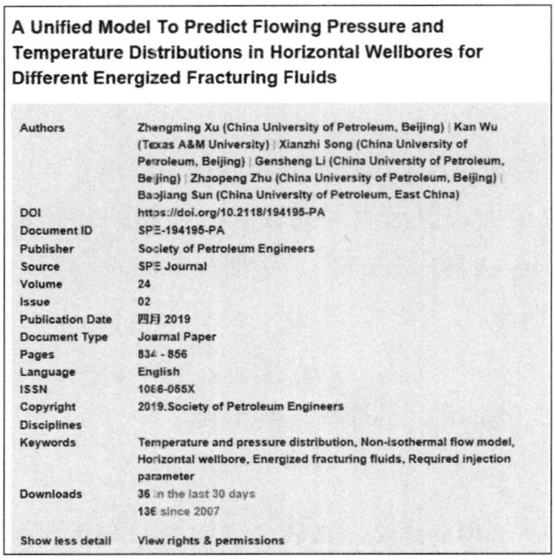

A Unified Model To Predict Flowing Pressure and Temperature Distributions in Horizontal Wellbores for Different Energized Fracturing Fluids

Authors	Zhengming Xu (China University of Petroleum, Beijing) | Kan Wu (Texas A&M University) | Xianzhi Song (China University of Petroleum, Beijing) | Gensheng Li (China University of Petroleum, Beijing) | Zhaopeng Zhu (China University of Petroleum, Beijing) | Baojiang Sun (China University of Petroleum, East China)
DOI	https://doi.org/10.2118/194195-PA
Document ID	SPE-194195-PA
Publisher	Society of Petroleum Engineers
Source	SPE Journal
Volume	24
Issue	02
Publication Date	四月 2019
Document Type	Journal Paper
Pages	834 - 856
Language	English
ISSN	1086-055X
Copyright	2019.Society of Petroleum Engineers
Disciplines	
Keywords	Temperature and pressure distribution, Non-isothermal flow model, Horizontal wellbore, Energized fracturing fluids, Required injection parameter
Downloads	36 in the last 30 days 136 since 2007
Show less detail	View rights & permissions

图1－3　例1－2中论文的信息页截图

通过查询上述数据库可以核实某一期刊是否为核心期刊，也可通过Ex Libris(艾利贝斯)公司提供的中外文核心期刊查询系统(http：//sfx－86ali. hosted. exlibrisgroup. com. cn/index. html)，其首页如图1－4所示。

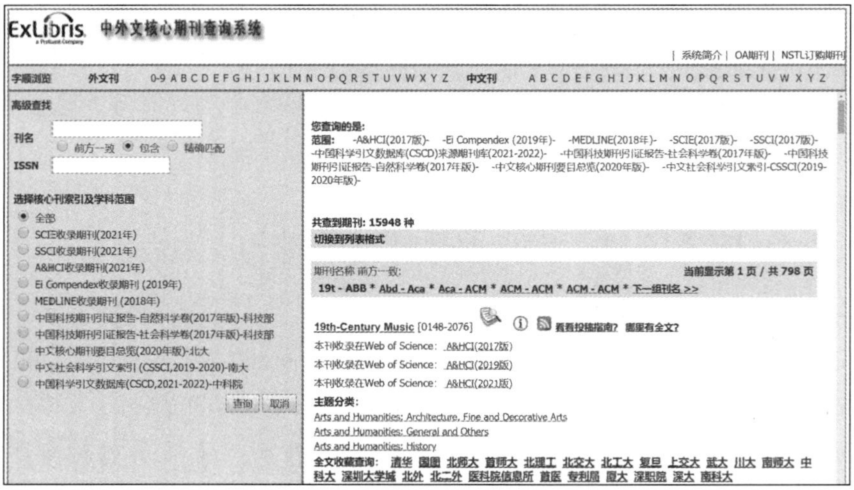

图1－4　Ex Libris中外文核心期刊查询系统首页

3)会议文献

会议文献(Conference)是指国际学术会议和各国国内重要学术会议发表的论文集(Symposium paper)和会议录(Proceeding)。会议文献是了解国际及各国的科技水平、动态及发展趋势的重要情报来源。会议分国际会议、全国性会议以及地区性会议 3 种。

会议文献的引用方法为：

[序号]作者. 篇名[C]. 会议名，会址，开会年：起止页.

4)学位论文

学位论文(Dissertation)是高等院校、科研机构的研究生为获得学位，在进行科学研究后撰写的学术论文。一般分为学士论文、硕士论文、博士论文 3 个级别。学位论文的选题都是各学科的重要课题，是一种重要的文献来源。

学位论文的引用方法为：

[序号]作者. 题(篇)名[D]. 授学位地：授学位单位，授学位年.

5)专利文献

专利(Patent)是指一个国家授予创造发明人在一定时间内对该发明创造的独占实施权，包括专利产品的生产、使用和销售。专利文献主要指专利说明书，已成为情报的一个重要来源。按使用范围可分为：国际标准、区域性标准、国家标准、专业标准和企业标准 5 大类型。每个国家都有自己的专利号码体系，如中国专利号为 CN109801543A。

专利的引用方法为：

[序号]专利申请者. 专利标题[D]：专利国别，专利号. 公告日期.

6)网上电子公告

网上电子公告(Electronic bulletin board online，简写为 EB/OL)，通常是指从论坛(BBS)等交流平台上搜集到的信息。

网上电子公告的引用方法为：

[序号]作者. 标题[EB/OL]. 出版地：出版者，出版年(更新或修改日期)[引用日期]. 电子文献的出版者或可获得地(网)址.

值得注意的是，上述不同出版类型文献的引用格式要求是参考中国石油大学(北京)学位论文撰写要求提出的。针对不同的出版社或高等院校，其格式会略有变化，在撰写前应仔细阅读相关的撰写指南。

1.2　文献检索工具

文献检索(Literature search)是指利用检索工具或检查系统查找文献的过程。文献检索和文献阅读是一切科研工作的出发点。通过文献检索，可以避免重复研究和少走弯路，节省时间。文献检索工具是指根据一定社会需要，汇编某一类文献的知识材料以特定的编排方法加以组织，专供人们查找数据、事实和文献线索的专门性工具。他能报道文献信息的存在，并揭示文献信息的内容。检索方式主要包括手工检索和计算机检索，检索工具通常指的文献系统或者数据库。随着现代网络的发展，文献检索更多是通过计算机技术来完成。科技领域常用的文献检索工具及其分类如表 1－1 所示。

表 1－1　常见的文献检索工具及其分类

检索工具	常见的文献检索工具	检索范围
中文文献全文数据库	知网	期刊论文、学位论文、会议文献、专利文献、标准
	万方	期刊论文、学位论文、会议文献、专利文献、标准
	高校硕博士论文库	国内高校学位论文
	专利局文献库	中国专利文献
英文文献全文数据库	ScienceDirect	专著、期刊论文
	SpringerLink	专著、期刊论文
	Wiley－Blackwell	专著、期刊论文
	SPE OnePetro	期刊论文、学位论文
	高校硕博士论文库	国内高校学位论文
	专利局文献库	国外专利文献
整合型文献检索平台	谷歌学术	专著、期刊论文、会议文献、专利文献、标准
	百度学术	专著、期刊论文、会议文献、专利文献、标准
	Web of Science	期刊论文、会议文献、专利文献、标准
	Engineering Village	期刊论文、会议文献、专利文献、标准

根据检索对象的不同，文献检索包括文献线索检索和文献全文检索。文献线索检索是指利用整合型文献检索平台或系统等工具进行检索。文献线索检索的结果是文献线索，主要包括书名或论文题目、作者、出版者、出版地、出版时间等文献外部特征。文献全文检索的结果是文献所含的全部信息，为检索者提供全文。

1.2.1　文献检索基础知识

1.2.1.1　检索功能

文献的检索功能主要包括导航检索、简单检索、高级检索、专业检索以及其他检索方法等。图 1－5 列出了万方数据库提供的文献检索功能。

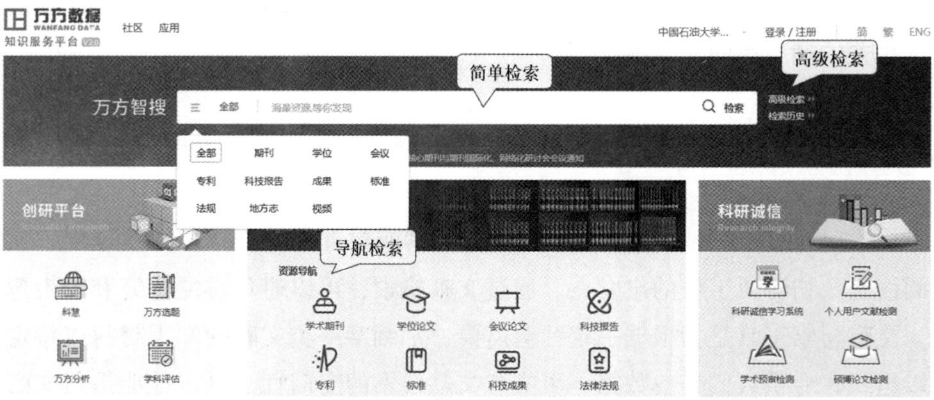

图 1－5　文献检索功能(以万方数据库为例)

1.2.1.2　检索程序

在进行文献检索时，无论使用手工检索方法还是使用计算机检索方法，其检索程序都是一样的。一般而言，要经过以下基本程序：分析检索课题、选择检索工具、检索并调整检索策略、获取检索结果。

1) 分析研究课题

在检索课题前，需要全面了解课题的内容及用户对检索的各种要求。分析检索课题时，可以从研究目的、学科范围、课题内容、文献类型、查新要求等方面进行。

2) 选择检索工具

检索工具通常指文献系统或者数据库。常见的中文和英文文献数据库将在第 1.2.2 节和 1.2.3 节中进行详细介绍。读者可以根据表 1－2 中不同类型文献资源的特点进行选择。

表 1－2　不同类型文献资源的特点

文献资源类型	文献特点
期刊论文	内容新颖、文献量大
会议论文	专业性强、内容新颖
学位论文	系统性强、阐述细致、有独创性
学术专著、编著等著作	论述全面、内容翔实
专利文献	数量庞大、技术含量高
科技报告/科技成果	科研过程实际记录，内容专业、可靠、详尽
标准	严肃性、法律性、时效性、滞后性

3) 制定检索策略

制定检索策略是检索过程中的重点和难点，包括选择检索方法、检索途径、检索词、构造检索表达式等过程。

(1) 检索方法。该方法主要包括直接法、追溯法、循环法。直接法指以主题、分类、作者、题目等为检索点，直接利用检索工具来查找文献信息的方法，如利用工具书或图书馆馆藏书目等工具来检索文献信息。追溯法不利用检索系统，而是利用原始文献后面所提供的参考文献，逐一追踪查找文献原文的方法。循环法又称综合法，是分期分段交替地综合使用直接法和追溯法，取长补短，获得更好的检索结果。

(2) 检索途径。又称检索字段，学术途径包括主题途径、分类途径、名称途径、号码途径、引文途径等。其中，主题途径包括主题、题目、文摘、关键词以及全文等，如图 1－6 所示。

(3) 检索词。通常可以由主题分解得到，将主题内容分解为数个概念，这些概念都可以作为检索词。在检索词中，通常研究对象为中最重要概念，其次是研究方法或手段，再次是研究目的。以《SiO_2 纳米流体在低渗透油藏中的驱油性能和注入参数优化》的论文题目为例，在检索时可以将研究对象“SiO_2 纳米流体”和“低渗透油藏”作为最重要概念进行检索。

(4) 构造检索表达式。一般指检索式，检索式是检索者向计算机发布的指令，也是人机对话的语言，检索式表达了检索者的检索意图。检索式通常由检索词、逻辑算符、通配符等组成。当用两个以上检索词进行检索时，词与词之间的关系要用逻辑算符连接、以表

图 1 –6　文献检索途径(以万方数据库为例)

达检索者的检索意图。数据库中的逻辑运算通常采用布尔逻辑算符，即用“或”“与”“非”表示检索词之间的关系，如图 1 –7 所示。

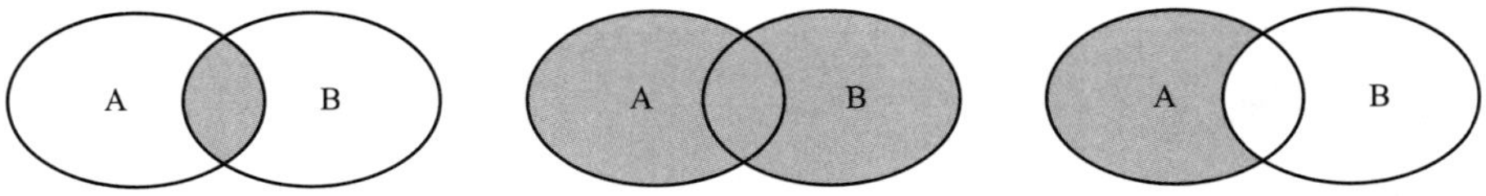

逻辑“与”(A and B)　逻辑“或”(A or B)　逻辑“非”(A not B)

图 1 –7　布尔逻辑算符

当两个检索词用逻辑“与”(即“A 与 B”)方式进行组配时，其检索结果将包括所有同时带有 A 和 B 两个检索词的记录。例如，查找纳米驱油技术方面的文章，检索式可以写为“纳米”和“驱油”，如图 1 –8 所示。逻辑“与”的使用有助于增强检索的专指性，使检索范围缩小，可以提高查准率，增加专指性。逻辑“与”的运算符为“and”或“ * ”。

图 1 –8 文献检索表达式的构造(以万方数据库为例)

当两个检索词用逻辑“或”(即“A 或 B”)方式进行组配时，其检索结果将包含所有带有 A 和 B 两个检索词中任意一个检索词的记录。例如，查找油田开发方面的文献，检索式可以写为“油田开发”或“油藏工程”。逻辑“或”的使用有助于扩大检索范围，可以提高查全率。逻辑“或”的运算符为“or”或“ + ”。

当两个检索词用逻辑“非”(即“A 非 B”)方式进行组配时，其检索结果将包括所有带 A 检索词而不带 B 检索词的记录。例如，想了解钻井方面的内容，而不要采油方面的文献时，检索式可以写为“钻井”非“采油”。逻辑“非”的使用有助于缩小检索范围，增强检索的准确性。逻辑“非”的运算符为“not”或“ - ”。

通配符是一种特殊语句，主要有星号(*)和问号(?)，用来模糊搜索文件。当查找文件夹时，可以使用他来代替一个或多个真正字符；当不知道真正字符或者懒得输入完整名字时，常常使用通配符代替一个或多个真正的字符。“ * ”为无限截词，表示取代单词中的任意(0、1、2…)个字符，如 engineer * 可以检索到 engineers、engineering 等。“?”为有限截词，表示取代单词中的一个字母，如 wom? n 可以检索到 woman 和 women，再如 solut???? 可以检索到 solute、solution 和 soluting 等。

4)实施文献检索并调整检索策略

根据前面制定的检索策略，即选定好检索工具后，用已选择好的检索方法、检索工具以及构造好的检索表达式进行检索，再根据检索结果是否理想来调整检索策略。如果检索结果较多，则可以增加检索词或提高检索词的专指度，缩小检索字段的范围。如果检索结果太少，则可以减少检索词或扩大检索字段的范围，如改用上位词，选择更为宽泛的检索词，将同义词、近义词、相关词等尽量选全，以提高查全率。

5)获取检索结果

文献检索的输出形式主要包括题录、文摘以及全记录等。图 1 - 9 给出了以万方数据

图 1 - 9　文献检索结果(以万方数据库为例，仅显示页面上部分)

库为例的文献检索结果。根据相关性、新颖性、权威性以及代表性等筛选原则，对检索结果进行分类筛选。如果对文献的筛选结果比较满意，则可以进行导出题录或下载全文等操作。部分数据库还能提供参考文献以及相关文献等信息，对所检索的结果进行拓展，如图1－10所示。

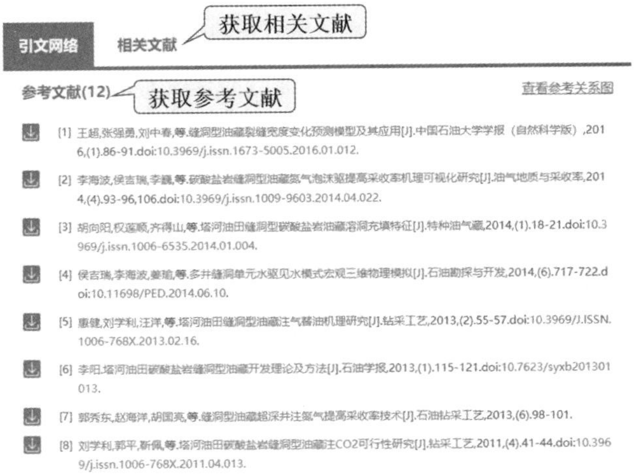

图1－10　文献检索结果(以万方数据库为例)

1.2.2　中文文献全文数据库

图书馆是搜集、整理、收藏图书资料以供阅览、参考的机构。图书馆的电子资源整合了中文数据库和外文数据库。中国石油大学(北京)图书馆的网站首页如图1－11所示。

图1－11　中国石油大学(北京)图书馆网站首页

数据库(Database)是至少由一种文档组成的，能够满足某种特定目的或特定数据处理系统需要的数据集合。数据库主要由字段、记录和文档构成。其组织形式为文档，文档的基本组成单位是记录。

记录(Record)是作为一个单位来处理的有关数据的集合，是对某一实体的属性进行描述的结果。在数据库中，被描述的实体是某一特定的文献，实体的属性就是该文献的特征，包括题名、作者、出版时间等。在整合型数据库中，一个记录就是一个文章或题录；在全文数据库中，一个记录就是一篇完整的文献。

字段(Field)是记录的下一级数据单位，用来描述实体的某一属性。因此，每一个记录通常由若干个描述性的字段构成，如题名字段、作者字段、出版字段等。

文档(File)是数据库中若干个记录的信息集合。文档是数据库和检索系统中数据组织的基本形式，类似于文件夹，里面包含很多记录。

1.2.2.1　中国知网(CNKI)数据库

中国知网是国家知识基础设施工程(China National Knowledge Infrastructure，缩写为 CNKI)的简称，由清华大学、中国学术期刊电子杂志社、同方知网技术有限公司联合发行的中国知识资源总库。他能为海内外读者提供中国学术文献、外文文献、学位论文、报纸、会议、年鉴、工具书等各类资源统一检索、统一导航、在线阅读和下载服务。CNKI 的收录最早可以追溯到 1915 年，目前共收录 10 余万种期刊，内容覆盖基础科学、工程技术、农业、医学、哲学、人文、社会科学等各个领域。其访问网址为：https：//www. cnki. net/，主要包括以下 3 种功能。

1)CNKI 数据库检索功能

CNKI 数据库包括文献检索、知识元检索、引文检索，如图 1 – 12 所示。文献检索可

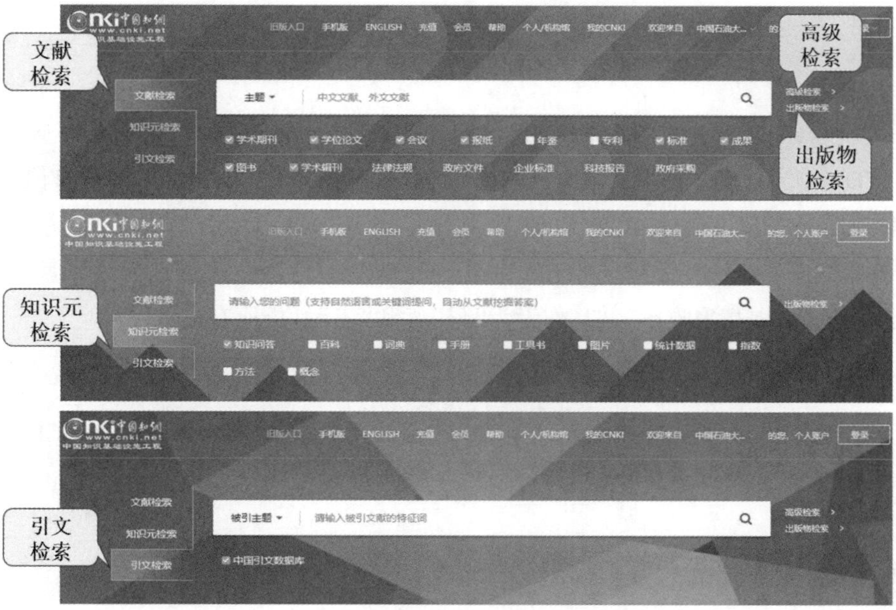

图 1 – 12　CNKI 数据库首页及其三种检索功能

以检索的中文或外文文献包括学术期刊、学位论文、会议、报纸、年鉴、专业、标准、成果、图书等。知识元检索可以检索的内容包括知识问答、百科、词典、手册、工具书、图片等文献。引文检索可以检索被引主题、被引题目、被引关键词、被引摘要、被引作者、被引单位、被引文献来源等。

在图 1－12 中所示的检索框中，左侧的检索框可以选择检索词在文献中的所在位置，右侧的检索框可以输入检索词。点击左侧检索框右下角的小箭头，会弹出下拉菜单。在这个下拉菜单中，列出了检索词在文献中的位置，如全文、主题、篇名、作者、单位、关键词、摘要、参考文献、中图分类号、文献来源等。例如，选择“作者”，可以查找某一作者发表的文献；选择“关键词”，可以查找在关键词中出现该检索词的文献等。

除了图 1－12 所示的一框式检索方式外，在首页点击“高级检索”或从一框式检索切换至高级检索界面，如图 1－13 所示。CNKI 数据库还提供高级检索、专业检索、作者发文检索、句子检索等。专业检索适合关键词较多、查准率要求较高的检索课题。

图 1－13　CNKI 数据库的不同检索方式

使用专业检索方式时，可检索字段包括 SU%(主题)，TKA(篇关摘)，KY(关键词)，TI(题目)，FT(全文)，AU(作者)，FI(第一作者)，RP(通讯作者)，AF(作者单位)，FU(基金)，AB(摘要)，RF(参考文献)，CLC(分类号)，DOI(DOI)，CF(被引频次)等。例如，输入 TI =‘纳米’ and KY =‘提高采收率’ and (AU %‘侯’+‘王’)可以检索到篇名包括“纳米”、关键词包括“提高采收率”并且作者为“侯”姓和“王”姓的所有文章。

【例 1－3】

在 CNKI 数据库中查找中国石油大学 2015 年来有关提高采收率方面的 SCI 或 EI 来源期刊上的论文。

【解析】

操作界面与步骤如图 1－14 所示。

图 1－14　例 1－3 的操作步骤

【例 1－4】

在 CNKI 数据库中查找《油田化学》期刊 2021 年第 3 期第 388～394 页的论文全文。

【解析】

操作界面与步骤如图 1－15 所示。

图 1－15　例 1－4 的操作步骤与界面

2) 阅读与下载功能

CNKI 提供手机阅读、HTML 格式全文阅读、CAJ 全文和 PDF 全文等阅读与下载功能。值得注意的是，非订阅用户只能看到索引与摘要等信息，无法阅读全文，订阅用户可以通过 IP 登录访问单位订阅的 CNKI 资源，并可以下载全文。

3) 特色功能

CNKI 数据库还提供一些特色服务功能，包括学术不端文献检测系统、腾云数字出版系统、知网研学(原 E－study)、CAJViewer 浏览器下载等。中国知网还为读者打造了手机

端文献服务平台 – CNKI 全球学术快报，可以为用户提供个性化的快报推送服务，实现实时了解最新学术科技前沿动态的目的。

1.2.2.2　万方数据库

万方数据库提供中国大陆科技期刊检索，是北京万方数据股份有限公司建立的专业学术知识服务网站，隶属于万方数据资源系统，对外服务数据由万方数据资源系统统一部署提供。万方数据库的收录可以最早追溯到 1900 年，共收录 8000 多种期刊，其访问网址为：http：//www. wanfangdata. com. cn。非订阅用户只能看到索引与摘要等信息，无法阅读全文，订阅用户可以通过 IP 登录访问单位订阅的万方数据资源，并可以下载全文。

1.2.2.3　学位论文数据库

学位论文是申请学位的人员所撰写的具有较高学术价值的学术论文。提供学位论文检索的途径有以下几种。

1）馆藏学位论文及学位论文电子数据库

几乎所有高等院校或科研机构的档案室或图书馆都收藏有学位论文的印刷本，但由于版权问题，国内高校的馆藏数据库通常只能通过校内网访问。例如，中国石油大学（北京）学位论文管理系统（http：//202. 204. 202. 7/，限校内网访问）收藏了自 2006 年以来的各学科专业硕士、博士论文全文，如图 1 – 16 所示，部分未解密的学位论文可以查阅其摘要和目录。2005 年以前的纸质论文可以通过馆藏学位论文进行查阅。

图 1 – 16　中国石油大学（北京）学位论文管理系统

2）硕博士学位论文数据库

中国知网（CNKI）和万方资源系统分别提供博硕士论文全文数据库，可以负责免费检索，授权用户可以阅读全文。

1.2.2.4　中国专利数据库

常用的中文专利检索工具主要是中国国家知识产权局专利数据库（http：//epub. cnipa. gov. cn/），其收录了自 1985 年 9 月 10 日以来公布的全部中国专利信息，包括发明专利、实用新型专利、外观设计专利 3 种专利类型，如图 1－17 所示。

图 1－17　国家知识产权局专利数据库

另外，万方资源系统和中国知网都集成了多国专利信息的检索，但只有授权用户才可以直接阅读专利全文。

1.2.2.5　国内会议数据库

1) 馆藏纸版会议论文文献

许多会议都要出版会议论文集，有些论文集有正式的国际标准图书编号，不少图书馆会收藏此类会议论文集。

2) 会议论文全文数据库

有中国知网、万方资源系统、IEEE、EBSCO、ASME 授权用户可以阅读全文。另外，超星读秀、超星百链、谷歌学术搜索也提供对会议论文的检索，部分可以阅读全文。

1.2.2.6　国家或行业标准数据库

从某种意义上讲，标准文献的内容就是法规。常用的标准文献检索工具有万方数据资源系统下的《中外标准文献数据库》以及中国知网 CNKI 国内外标准数据库中的《中国标准题录数据库》和《国外标准题录数据库》。

【例 1－5】

(1) 侯吉瑞等撰写的期刊论文《靶向输送三元复合体系提高采收率技术研究》，请查找全文。

(2)《界面化学及其在 EOR 中的应用》，侯吉瑞等编著，科学出版社，2014，请查阅全文。

【解析】

(1) 已知中文题目、作者等信息，可以根据文献的专业选择合适的全文数据库如《中国知网数据库》《万方数据库》或《维普数据库》等查找全文。

以中国知网数据库为例，登录高级检索界面，分别在“主题”输入“靶向输送三元复合体系提高采收率技术研究”、在“作者”输入“侯吉瑞”，如图 1－18 所示。

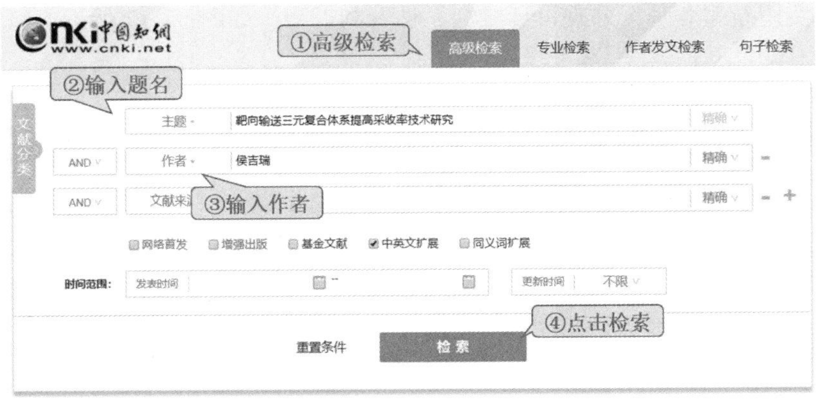

图 1－18　CNKI 界面中输入“主题”和“作者”

点击“检索”，可以找到所需的文章，点击“下载”，即可得到全文，如图 1－19 所示。

图 1－19　CNKI 界面进行文献检索与下载

(2)已知中文或外文图书的书名、作者、出版社等信息，可借助“书目查询”功能，快速查询该书的馆藏情况，根据馆藏情况借阅该书或浏览电子图书。

以中国石油大学图书馆为例，登录图书馆书目检索系统(网址：http：//202.204.202.6/)，在“馆藏检索”中的下拉菜单“题名”输入框中输入“界面化学及其在EOR中的应用”，如图 1－20 所示。

图 1－20　中国石油大学(北京)图书馆书目检索系统界面中输入“题名”

点击“检索”，可以找到所需的图书，点击“电子书”，即可阅读全文，如图 1－21 所示。

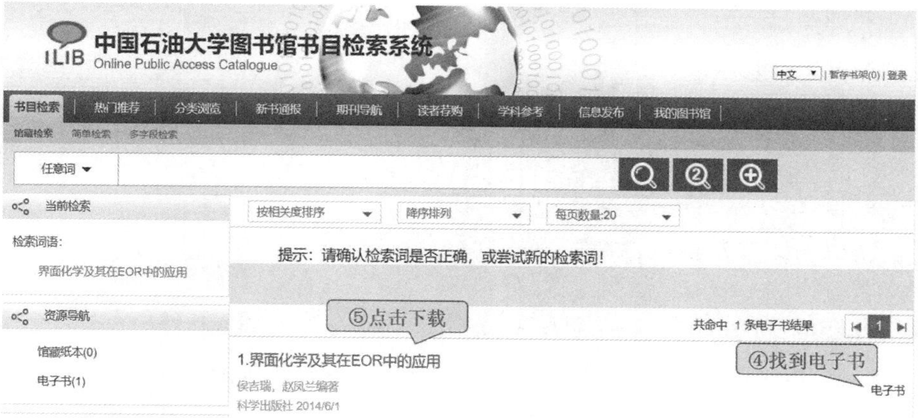

图 1－21　中国石油大学(北京)图书馆书目检索系统电子书下载

1.2.3　英文文献全文数据库

常用的英文文献数据库主要包括基础科学类和综合类两大类。基础科学类英文文献数据库主要包括 Nature 出版集团主办的 Nature 周刊、美国科学促进会主办的 Science 周刊以及美国科学院主办的美国科学院院报(PNAS)等。综合类英文文献数据库主要包括荷兰爱思唯尔(Elsevier)出版集团主办的 Science Direct 数据库、德国施普林格(Springer)出版集团主办的 SpringerLink 数据库、John Wiley & Sons 出版公司主办的 Wiley－Blackwell 数据库、美国 SPE(石油工程师协会)等 21 家机构主办的 OnePetro 数据库、美国化学学会(ACS)的期刊全文库等。

1.2.3.1　Elsevier ScienceDirect 数据库

荷兰爱思唯尔(Elsevier)出版集团出版公司创办于 1880 年，总部位于荷兰阿姆斯特丹，是全球最大的科技与医学文献出版发行商之一。除了出版众多著名的石油类期刊，如《Petroleum Science》《Journal of Petroleum Science and Engineering》，还拥有众多的图书品牌以及多个有影响力的数据库产品，如 ScienceDirect、Scopus、Engineering Village 等。

ScienceDirect 数据库是 Elsevier 出版社的全文数据库平台，收录了 Elsevier 出版的科技医学领域的 3800 多种同行评议期刊，内容涉及物理与工程、生命科学、健康科学、社会科学与人文科学四大领域 24 个学科领域。该数据库是目前国内使用频率最高的外文全文数据库之一。ScienceDirect 的网址为 https://www.sciencedirect.com/，登录界面如图 1－22 所示。非订阅用户可以查看文献题录、摘要等信息，订阅用户可以查看、免费下载全文。

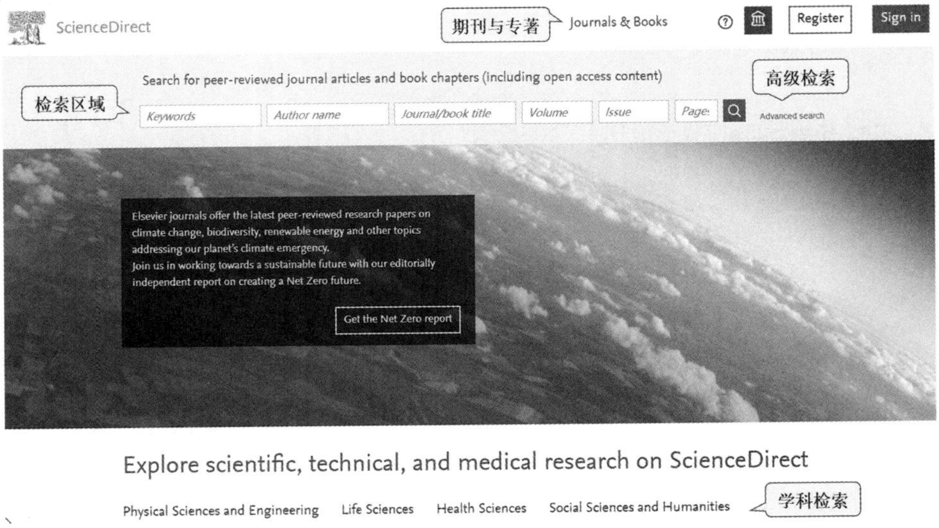

图 1－22 Elsevier 数据库 Science Direct 主页面

【例 1－6】

检索页岩油(Shale oil)相关的文献。

【解析】

(1)检索"shale oil"。在图 1－23 所示的 ScienceDirect 界面输入"shale oil"，点击右侧放大镜按钮进行查找。

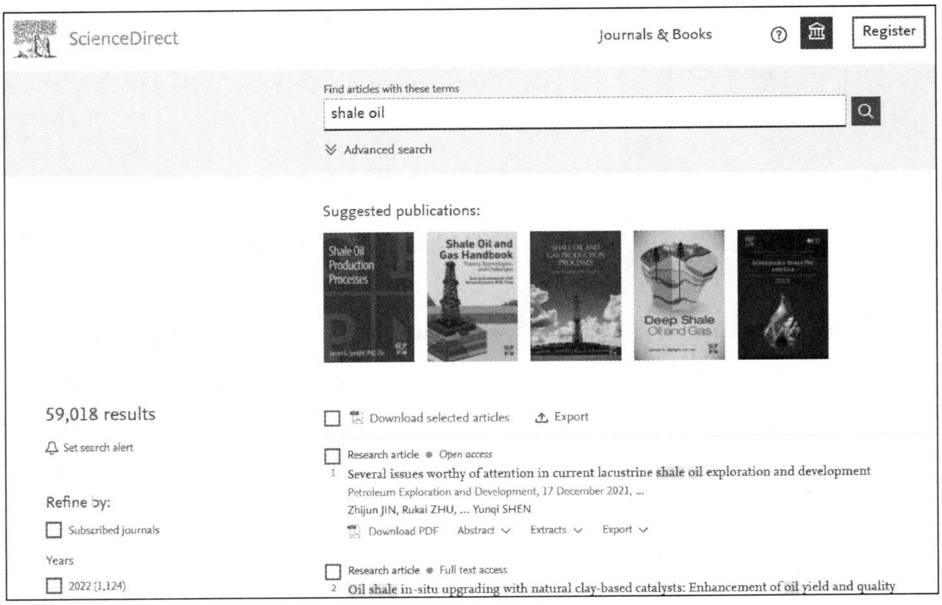

图 1－23 ScienceDirect 界面输入"shale oil"

(2)检索"shale oil"词组。在图 1－24 所示的 ScienceDirect 界面输入"shale oil(词组)"，点击右侧放大镜按钮进行查找。

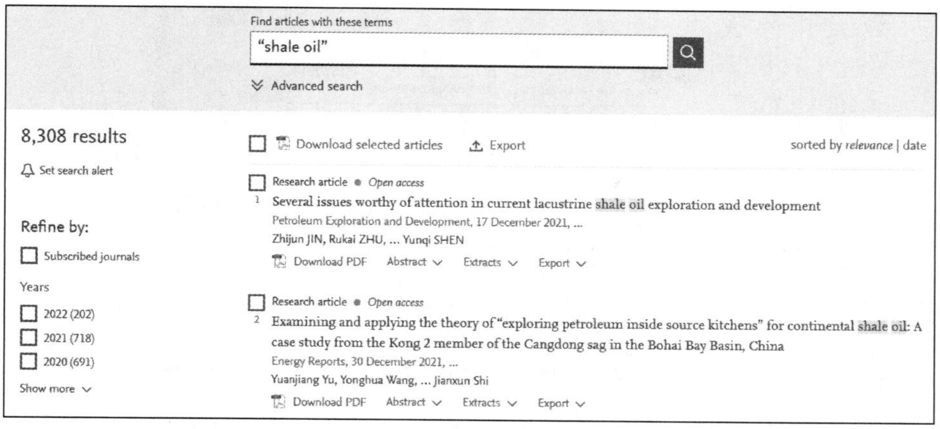

图 1－24　ScienceDirect 界面输入“shale oil(词组)”

【例 1－7】

检索 2015 年以来砂岩油藏(sandstone reservoir)提高采收率而不包括碳酸盐岩油藏(carbonate reservoir)提高采收率(EOR)方面的文献。

【解析】

(1)在“Find articles with these terms”中输入“(‘sandstone reservoir’ NOT ‘carbonate reservoir’)AND EOR”，在“Year(s)”中输入“2015－2022”，如图 1－25 所示。

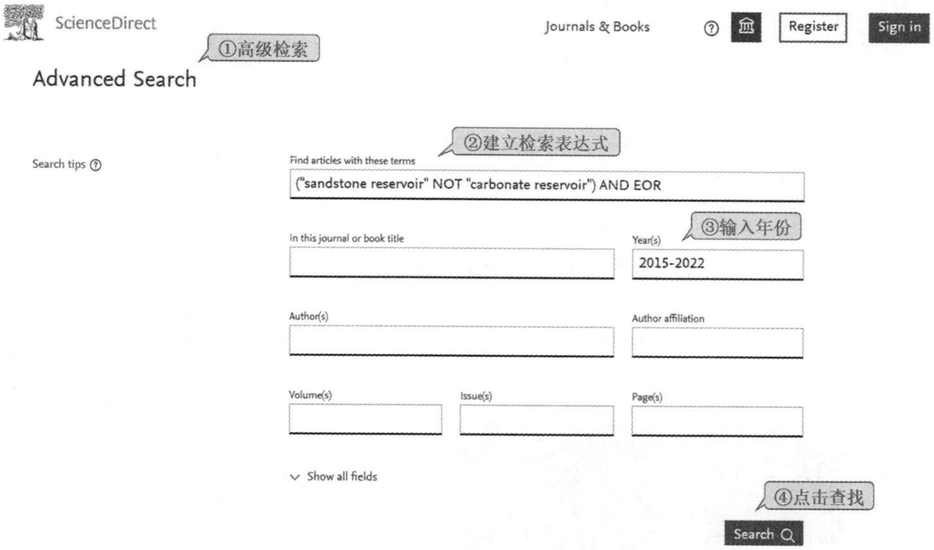

图 1－25　ScienceDirect 界面高级检索界面

(2)检索结果处理。检索结果如图 1－26 所示，点击文章名，进入文章详细页面，如图 1－27 所示。

ScienceDirect 是集在线投稿、评审和编辑功能于一体的电子平台，作者可在主页面右下角点击“Publish with Elsevier”，进入该期刊的 EES 主页，如图 1－28 所示，在线投稿并追踪稿件状态。

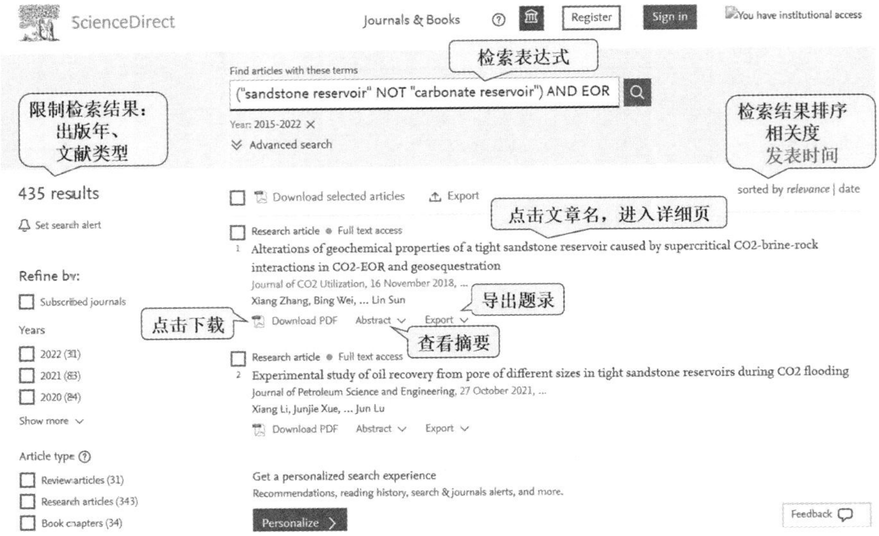

图 1－26　ScienceDirect 界面检索结果

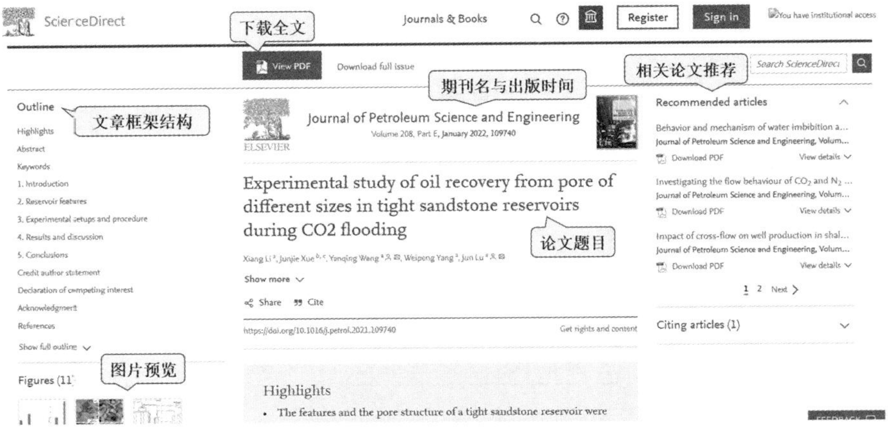

图 1－27　ScienceDirect 界面文章详细页面

图 1－28　Elsevier 数据库在线投稿系统

1.2.3.2　Springer Link 数据库

德国施普林格(Springer Nature)出版集团是目前全球最大的学术书籍出版公司，同时出版全球具有广泛影响力的期刊，也是开放研究领域的先行者。其在线学术资源平台 Springer Link，整合了原 Springer 的出版资源和原 Palgrave 的电子书，提供超过 1900 种同行评议的学术期刊，以及不断扩展的电子参考工具书、电子图书、实验室指南和在线回溯数据库等，网址为：https：//link. springer. com/，如图 1－29 所示。Springer Link 是全球第一个电子期刊全文数据库。

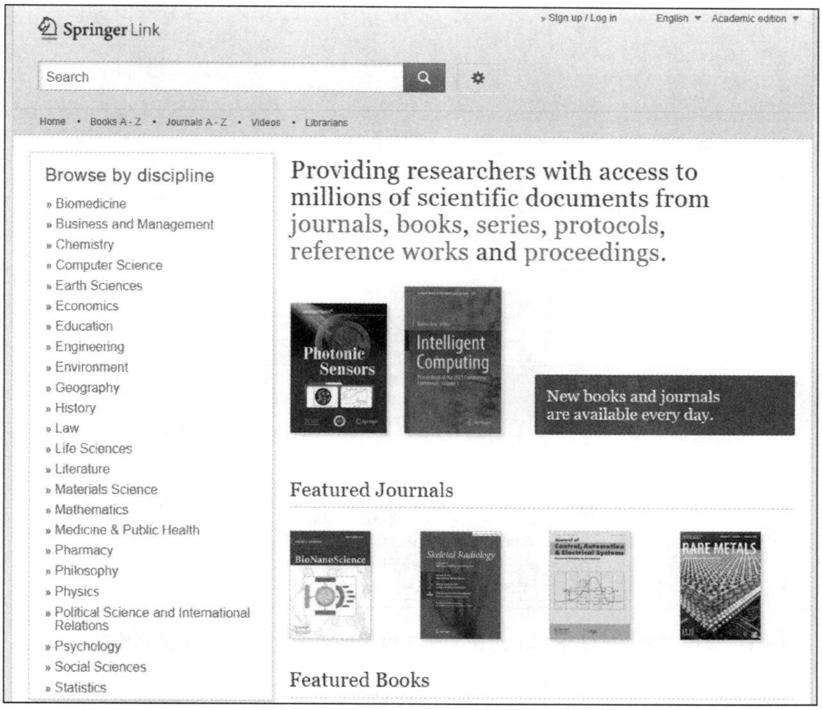

图 1－29　Springer 数据库 Springer Link 主页面

Springer SICC 期刊数据库可访问的期刊资源有 1700 多种，60% 以上被 SCI 收录，涉及生物医学、科学工程和人文社科领域的多个学科。Nature 电子期刊库收录 39 种 Nature 品牌的高影响力的科学研究期刊，平均影响因子高达 22988。Springer Nature 电子图书包括参考书、系列图书、教参考书系列图书、专著等多种类型。Springer Link 平台按学科分类组织图书，在人文社科和科学技术与医学大类下，各设有 10 个学科子类。

Springer Nature 还提供专业数据库，如 Springer Protocols 是全球最大、最全的线上实验室指南，Springer Materials 是目前最大的材料物理化学和工程科学领域的高质量数值型数据库。Springer Nature 数据库中包含的石油类期刊主要有 Journal of Petroleum Exploration and Production Technology、Petroleum Science、Petroleum Chemistry 等期刊。

1.2.3.3　Wiley Blackwell 数据库

2007 年 2 月 John Wiley & Sons Inc(约翰・威立父子出版公司)收购 Blackwell(布莱克威

尔出版公司)，并将其与原有的科学、技术及医学业务(STM)合并组建 Wiley Blackwell 数据库。Wiley Blackwell 出版了 1455 种同行评审的学术期刊及涵盖面广泛的书籍，涵盖学科领域包括科学、技术、医学、社会科学及人文。Wiley Blackwell 数据库的网址为：https：//onlinelibrary. wiley. com/。Wiley Blackwell 数据库中包含的石油类期刊主要有 Geofluids、Reviews of Geophysics、AIChE Journal、Energy Technology 等期刊。中国石油大学(北京)图书馆网站中的 Wiley Blackwell 数据库链接入口如图 1 – 30 所示。

图 1 – 30　中国石油大学(北京)图书馆 Wiley Blackwell 数据库链接入口

1. 2. 3. 4　SPE OnePetro 数据库

国际石油工程师协会(Society of Petroleum Engineers，简称 SPE)是全球石油科研工作者的组织。该组织每年举办石油行业各相关学科的学术会议，并把会议论文和该组织出版的期刊论文加工成电子文献，通过网络向全球用户提供服务。SPE 官方网址为：https：//www. spe. org，如图 1 – 31 所示。SPE 专著的网址为 https：//store. spe. org/。

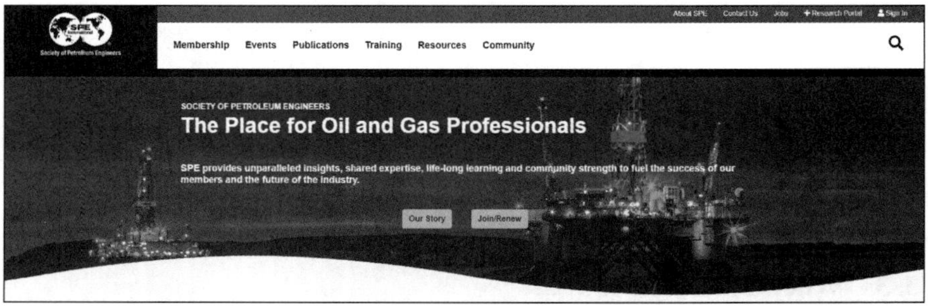

图 1 – 31　SPE 官方网站主页

SPE OnePetro 是一个提供石油和天然气勘探和生产技术的科技文献在线数据库。OnePetro 的前身是 SPE 数据库，即石油工程师学会数据库。到目前为止，OnePetro 数据库收录了包括石油工程师学会(SPE)、美国石油学会(API)、美国岩石力学协会、美国安全工程师学会等 19 个机构的文献资源，最早可以追溯至 1885 年，收录的文献类型以会议和期刊文献为主。该数据库的内容涉及地质、应用地球物理、地球化学、钻井、测井、修井等石油行业各个领域。OnePetro 是关于油气工业上游的权威资源，有 21 个出版商的贡献，提供超过 20 万个项目的访问，对石油专业人员具有较大的参考价值。其网址为：https：//onepetro. org，登录界面如图 1 – 32 所示。

图 1 – 32　Springer 数据库 Springer Link 主页

OnePetro 提供的期刊涵盖了石油和天然气勘探和生产(E&P)行业的关键领域，包括 SPE Journal、SPE Production & Operations、SPE Reservoir Evaluation & Engineering、SPE Drilling & Completion 等期刊论文(网址为：https：//onepetro. org/journals)、Journal of Petroleum Technology 杂志文章(网址为：https：//onepetro. org/JPT)、SPE 协会举办的 Annual Technical Conference and Exhibition 会议论文(网址为：https：//onepetro. org/conferences)等文献资源。

1. 2. 3. 5　ACS 数据库

美国化学学会(American Chemical Society，简称 ACS)成立于 1876 年，现已成为全球最大的科技协会之一。ACS 数据库受国家科技图书文献中心的资助，高校及科研单位图书馆以联合购买方式，采用 IP 地址控制访问权限，可通过图书馆主页上的 ACS 期刊全文库的超链接进入，也可直接访问 https：//pubs. acs. org/，如图 1 – 33 所示。

目前该数据库虽只有 75 种期刊，但被 Journal Citation Reports(JCR)评为化学领域中被引用次数最多的化学期刊，内容几乎涵盖化学及应用的所有领域，包括有机化学、环境科学、材料科学、物理化学、环境工程学、工程化学、应用化学、分析化学、燃料与能源、微生物应用生物科技等。与石油学科有关的期刊主要包括 Energy&Fuels、Industrial & Engineering Chemistry、Environmental Science & Technology 等。很多期刊可回溯到创刊年，最早可追溯至 1879 年。

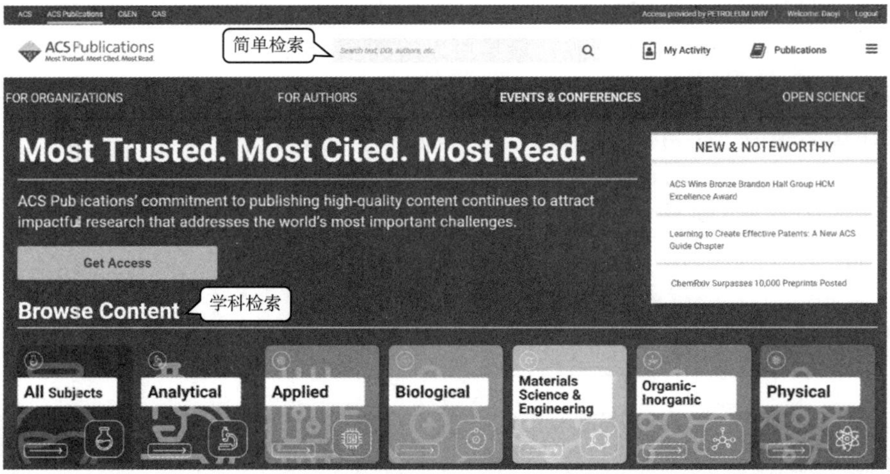

图 1-33　ACS 数据库主页

1.2.3.6　国外石油高校硕博士论文数据库

美国 ProQuest 公司是世界上最早及最大的博硕士论文收藏和供应商，该公司的 ProQuest Dissertations and Theses(简称 PQDT)数据库是世界著名的硕博学位论文数据库，收录有欧美 1000 余所大学自 1637 年以来文、理、工、农、医等领域的博士、硕士学位论文，是学术研究中十分重要的信息资源。其网址为：http：//www. pqdtcn. com/，如图 1-34 所示。订阅用户可以通过 IP 登录获得全文。

图 1-34　PQDT 博硕士学位论文全文库

国外高等院校与研究机构通常也会提供本单位的博硕士学位论文，如 The University of Texas at Austin（美国德克萨斯大学奥斯汀分校）的学位论文数据库网址为：https：//repositories. lib. utexas. edu/handle/2152/11，如图 1－35 所示。许多国家的高等院校建立了本校的学位论文电子数据库，如表 1－3 所示。

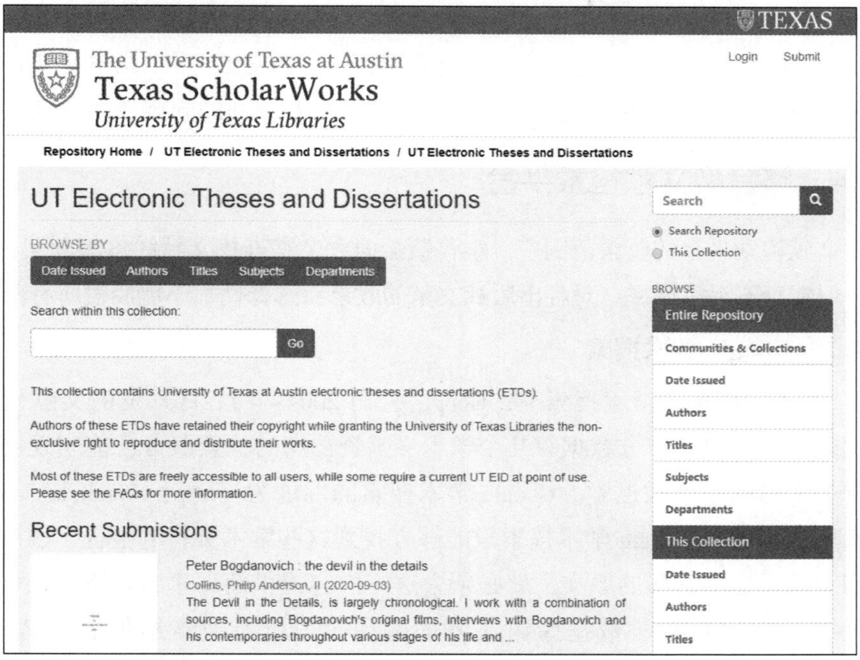

图 1－35　德克萨斯大学奥斯汀分校博硕士学位论文电子数据库

表 1－3　国内外部分知名拥有石油类专业高等院校的学位论文电子数据库

高校	学位论文电子数据库访问网址
德克萨斯大学奥斯汀分校 （The University of Texas at Austin）	https：//repositories. lib. utexas. edu/handle/2152/11
斯坦福大学 （Stanford University）	https：//searchworks. stanford. edu/catalog? f%5Bgenre_ ssim%5D%5B%5D = Thesis%2FDissertation
莱斯大学 （Rice University）	https：//scholarship. rice. edu/handle/1911/13110
德克萨斯州 A&M 大学 （Texas A&M University）	https：//library. tamu. edu/search/theses. html
科罗拉多矿业学院 （Colorado School of Mines）	https：//mountainscholar. org/discover
宾夕法尼亚州立大学 （Pennsylvania State University）	https：//etda. libraries. psu. edu/catalog
德州理工大学 （Texas Tech University）	https：//ttu－ir. tdl. org/handle/2346/521

1.2.3.7 国外专利文献

国外专利文献数据主要包括美国专利商标局数据库(United States Patent and Trademark Office)和欧洲专利局数据库(European Patent Office)。

美国专利商标局数据库(网址：http：//www.uspto.gov/)不仅提供了丰富的美国专利信息，同时还可用于检索美国的商标信息。欧洲专利局数据库(网址：https：//worldwide.espacenet.com/)可以免费检索包括其成员国在内的50多个国家和地区的专利信息以及7个国家和专利组织的专利全文，还可以检索某些专利的同族专利文献。

1.2.4 整合型文献检索平台

整合型文献检索平台的收录范围广、学科覆盖面大，是查找文献线索的利器，部分提供原文链接，但本身不提供原文。对各出版社文献的收录有选择性，不能涵盖所有出版社。

1.2.4.1 Google 学术搜索

Google Scholar(Google 学术搜索)是 Google 公司 2004 年 11 月开发的文献检索服务平台，主要提供维普资讯、万方数据等几个学术文献资源库的检索服务，能实现网络资源和图书馆资源等文献的一站式搜索。Google 学术搜索的网址为：http：//scholar.google.com，如图 1－36 所示。通过 Google 学术搜索只能够查找到这些学术资料的报告、摘要及引用内容，如果想要获得这些资料的原文，就必须去这些内容提供商那里付费下载。Google 学术搜索的长处是能够提供相关数据库内文献的引用次数以及搜索结果的排名等。同时，Google 学术搜索还可以帮助用户了解到某个领域最重要的学术文献，帮助研究学者轻松地掌握研究动态，如图 1－37 所示。这是作为搜索引擎服务的本质要求，对 web 页面的搜索也需要对搜索结果进行排序，而引用次数是 Google 进行排名的参考指标。

图 1－36 Google 学术搜索主页

Google 学术搜索结果可以导出到文献管理软件，如 NoteExpress 导入 Google 学术搜索文献方法，具体方法将在第 1.3.3 节中进行详细介绍。谷歌学术支持导入 BibTeX、EndNote、RefMan 和 RefWorks 等文献管理软件。

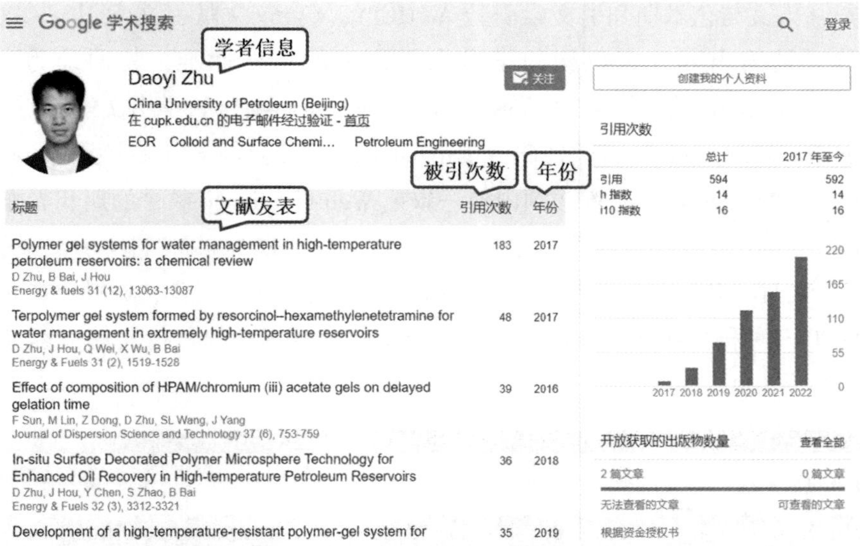

图 1 –37　Google 学术搜索中研究学者主页

1.2.4.2　百度学术搜索

百度学术搜索是百度旗下的提供海量中英文文献检索的学术资源搜索平台，2014 年 6 月初上线。其涵盖了各类学术期刊、会议论文，旨在为国内外学者提供最好的科研体验。百度学术的网址为：https：//xueshu. baidu. com/，如图 1 –38 所示。百度学术搜索可检索到收费和免费的学术论文，并通过时间筛选、题目、关键字、摘要、作者、出版物、文献类型、被引用次数等细化指标提高检索的精准性。

图 1 –38　百度学术搜索

1.2.4.3　SCI/EI 检索

1) SCI 收录

Web of Science 由美国著名的情报学家和科学计量学家 Eugene Garfield（尤金·加菲尔德）创建，美国科学信息研究所编辑出版，包括《科学引文索引》（SCI）、《社会科学引文索引》(SSCI)、《人文与艺术期刊引文索引》(A&HCI)、《会议文献引文索引》(CPCI)4 个学术文献子库，是国内外许多机构的学术水平评估的重要标准，其网址为：https：//www. webofscience. com，如图 1 –39 所示。Web of Science 含有《科学引文索引》扩展版(Science Citation Index Expanded，简称 SCI – Expanded)和《社会科学引文索引》(Social Science Citation Index，简称 SSCI)。目前，国内外一致把 Web of Science 收录的期刊看作是核心期刊，认定其收录的论文具有一定学术水平。最新的 SCI – Expanded《科学引文索引》扩展版收录了数学、物理、化学、生命科学、临床医学、天文地理、环境、材料、农业、工程技术等学科 8000 多种科技期刊，是目前国际上公认的最具权威的科技文献检索工具和评价工具。

图 1 –39　Web of Science 数据库

Web of Science 还提供了 Journal Citation Reports(简称 JCR)数据库，是非常重要的期刊评价工具，其网址为：https：//jcr. clarivate. com/jcr/home，首页如图 1 –40 所示。

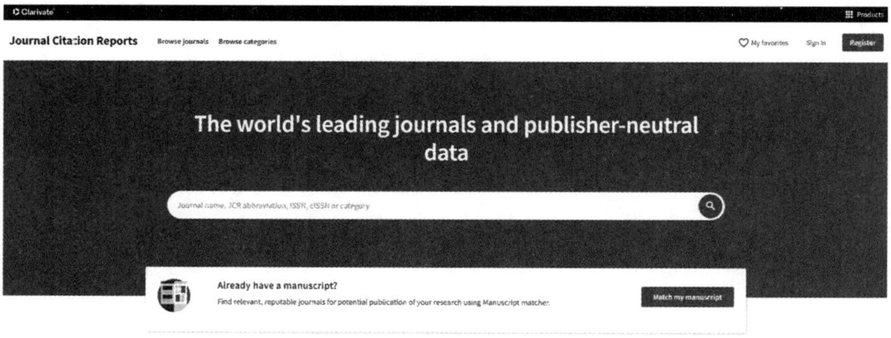

图 1 –40　Journal Citation Reports 首页

通过对世界上 7500 多种期刊引用数据的定量统计分析，帮助用户了解出版物的影响力，并对 SCI 收录的期刊进行分区。分区将 SCI 收录的 8500 多种期刊分为 13 个大类学科、

176 个小类学科，每个学科按照期刊的影响因子(impactor factor，简称 IF)高低分类，平均分为 Q1、Q2、Q3 和 Q4 四区。各学科分类中，影响因子前 25% (含 25%)期刊划分为 Q1 区，前 25% ~50% (含 50%)为 Q2 区，前 50% ~75% (含 75%)为 Q3 区，75% 之后的为 Q4 区。以石油工程(ENGINEERING，PETROLEUM)领域为例，表 1-4 给出了石油工程领域主要的英文论文期刊及其 JCR 分区。

表 1-4　英文论文期刊及其分区(2021 年)(石油工程领域部分期刊)

排名	期刊名全称	影响因子	研究领域	出版商	检索工具	JCR 分区
1	Journal of Petroleum Science and Engineering	4.346	不限	Elsevier	ScienceDirect	Q1
2	Petroleum Science	4.090	不限	中国石油大学(北京)&KeAi	ScienceDirect	Q1
3	Petroleum Exploration and Development	3.803	勘探开发	Science Press	ScienceDirect	Q1
4	SPE Journal	3.478	不限	SPE	OnePetro	Q1
5	SPE Reservoir Evaluation & Engineering	2.250	油藏工程	SPE	OnePetro	Q1
6	Journal of Petroleum Exploration and Production Technology	2.077	勘探开发	Springer	Springer’	Q2
7	SPE Production & Operations	1.894	采油工程	SPE	OnePetro	Q2
8	Oil & Gas Science and Technology – Revue d IFP Energies nouvelles	1.708	不限	EDP SCIENCES 出版社	IFP	Q2
9	SPE Drilling & Completion	1.500	钻井、完井工程	SPE	OnePetro	Q2
10	Petroleum Science and Technology	1.070	不限	Taylor and Francis	/	Q2
11	Petrophysics	1.044	油层物理	SPWLA	/	Q3
12	Petroleum Chemistry	1.029	石油化学	MAIK	/	Q3
13	Oil shale	0.934	油页岩	ESTONIAN ACAD PUBLISHERS	/	Q3
14	China Petroleum Processing & Petrochemical Technology	0.850	石油加工	中国石化集团石油化工科学研究院	中国知网	Q3
15	International Journal of Oil Gas and Coal Technology	0.683	不限	Inderscience Enterprises Ltd.	/	Q3

数据来源：InCites Journal Citation Reports(JCR2021 年版)。

值得注意的是，SCI 期刊的 JCR 分区与中科院分区存在一定的区别。汤森路透公司制定的 JCR 分区(原来是汤森路透，后来易主科睿唯安)，一般简称为“JCR 分区”，即 JCR (期刊引证报告 Journal Citation Reports)。中国科学院国家科学图书馆制定的 JCR 分区，一般简称为“中科院分区”。JCR 是按照“平均主义”思想，根据刊物 IF 的高至低平均划分 4 个区，每个区含有该领域总量 25% 的期刊。中科院的分区如同社会阶层的金字塔结构，将每个学科的所有期刊按照学术影响力(即 3 年的影响因子)由高至低降序排列，划分为 4 个区。1 区只有 5% 的顶级期刊，2 ~4 区期刊数量也逐层增加，但每个分区的影响力总和相同。一般 JCR 中 1 区的期刊写作“Q1”，中科院 1 区的期刊写作“1 区”，如此类推。实际上，两种分区方式都比较权威，具体的认定方法取决于不同的学校或单位。

另外，Web of Science 数据库还提供了 RSS 或 E - Alert 服务，可以有效地进行信息跟踪。例如，检索以后可以使用 E - Alert 服务创建相关跟踪。当有新的符合检索要求的信息进入数据库后，数据库会按照设定的时间更新，将新的信息推送到用户的邮箱，这样就可以实时获得领域前沿信息动态。

2)EI 收录

Engineering Village 数据库创刊于 1884 年，由美国工程信息公司(The Engineering Information Corporation)编辑出版，现由著名出版商 Elsevier 经营，其网址为：https：//www. engineeringvillage. com，如图 1 –41 所示。Engineering Village 是最权威的工程、应用科学领域文献检索平台，为广大工程师和科研工作者提供最专业、内容最丰富的工程科学数据库和相应的科技文献检索，以及全球优秀工程科学期刊的全文在线访问服务，拥有著名的《工程索引》(Engineering Index，简称 EI)检索功能。

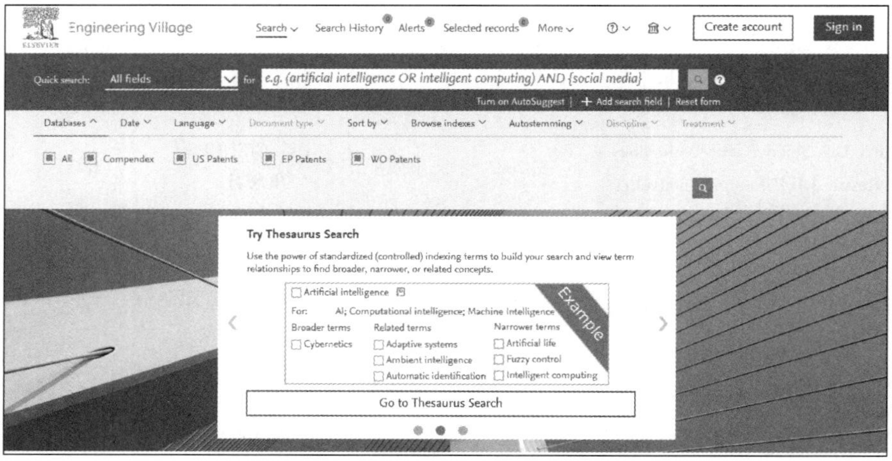

图 1 –41　Engineering Village 数据库

【例 1 –8】

检索高温油藏调剖堵水用聚合物凝胶。

【解析】

(1)根据课题选择关键词：聚合物凝胶、高温油藏、调剖、堵水。

(2)写出正确的英文关键词：polymer gel；high – temperature reservoir；conformance control；excessive water production control.

(3)制定通用检索式 polymer gel and(conformance control or excessive water production control)and high – temperature reservoir.

(4)进入 Quick search(快速检索)界面，选择字段“Subject/Title/ Abstract”，输入相应的检索项，如图 1 –42 所示。

图 1－42　Engineering Village 数据库界面输入检索信息

(5)检索后利用左侧工具栏，可以回答出以下问题。

①哪个国家发表文献最多?

②哪个机构发表文献最多?

③最多的文献类型是什么?

④撰写文献排名前 5 名的作者是谁?

⑤出现频率最多的 Controlled vocabulary 是什么?

⑥哪个期刊上发表的文献最多?

1.2.4.4　其他检索工具

其他文献检索工具包括 Research Gate 和 Researcher 等学术网页。

1.3　文献管理工具

1.3.1　文献管理工具简介

文献管理工具通过将不同来源的文献信息资料下载到本地，建立本地数据库，以方便用户能够实现对文献信息的管理和使用。通过将不同来源的数据整合到一起，自动剔除重复的信息，从而避免重复阅读来自不同数据库的相同信息。在撰写论文、报告或书籍时，这些工具可以非常方便地管理参考文献格式，还可以非常方便地记录笔记，以及进行某一篇文献相关资料的管理。

常见的文献管理工具包括北京爱琴海软件公司开发的 NoteExpress、中国知网官方版的知网研学(原 E－study)、Thomson Scientific 公司开发的 EndNote、瑞士 Swiss Academic Software 公司开发的 Citavi、Elsevier 公司旗下的免费文献管理软件 Mendeley 等。由于 NoteExpress 对中文文献非常友好，具有很强大的管理中文文献功能，可以实现内部搜索知网的文献库，本书主要对其进行详细讲解。其他软件的使用方法基本相同，撰写英文科技论文时通常采用 EndNote 软件，感兴趣的读者可以查阅相关的资料进行自学。

上述文献管理软件的基本功能大同小异，其核心功能如下。

(1)检索。支持数以百计的全球图书馆书库和电子数据库，一次检索，永久保存。

(2)管理。可以分门别类管理百万级的电子文献题录和全文，独创的虚拟文件夹功能更适合多学科交叉的现代科研。

(3)分析。对检索结果进行多种统计分析，从而使研究者更快速地了解某领域里的重要专家，研究机构，研究热点等。

(4)发现。与文献相互关联的笔记功能，对于长期跟踪某一专业的研究动态提供了极大方便。

(5)写作。支持 Word 和 Latex，在论文写作时可以随时引用保存的文献题录，并自动生成符合要求的参考文献索引。软件内置 3000 种国内外期刊和学位论文的格式定义，并进行一键转换。首创的多国语言模板功能，可以自动根据所引用参考文献语言不同差异化输出。

1.3.2 NoteExpress 下载与安装

NoteExpress 是目前流行的参考文献管理工具软件，其核心功能是帮助读者在整个科研流程中高效利用电子资源；检索并管理得到的文献摘要、全文；在撰写学术论文、学位论文、专著或报告时，可在正文中的指定位置方便地添加文中注释，并按照不同的期刊、学位论文格式要求自动生成参考文献索引。

进入中国石油大学(北京)图书馆，搜索资源“NoteExpress”，找到下载链接，按照网站指示进行安装即可，如图 1 – 43 所示。

图 1 – 43 NoteExpress 下载界面(图书馆资源)

1.3.3　NoteExpress 文献检索与整理

1.3.3.1　NoteExpress 操作界面简介

打开软件后即可看到如图 1－44 所示的界面，左侧栏是组织机构，包括题录、笔记、检索等选项，右侧上半部分显示的是已经导入的文献条目，右侧下半部分显示的是所选中的文献细节。

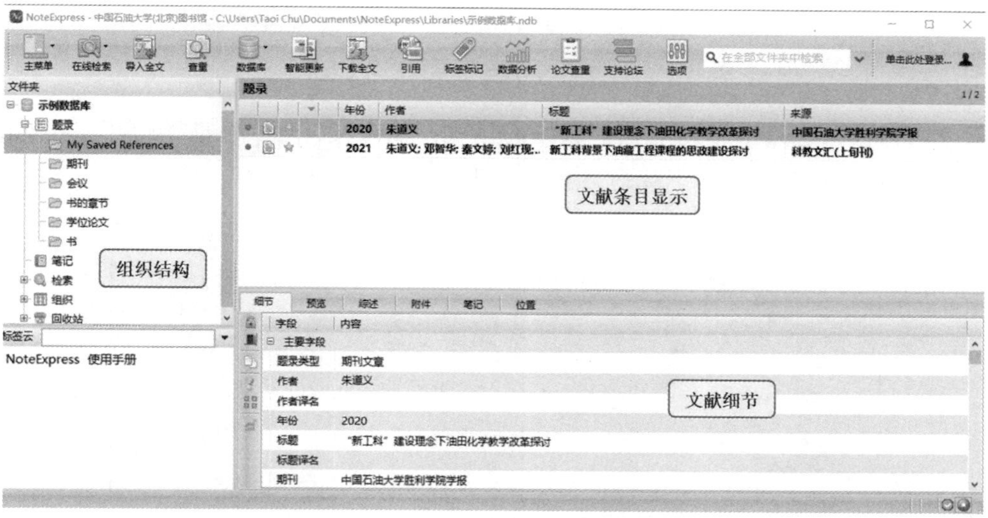

图 1－44　NoteExpress 操作界面

1.3.3.2　新建数据库

使用 NoteExpress 软件进行文献检索与整理的第一步是建立一个新的 NoteExpress 数据库。新建数据库的步骤与 Office 等软件新建文档的操作类似，第一种方式是首先打开 NoteExpress 软件，点击文件菜单中的“数据库”，选择“新建数据库”，如图 1－45 所示；第二种方式是点击“主菜单”按钮，依次选择下拉菜单中的“文件”“新建数据库”，如图 1－46 所示。

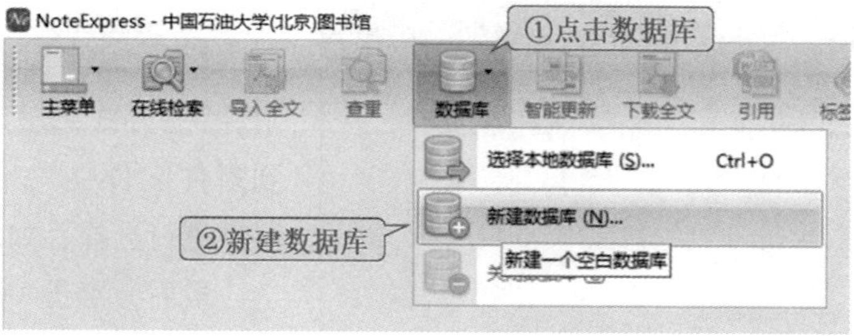

图 1－45　NoteExpress 新建数据库（方式一）

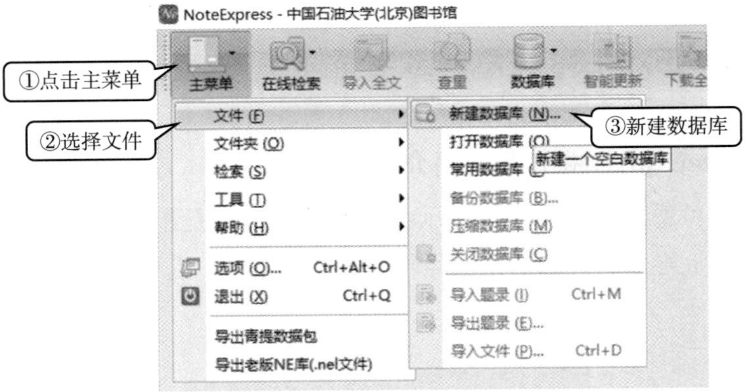

图 1-46 NoteExpress 新建数据库(方式二)

接下来保存新建数据库到电脑上选择的位置，输入文件名(例如“纳米”)，点击“保存”按钮，如图 1-47 所示，下载的文献就可以保存在这个文件中。

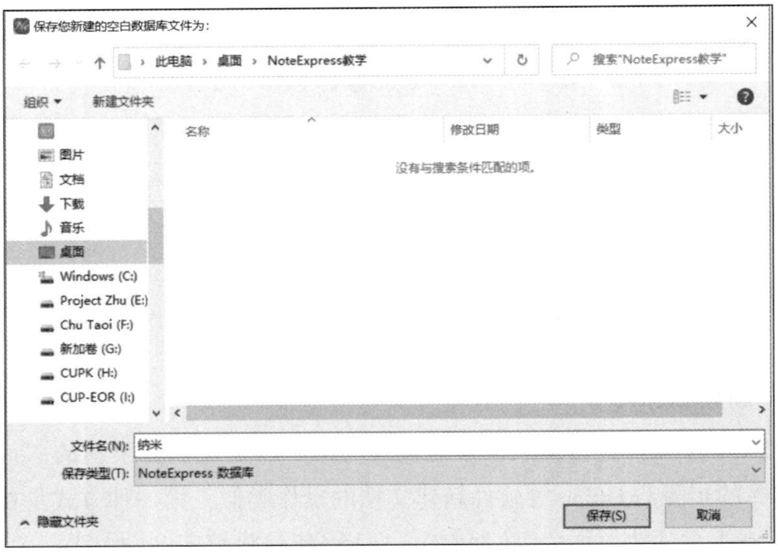

图 1-47 NoteExpress 新建数据库的命名与保存

然后，选择“向该数据库添加附件”的方式，建议选择“复制文件到附件文件夹”，也可以根据个人习惯进行选择，如图 1-48 所示。

最后，点击“确定”按钮，新建数据库完成，如图 1-49 所示。

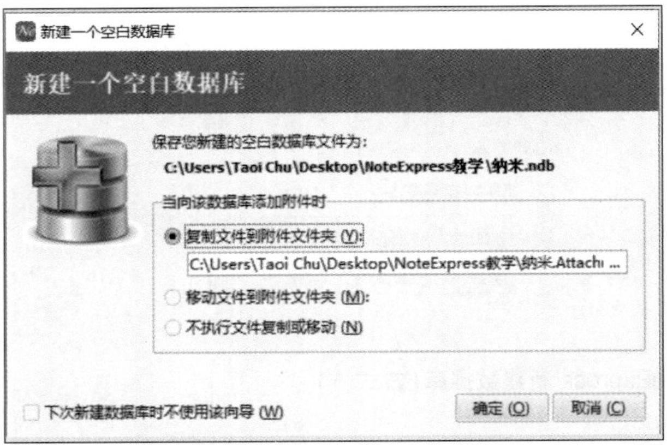

图 1-48 NoteExpress 新建数据库的命名与保存

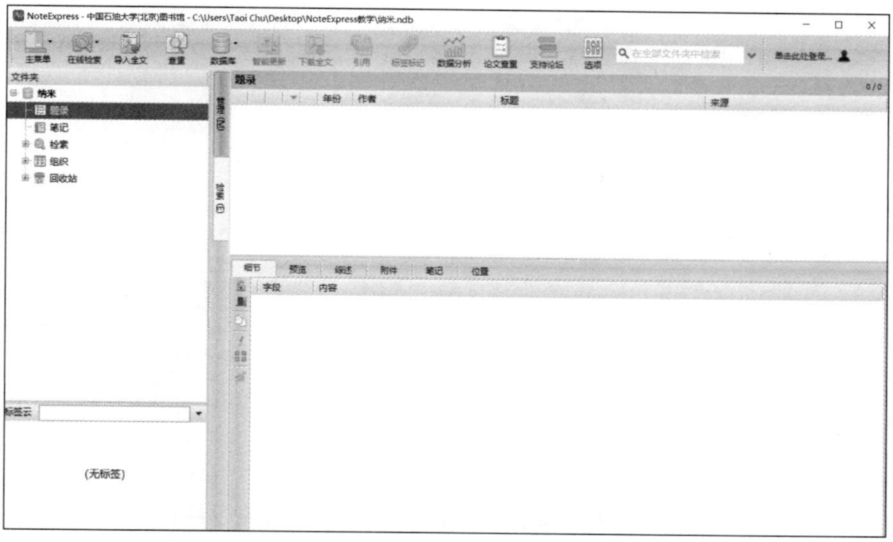

图 1 –49　NoteExpress 新建数据库的命名与保存

1.3.3.3　文献渠道

NoteExpress 软件中内嵌的文献检索渠道主要有数据库、搜索引擎以及人工添加文件等。

(1)数据库，如 CNKI、万方、ScienceDirect、SPE OnePetro 等。

首先，点击界面上方"主菜单"按钮，依次选择"检索""在浏览器中检索"，如图 1 –50 所示。

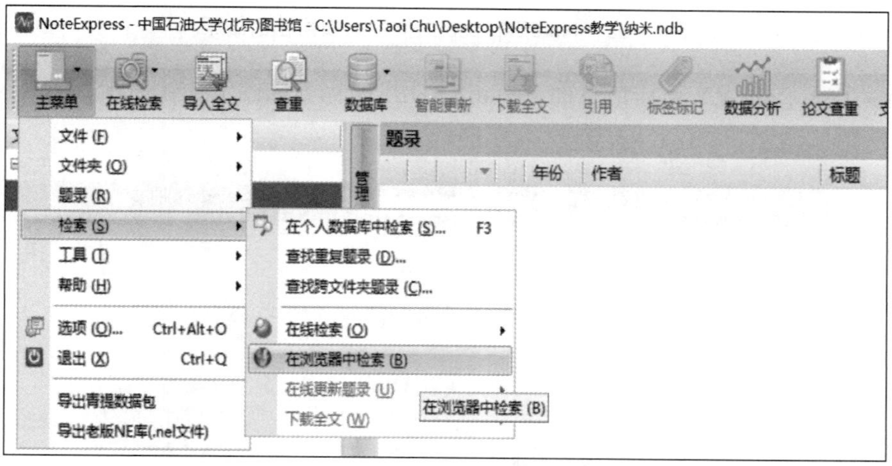

图 1 –50　NoteExpress 界面中"在浏览器中检索"功能

在如图 1 –51 所示的"在浏览器中检索"界面，选择个人所需的检索平台。

以中国知网为例进行讲解，在"搜索栏"输入想要搜索的关键字或者完整题目进行搜索，以"纳米材料提高油气采收率技术研究及应用"为例，搜索结果出现在下方后，点击所需的文献进入详情页面，如图 1 –52 所示。

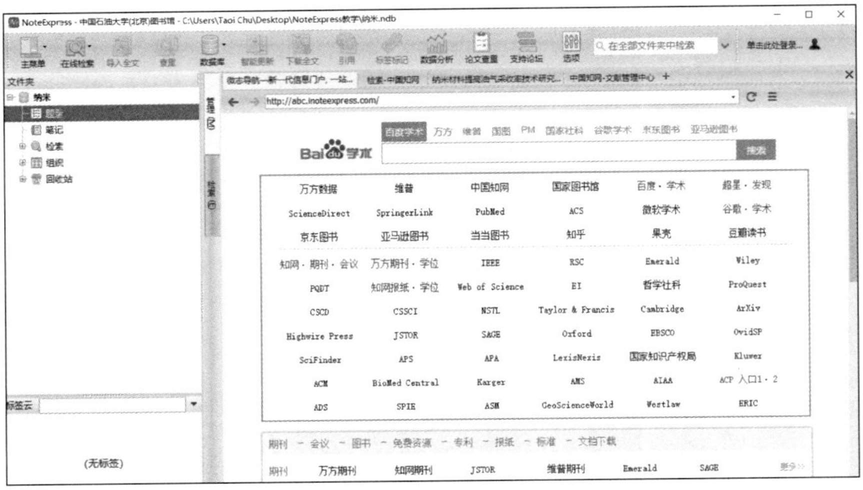

图 1－51　NoteExpress 内嵌“在浏览器中检索”界面

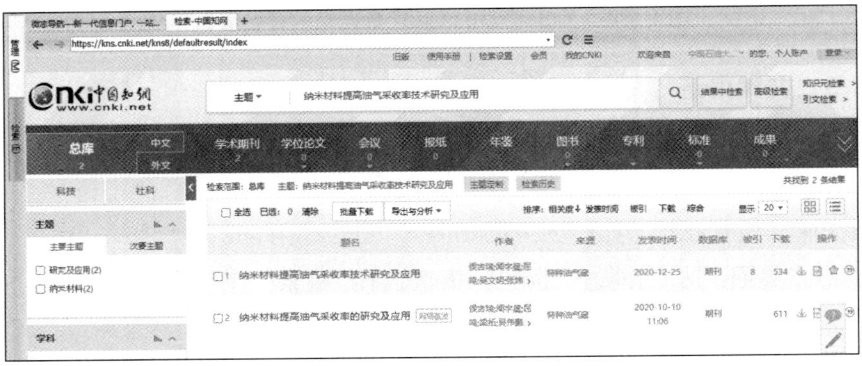

图 1－52　NoteExpress 内嵌中国知网检索结果

点击文章名，进入文献详情页面，点击“引用”图标，如图 1－53 所示。

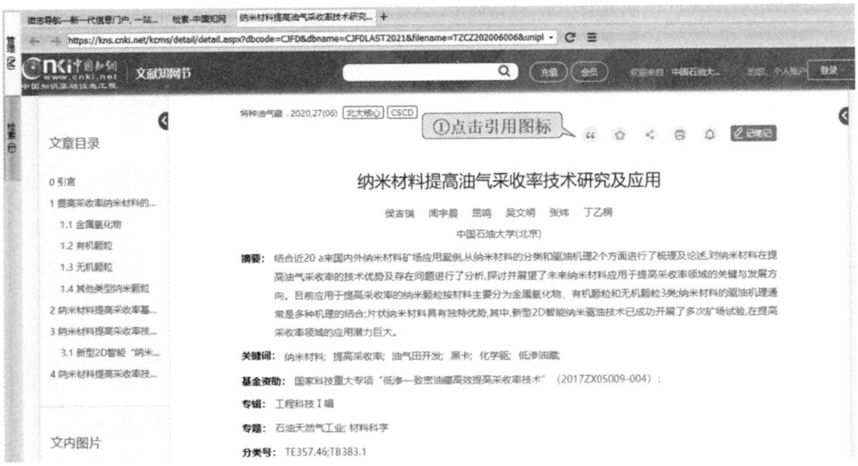

图 1－53　NoteExpress 内嵌中国知网检索文献详情页面

弹出如图 1－54 所示的“引用”对话框，点击右下角“更多引用格式”。

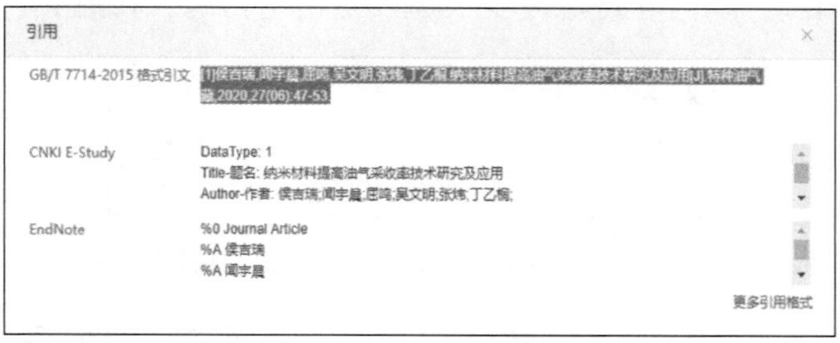

图 1 – 54　NoteExpress 内嵌中国知网检索“引用”对话框

然后，在页面左侧选择“文献导出格式”为“NoteExpress”，再在页面右侧点击“导出”按钮，如图 1 – 55 所示。

图 1 – 55　NoteExpress 内嵌中国知网检索文献“导出”功能

选择文件保存位置，根据个人需求进行设置。文件名可以默认，也可以修改成文献名字，保存类型保持默认(∗. net)格式。点击保存按钮，如图 1 – 56 所示。

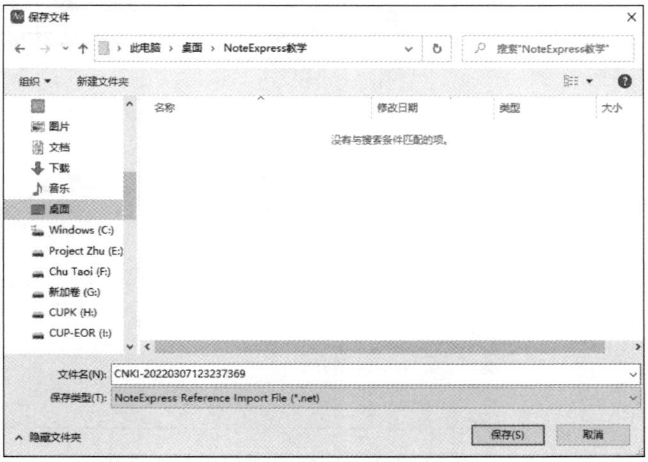

图 1 – 56　NoteExpress 内嵌中国知网检索文献题录“保存”功能

下载完成后，自动弹出“下载完成”对话框，点击“打开”，如图 1－57 所示。

图 1－57　文献题录“下载完成”对话框

点击 NoteExpress 软件界面左侧菜单中的“题录”，鼠标右击，在下拉菜单中中选“导入题录”，弹出“导入题录”对框框，点击“开始导入”按钮，完成文献录入，如图 1－58 所示。

图 1－58　NoteExpress 文献题录导入步骤

在弹出的文献管理界面，题录部分显示了论文的年份、作者、标题和来源等，如图 1－59所示。当文献很多时，可以按照论文发表的时间、作者姓名、论文题目、文献来源等顺序或反向顺序进行排序。题录下方文献细节板块给出了题录类型、作者、年份、标题、期刊等重要信息，如果信息出现错误，可以手动进行修改。

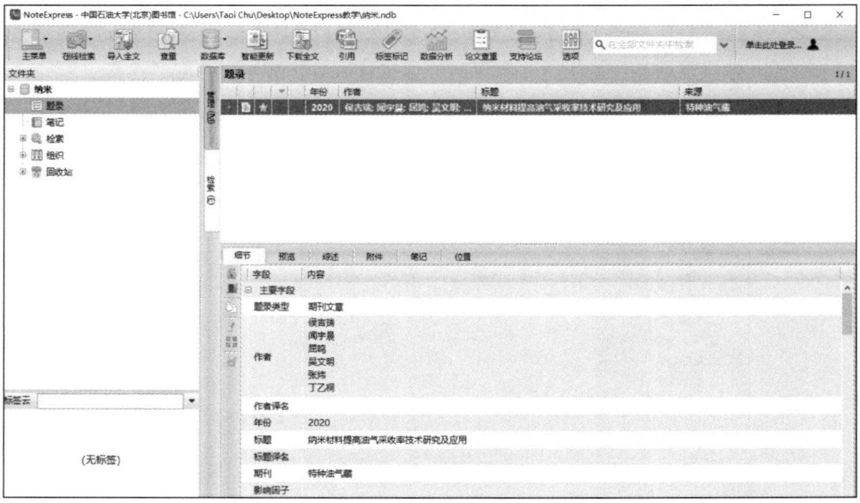

图 1－59　NoteExpress 文献题录导入结果

(2)搜索引擎，如 Google 学术、百度学术等。

和前面一样的步骤，打开“检索”后选择“在浏览器中检索”，选择“百度学术”或者“Google 学术”，输入所需关键词或者题目进行检索，如图 1－60 所示。

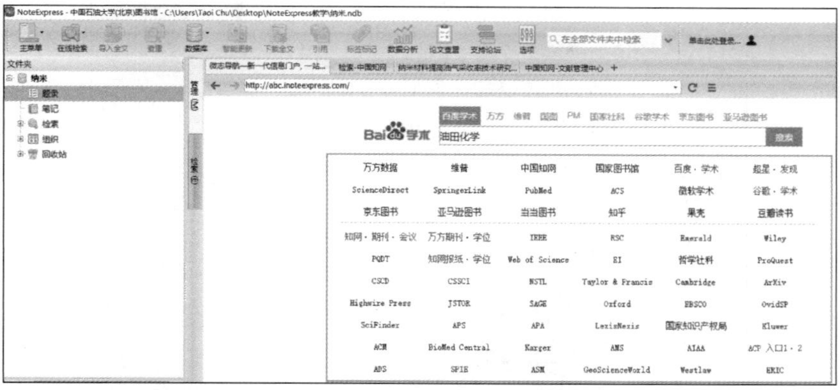

图 1－60　NoteExpress 内嵌百度学术等搜索引擎检索界面

得到检索结果后，先点击选择文献，再点击“引用”，如图 1－61 所示。

图 1－61　NoteExpress 内嵌百度学术的“引用”功能

在弹出的“引用”对话框中，点击页面下方导出链接中的“NoteExpress”按钮，如图 1－62 所示。

图 1－62　将文献信息导出至 NoteExpress

然后弹出保存界面，下载保存，设置好位置、文件名和类型之后点击“保存”按钮，如图 1 – 63 所示。

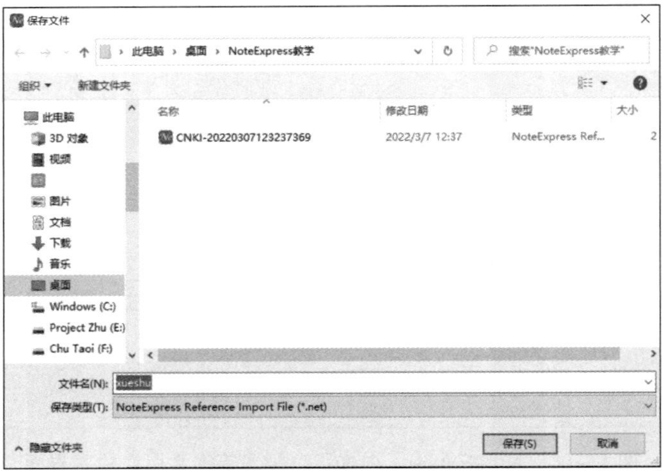

图 1 – 63　NoteExpress 内嵌百度学术的文献题录保存

下载完成后，会自动弹出对话框，点击“打开”按钮，如图 1 – 64 所示。

图 1 – 64　NoteExpress 内嵌百度学术的文献题录下载

然后，自动弹出如下对话框，点击“开始导入”按钮。导入完成后，界面如图 1 – 65 所示。

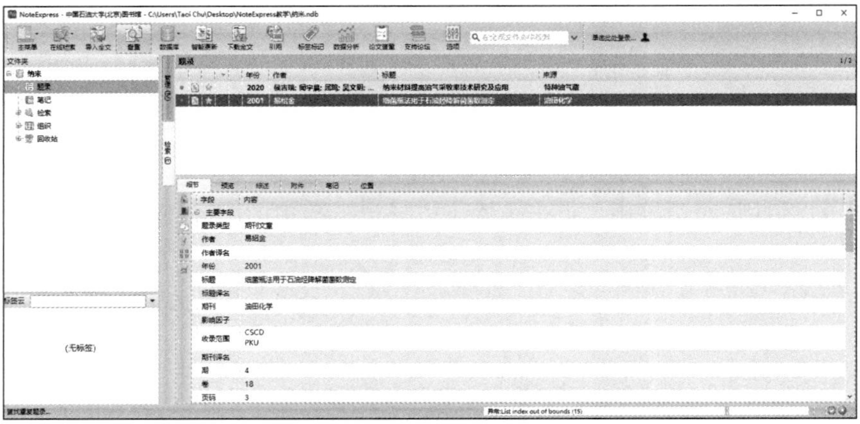

图 1 – 65　NoteExpress 内嵌百度学术的文献题录导入结果

(3) 人工添加文件，如 net 格式文件、RIS 格式文件、RefMan 格式文件、PDF 文件等。

打开页面左侧数据库，选中“题录”，单击鼠标右键，选择“导入题录”，确定，进入选择文件界面，如图 1 – 66 所示。

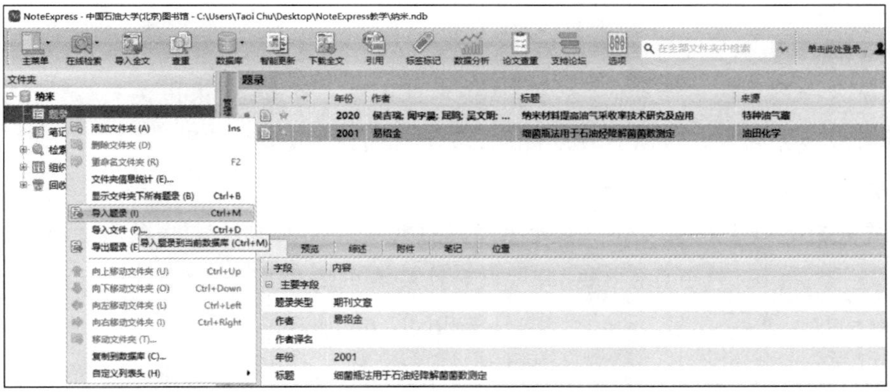

图 1－66　NoteExpress 内嵌百度学术的文献题录导入

之后，自动弹出“导入题录”对话框，点击输入框右侧的“...”进行选择，找到需要导入的文件，单击选中后点击“打开”，然后点击“开始导入”，如图 1－67 所示。

图 1－67　NoteExpress 内嵌百度学术的文献题录导入

完成导入后的界面如图 1－68 所示。

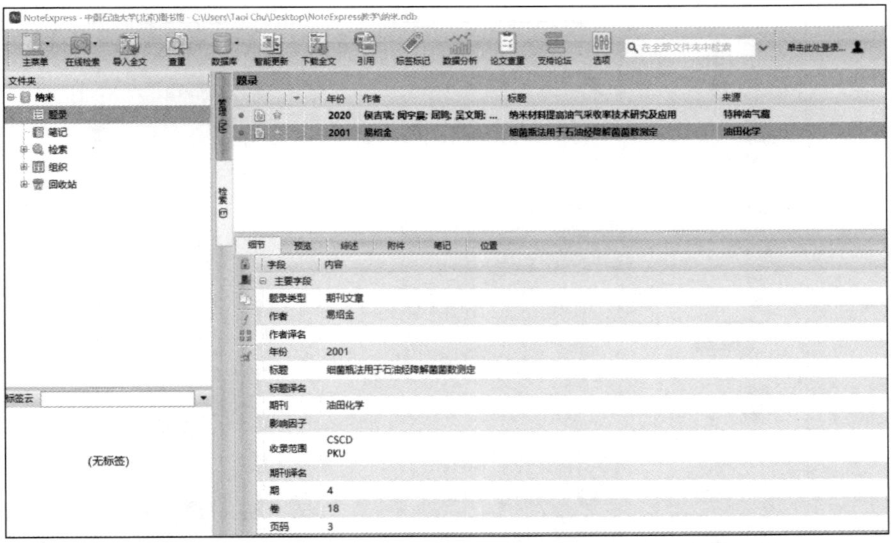

图 1－68　NoteExpress 中通过手工添加文件方式的文献题录导入结果

【例 1－9】

在 NoteExpress 软件中手动添加文献。

该文献是一篇中国石油大学(北京)博士学位论文，作者是“朱道义”，题目为“高温油藏聚合物凝胶体系研制与胶凝机理研究”，答辩时间为 2018 年 6 月。

【解析】

(1)首先新建一个题录文件，在题录信息区域的空白区域内点击鼠标右键，在弹出的下拉菜单中依次选择“新建题录”“学位论文”，如图 1－69 所示。

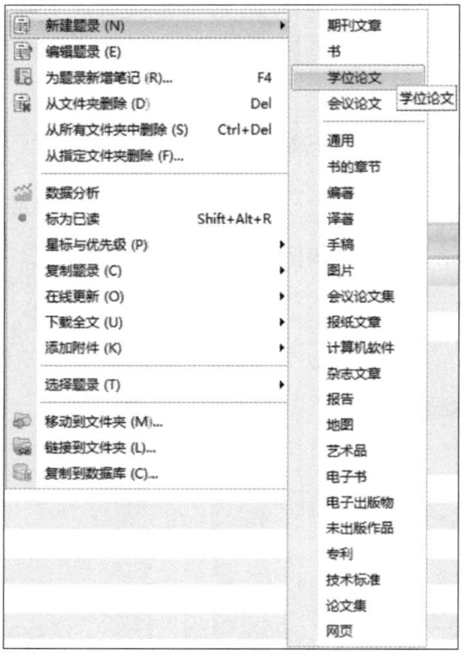

图 1－69　NoteExpress 中新建学位论文题录

(2)点击后进入如图 1－70 所示的界面，在这个界面中可以添加文献信息。

(3)在图 1－70 所示的界面上点击“作者”右侧的方格，输入作者信息。如果是期刊论文存在多个作者的情况，作者姓名之间采用回车键进行换行。

(4)继续在该界面上的“年份”处填写“2019”，“标题”填写“高温油藏聚合物凝胶体系研制与胶凝机理研究”，“学位”填写“博士学位论文”，“大学”填写“中国石油大学(北京)”，“城市”填写“北京”，如图 1－71 所示。

(5)然后关闭这个窗口，在弹出的“是否保存题录?”窗口上，点击“是”按钮，在新建的题录文件中就会出现上述添加的文献。

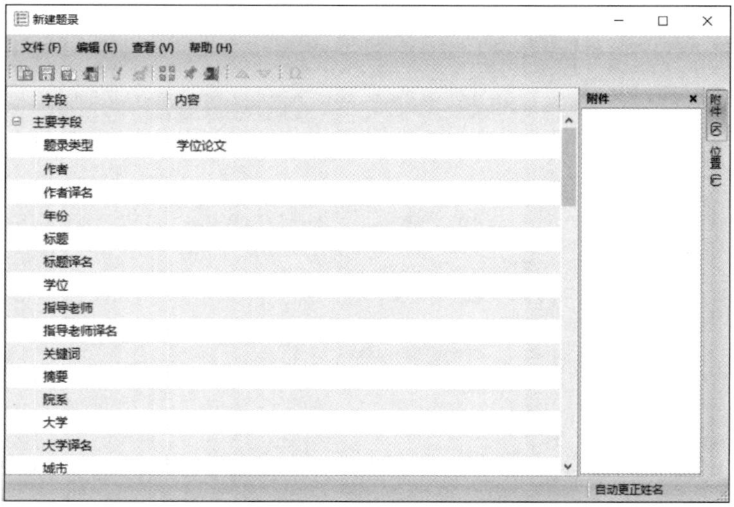

图 1－70　NoteExpress 中学位论文题录信息录入界面

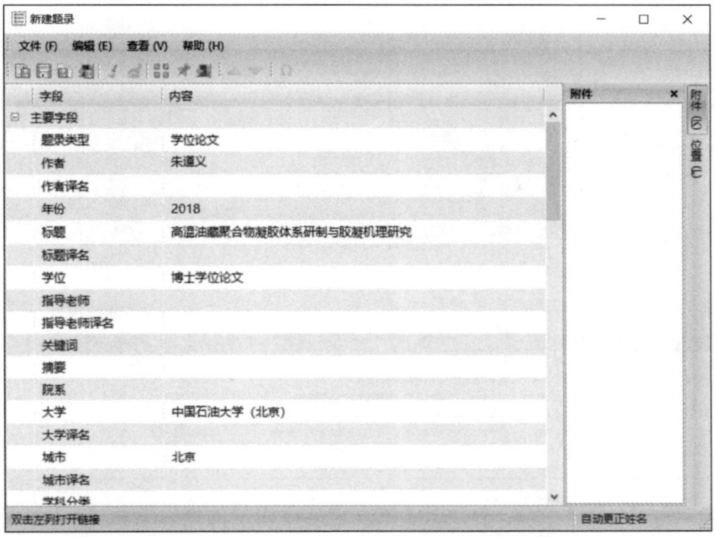

图 1-71　NoteExpress 中学位论文的题录信息录入

1.3.4　NoteExpress 文献管理与分析

1.3.4.1　批量更新题录

有时题录中部分文献的信息是残缺不全的，此时需要对其进行更新，如图 1-72 所示。

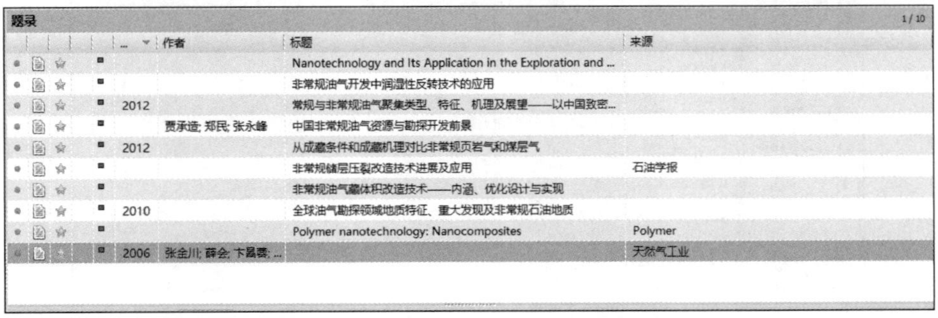

图 1-72　NoteExpress 中待批量更新的题录

首先，选中一篇文献，右击鼠标，点击选择“题录”，再点击“全部选择”，即可选中所有的文献(也可以先点击第一篇文献，然后按住 Shift 键的同时点击最后一篇文献同样可以完成所有文献的选中)，然后点击上方工具栏中的“智能更新”按钮，就完成了批量更新，如图 1-73 所示。

1.3.4.2　删除重复题录

如果想删除某篇文献，先选定这篇文献，该文献变成蓝色，单击鼠标右键，点击删除就可以在题录文件夹中删除这篇文献。

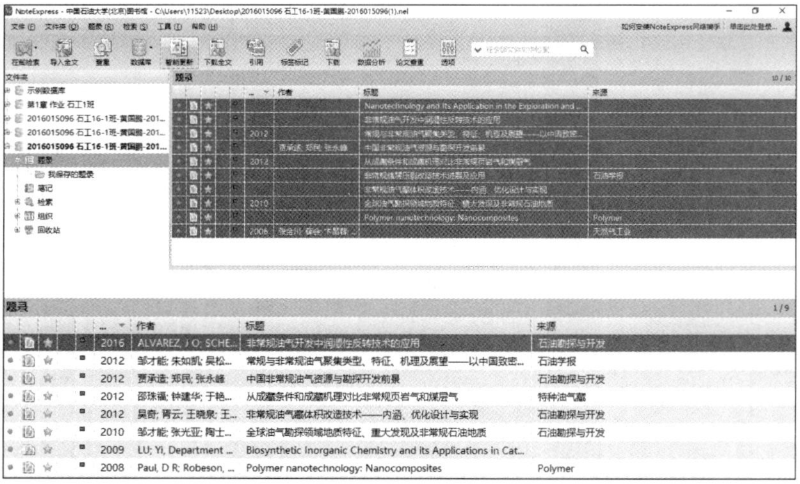

图 1－73　NoteExpress 中文献题录的批量更新

1.3.4.3　批量下载全文

首先，选中题录中所有文献，选定后的文献变成蓝色，单击鼠标右键，点击“下载全文”，然后再点击“选择全文数据库(S)...”，如图 1－74 所示。

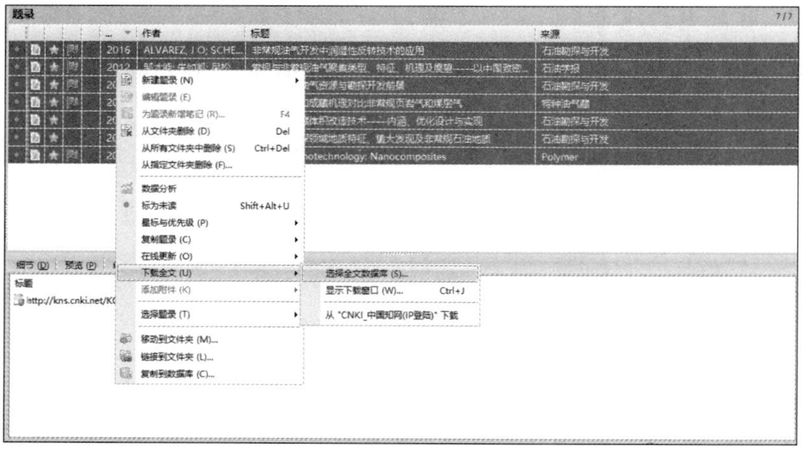

图 1－74　NoteExpress 中选择全文数据库

然后，点击“CNKI－中国知网(IP 登录)”，再点击“确定”进行下载，如图 1－75 所示。

接下来，只需等待全部下载完成即可，下载页面如图 1－76 所示。

对于系统无法自动下载全文的文献，可以直接将所需的文献导入至 NoteExpress 题录文件中，方便后期阅读与引用。选中题录中相应的文献，选定后的文献变成蓝色，单击鼠标右键，点击“添加附件”，然后再点击“文件”，如图 1－77 所示。在弹出的活动窗口中，选择文献的 PDF 文件，点击“打开”按钮，就可以将该 PDF 文件粘贴在这篇文献的题录中，如图 1－78 所示。

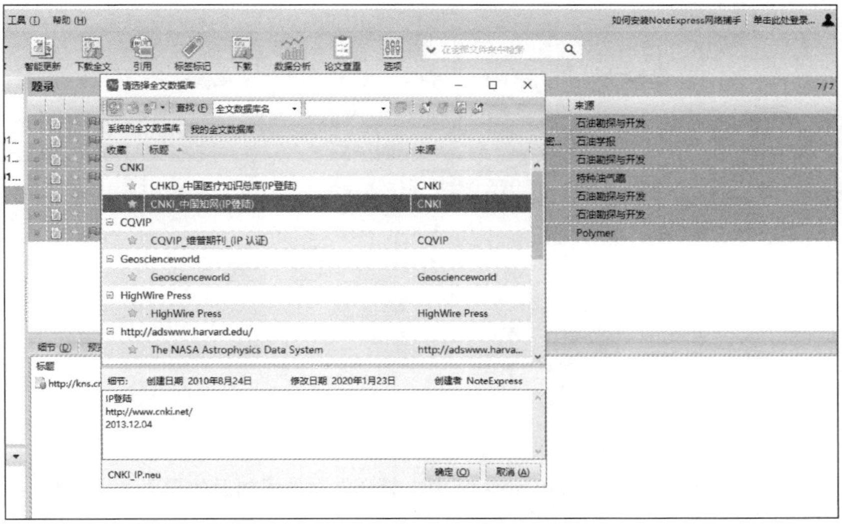

图 1 –75　NoteExpress 中选择 CNKI 数据库进行全文下载

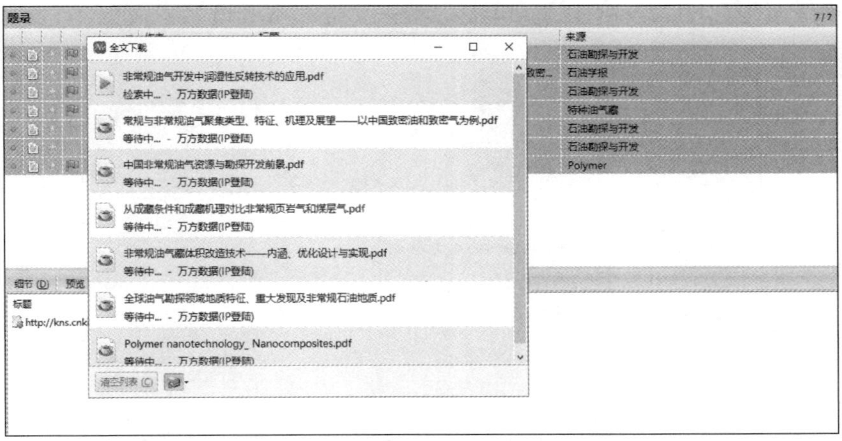

图 1 –76　NoteExpress 中选择 CNKI 数据库全文下载动态与结果

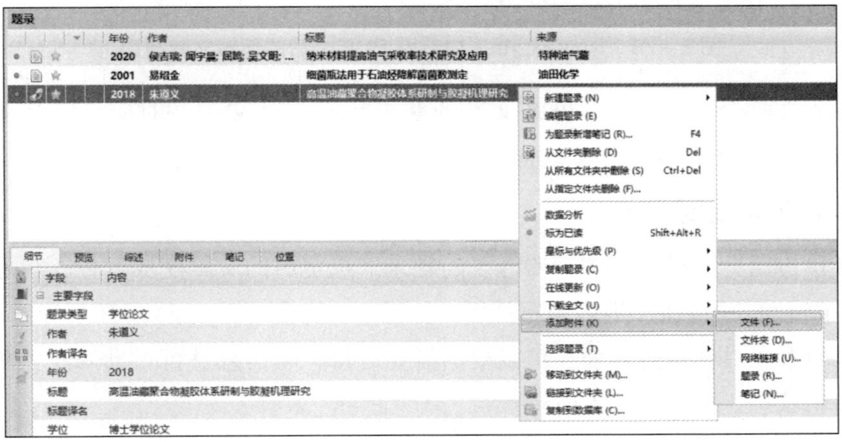

图 1 –77　NoteExpress 中文献全文文件的添加

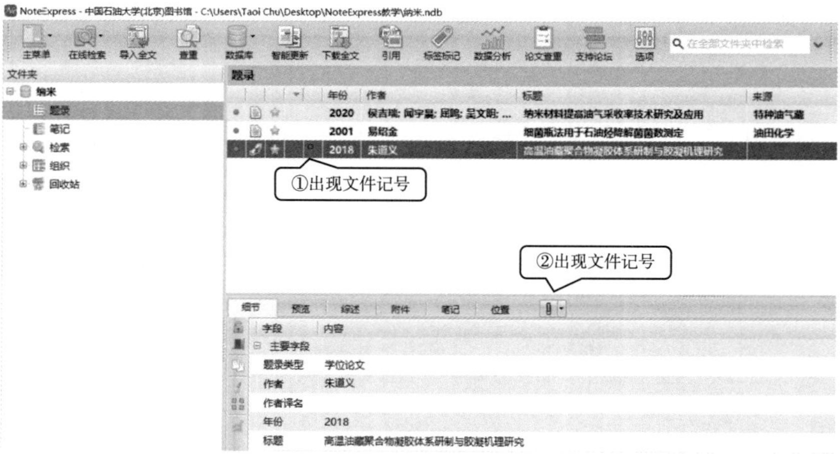

图 1 –78　NoteExpress 中文献全文文件添加后的界面

双击该篇文献，会弹出编辑题录窗口，如图 1 –79 所示。可以看出，右侧附件中此时包含一个 PDF 文件，双击打开该文件，并进行阅读。

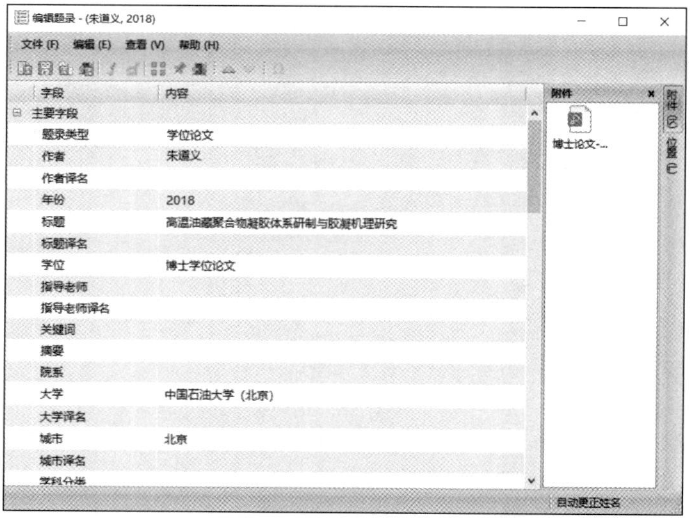

图 1 –79　NoteExpress 中粘贴 PDF 之后的编辑文献窗口

通过导入文献全文的功能，可将文献的题录和原文全文一一对应，保存在题库文件中。通过 NoteExpress 软件可将文献管理得井井有条。

1.3.4.4　修改题录信息

首先，单击鼠标左键，选中需要修改的题录，选定后的文献变成蓝色，再单击鼠标右键，点击“编辑题录”按钮，进入编辑页面，如图 1 –80 所示。

进入编辑题录具体信息界面，可以根据需要对每一项信息进行手动修改，单击鼠标左键，进入编辑状态，如图 1 –81 所示。

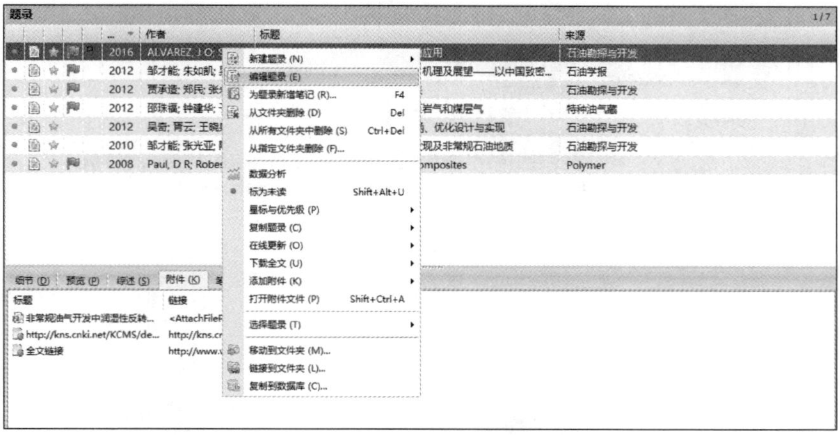

图 1－80　NoteExpress 中的编辑题录功能

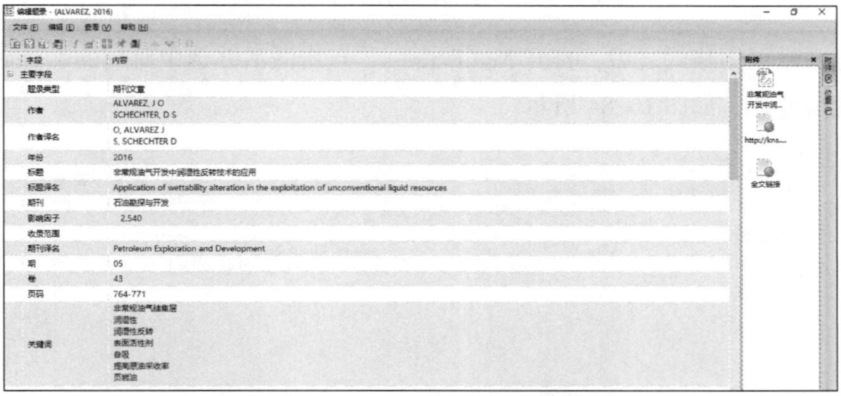

图 1－81　NoteExpress 中的题录编辑状态

1. 3. 5　NoteExpress 文献输出

NoteExpress 软件是科技论文写作的好帮手，可以在 Word 或 WPS 文件中插入参考文献，并可以对参考文献格式进行快捷修改，为作者排版参考文献节省大量时间。

首先，找到 Word 工具栏中的“NoteExpress”按钮，点击进入详细工具栏，然后点击“样式”按钮，在展开菜单中点击“选择其他样式”，如图 1－82 所示。

接下来，可以在弹出页面中快速查找所需要的格式，在“快速查找”按钮右侧的搜索框中输入关键字(例如“中国石油大学”)，输入后点击下方所需要的正确格式，如图 1－83 所示。

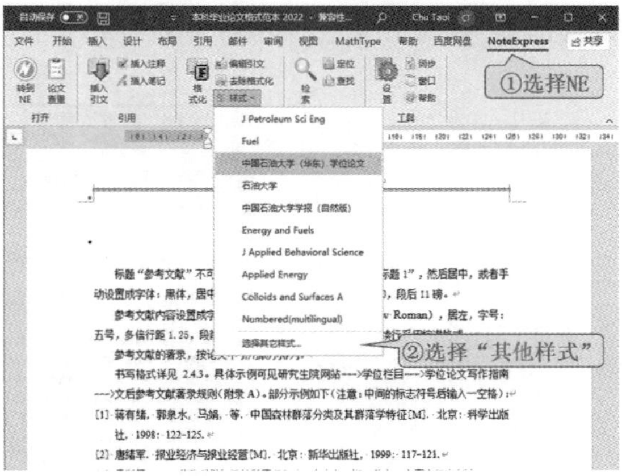

图 1－82　Word 软件中 NoteExpress 的样式选择

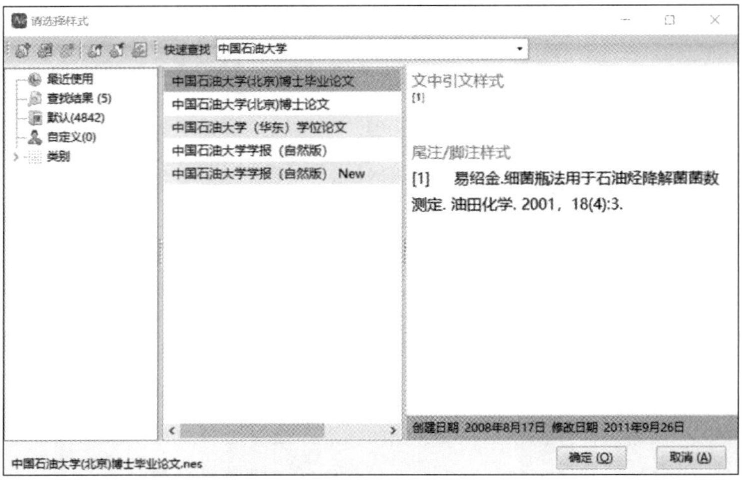

图 1 - 83　选择所需的参考文献样式

设置好文献引用格式之后，打开 NoteExpress，点击激活并选中对应的文献题录，选定后的文献变成蓝色，如图 1 - 84 所示。

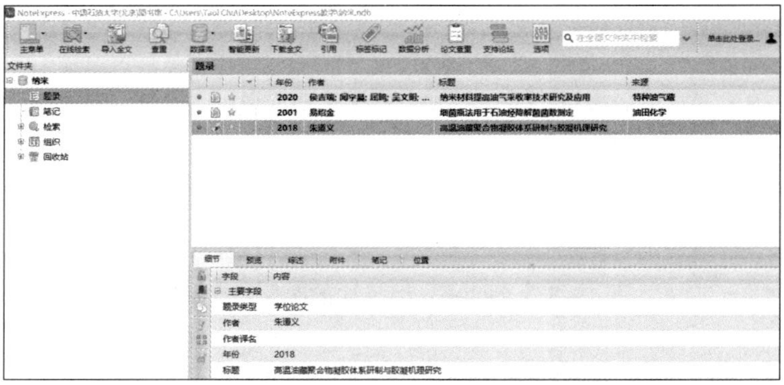

图 1 - 84　NoteExpress 中被引文献题录进行激活

然后打开 Word 文档，把鼠标光标放在确定引入文献的位置，光标闪烁，然后点击上方工具栏中“插入引文”，如图 1 - 85 所示。

图 1 - 85　Word 软件中被引文献的插入

这时就会自动把 NoteExpress 软件中选中的文献题录插入 Word 文档中鼠标光标闪烁的位置，并进行自动编号。同时，在整个文档最后会出现排好序的参考文献。

在科技论文投稿的时候，不同的期刊对参考文献的格式要求不同。当改投其他期刊时，可以直接使用 NoteExpress 软件修改参考文献的格式。在 Word 文档菜单栏中点击“NoteExpress”，如图 1 – 82 所示。在“NoteExpress”下拉菜单中选择“样式”，弹出如图 1 – 83所示的“请选择样式”窗口。选择目标期刊的样式后，点击“确定”按钮，即可对所有文献格式进行自动更新。

如果需要删除参考文献，在 Word 文档中将光标放在文献标号上，选定，使之变成黑色后，按键盘上的“Delete”键，将文献删除，同时参考文献列表中的文献也被同步删除，其余文献会自动更新顺序。如果是多篇文献中删除 1 篇，如在文献[1 ~ 3]中删除第 1 篇，则先选定参考文献，再在图 1 – 82 所示的“NoteExpress”下拉菜单中选择“编辑引文”，在弹出的窗口中删除指定的文献即可。

第2章　学术规范与科技论文简介

科技工作者或高校科研人员通过查阅相关科技文献，可以汲取学科领域或专业内的前沿科技知识，丰富自己的头脑。在生产与科研工作期间，通过完成一定层次的科研项目或课题，会取得某些成果、发明或创造。如果能将所取得的科研成果写成科技论文，再通过有效发表公诸于世，不仅可以得到同行专家的认可，提高自身科研“身价”，还可以使科研成果转化为社会生产力成为可能。本章将简要介绍科技论文的定义、类型以及总体要求等，让读者对科技论文有整体认识，有关其具体写作方法与技巧将在第5~6章进行详细介绍。另外，在学习有关知识之前，非常有必要了解一些基本的学术道德规范，以便撰写出更加规范的高质量科技论文。

2.1　学术道德规范

2.1.1　学术道德

学术道德是社会道德在科学技术研究中的表现，主要是指科学研究中进行学术活动的参与者(如高校教师、学生等)的道德规范、行为准则和应该具备的道德素质，既表现为学术工作者在从事科研学术活动时的价值追求和人格理想，也具体反映在指导学术工作者正确处理个人与个人、个人与集体、个人与社会之间相互关系的行为准则或规范之中。

> “学者如何成其为学者？学术又怎能成其为学术？遵循学术道德，坚守学术伦理，是一个学者之所以能成其为学者的道义基础。”
>
> ——中国政法大学杨玉圣《关于高校学术道德建设的若干问题》

2.1.2　学术规范

学术规范(Academic criterion)是指在学术活动的全过程中学术共同体(Academic community)根据学术发展规律制定的有关各方共同遵守并有利于学术积累和创新的各种行为规范和行为准则，是整个学术共同体在长期学术活动中的经验总结和概述。学术规范的目的或精髓是要求学术积累和学术创新。

2.1.2.1 学术引用规范

引用是学术研究的必不可少的要素，学术研究不同于文学式的小说、诗歌、散文等的创作，需要立足于前人的学术研究成果。因此，必须进行引用，否则就会出现学术失范，甚至“学术不端”。引用包括直接引用、间接引用和转引3种形式。在引用时，应尊重原意，不可断章取义，并应伴以明显的标识，标明真实出处，避免读者误会。

2.1.2.2 学术注释规范

注释是对论著正文中某一特定内容的进一步解释或补充说明，一般排印在该页的页脚(脚注)，注释用数字加圆圈标注(如①、②...)，与正文对应；也可在正文中加括号，写明注文(夹注)；还可以把注释集中于全文或全书末尾(尾注)。

2.1.3 学术腐败、学术不端、学术失范行为

1)学术腐败

学术腐败是在一种相当宽泛的意义上就学术文化界和高等教育界存在的学风(Academic atmosphere)问题与学术弊端而言的，具体体现在利用学术资源谋取非正当利益或者利用不正当资源谋取学术利益，如权学交易、钱学交易、学色交易等。

> “学术腐败祸国殃民，是中华崛起的大敌。”
>
> ——杂交水稻之父袁隆平院士

2)学术不端

学术不端(Academic misconduct)主要是指学术从业人员有意识地进行学术违法违规行为，如提供虚假信息，抄禁、剽窃、侵占(吞)他人成果，捏造事实、篡改或编造科研数据或科研成果，伪造资料、文献、注释等。学术不端行为通常包括学术剽窃、学术造假、一稿多投等行为。

(1)学术剽窃。该行为是指私用他人的思想见解或语言表述，而没有注明出处。常见的剽窃行为包括论文的构思与框架抄袭他人或直接从他人论著中摘抄整段甚至整页。在进行科技论文的创作时，为了避免学术剽窃的发生，应熟悉科技论文写作的引用方法，选择性地引用重要段落或语句，不要过多引用。

(2)学术造假。该行为是指作者为了证明自己的观点，篡改实验或模拟数据，然后写成科技论文进行发表的做法。科学成果的发表是便于同行交流，如果数据无法重复，则会使造假暴露。学术活动应该实事求是，不能弄虚作假。还有一种学术造假是论文的署名不真实，如将没有贡献的作者加上，或者将有贡献的作者没有署名等。

(3)一稿多投。该行为是指作者将自己的作品同时或者先后发给不同的期刊社，即作者多次使用同一个作品进行重复发表的行为。一稿多投是科学界严厉谴责的行为，其既浪费期刊社的时间，也影响期刊的声誉，同时也会使作者的学术名声受到严重的影响。

对于上述学术不端行为，国家也颁布了《中华人民共和国刑法》《中华人民共和国科学技术进步法》《中华人民共和国促进科技成果转化法》等法律条文，对学术不端行为进行严肃处理。通常可以通过规范引用、避免侥幸等方法避免上述学术不端行为。

针对学位论文作假问题，教育部也颁布了《学位论文作假行为处理办法》对购买、出售、代写学位论文以及剽窃他人作品和学术成果、伪造科研数据等学术论文作假行为零容忍，《高等学校预防与处理学术不端行为办法》指出，“学生有学术不端行为的，按照学生管理的相关规定，给予相应的学籍处分。学术不端行为与获得学位是直接关联，由学位授予单位作暂缓授予学位、不授予学位或者依法撤销学位等处理”。

3)学术失范

学术失范主要是指学术研究及成果发表中存在的违背学术规范与学术伦理的学术偏差，如一稿多投、低水平重复、粗制滥造等。一稿多投在国外也叫作自我剽窃(Self - plagiarism)，是指重复使用作者自己作品中重要的、相同的或近乎相同的部分内容而没有告知期刊编辑和审稿人。这类文章通常被认为是复制品(Duplicate)或重复发表(Repetitive publication)。就学术伦理而言，如果被复制的先前作品的版权已经转让给其他出版机构，这样做是违法的。通常，自我剽窃只被视作严重的学术道德问题，因为这些复制的作品也常被作者宣称为新的“成果”，如学术出版领域的论文成果和教学方面的成果。

2.1.4 学术规范的建设

即使采取了严格措施，但由于部分科研人员自身学术能力有限、学术态度不严谨、研究方法运用不当、不良社会风气影响等原因，学术失范和学术不端等现象层出不穷。因此，学术共同体应该对学术不端采取零容忍的态度，不断完善学术规范建设。

学术规范建设涉及学术活动的全过程，是一项系统工程，包括研究活动的产生、结果、评价等。学术规范建设需要他律与自律相结合。按照教育部《关于切实加强和改进高等学校学风建设的实施意见》(2011 年)，高等院校需要建立实验原始记录和检查制度、学术成果公示制度、论文答辩前实验数据审查制度、毕业和离职研究材料上缴制度、论文投稿作者签名留存制度等。

“无规矩不成方圆”，倡导学术自由，并不代表着可以放任自流。学术自由需要学术规范的约束，学术成就需要学术规范去评定，缺少了学术规范，不仅会造成学术界一片混乱的景象，而且会影响到我国国家的稳定和发展。

——2016 年 12 月习近平总书记在全国高校思想政治工作会议上的讲话

进行学术规范教育，遏制学术失范，不仅有利于整治学术生态，形成良好的学风，提高学术水平和科技创新能力，还有利于青年学生(学者)成长和事业的发展。

> 在基础研究领域，包括一些应用科技领域，要尊重科学研究灵感瞬间性、方式随意性、路径不确定性的特点，允许科学家自由畅想、大胆假设、认真求证。不要以出成果的名义干涉科学家的研究，不要用死板的制度约束科学家的研究活动。很多科学研究要着眼长远，不能急功近利，欲速则不达。
>
> ——2016年5月习近平在全国科技创新大会、两院院士大会、中国科协第九次全国代表大会上的讲话

为了避免学术不端行为，应该在论文中进行正确的引用。通过正确引用承认前人(包括指导老师、科研团队成员及自己前期研究成果)的研究成果，可以更加明确论文的学术贡献，保持良好的学术生态。

2.2 科技论文的基本概念

2.2.1 科技论文的定义

马克思主义认为，科学技术是生产力，生产力中也包括科学。在以知识、创新为基础的知识经济时代，科学技术的掌握和应用要靠科学研究与技术开发，只有科学成果和先进技术转化为生产力并广泛应用，才能推动国民经济发展。科研成果要转化为生产力并为社会服务，离不开科技信息的传播，科技论文就是最好的表述与传播方式。

> 科学研究既要追求知识和真理，也要服务于经济社会发展和广大人民群众。广大科技工作者要把论文写在祖国的大地上，把科技成果应用在实现现代化的伟大事业中。
>
> ——2016年5月习近平总书记在全国科技创新大会、两院院士大会、中国科协第九次全国代表大会上的讲话

根据国家标准局《科学技术报告、学位论文和学术论文的编写格式》(1987年)介绍，科技论文(Scientific paper)是自然科学学术论文的总称，是创造性科学技术研究工作成果的科学论述，是某一学术课题在实验性、理论性或观测性上具有新的科学与技术研究成果或创新见解和知识的科学记录，或是某种已知原理应用于实际中取得新进展、新成果的科学总结，以提供学术会议宣读、交流或讨论，或学术刊物上发表，或作其他用途的书面文件。也就是说，科技论文是对某一学科、某些问题要进行创造性的科学实验和理论分析，并运用逻辑思维方法揭示其客观规律和本质的一种论说性文章。因此，科技论文与其他文章存在明显的不同。科技论文不是小说，不需要构思一个故事；不是散文，不需要抒发过多的情感；不是日记，因为要给许多人看；也不是教材，不需要过于完整的体系，而是要

论证问题。

科技论文是科研工作的特定产物，科技论文写作是科研工作过程的一个阶段、一个环节、一道流程。科学研究工作一般包括3个基本阶段，如图2－1所示。

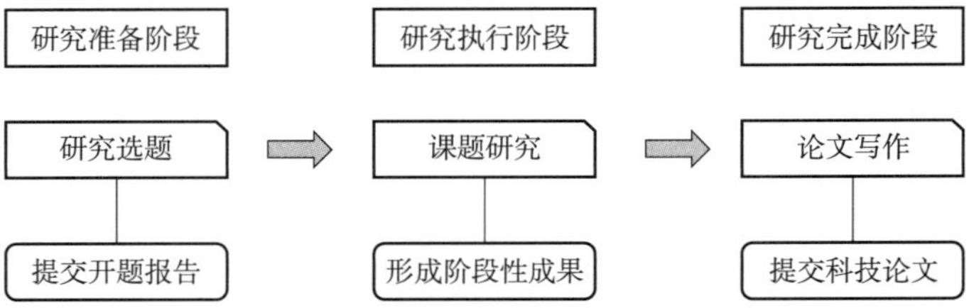

图2－1　科学研究工作的3个基本阶段

1)研究准备阶段

该阶段主要围绕研究选题展开，包括选择题目、确定题目、了解研究现状和发展趋势、明确研究意义和目标、研究思路与方法等，该阶段的成果形式为开题报告。

2)研究执行阶段

这一阶段主要围绕如何深入开展课题研究展开，包括制定实施方案、开展调研访谈、进行科学实验、分析调研数据、分析实验结果、检测研究效果、调整研究策略等，该阶段的成果形式主要有案例、现场访谈、调查问卷、调研数据、调查报告、研究快报等。

3)研究完成阶段

该阶段主要在撰写最终成果、完成结题材料、发表出版或者提交应用进行推广，该阶段的主要成果形式有论文、专利、软件、调研报告、资政报告、研究报告等。

综上所述，科技论文具有很重要的写作意义。科技论文写作是科研工作的重要组成部分，是科学研究的必要手段。科学研究是一种复杂的创造性的思维活动，因此，用文字来记录整个思维活动的进程显得尤其重要。科技论文写作是科技成果的重要标志，也是衡量某一个国家、某一学科、某一个研究学者科技水平高低的重要标志之一。研究学者发表的科技论文的数量与质量是其在某一学科研究中所取得的科研成果的重要体现。科技论文写作还是科技交流的一种理想工具。科技论文是存储、传递科研成果的良好载体，读者可以通过阅读大量的科技论文，掌握前人对某一科学问题的研究现状，分析存在的科学新问题，在前人已有的研究基础上把科学推向前进。

2.2.2　科技论文的总体要求

科技论文通常具有一些标准，简称5C标准。

1)观点正确(Correctly)

科技论文是作者对于某个新领域、新现象、新课题、新问题、新角度的科学思考与推理，需要在掌握研究背景的前提下，批判性地提出正确的论点，并围绕这个论点进行严谨而翔实的论证。

2)表述清楚(Connectivity)

与其他文章不同，科技论文强调的是对问题的论证，要求运用规范的文字表述方式和清晰的逻辑结构脉络，层次分明、结构清晰的论文才能让读者更容易理解和接受。

3)结构完整(Competition)

一篇科技论文，不论长短，首先应该遵循“提出问题—分析问题—解决问题—验证结论”的基本逻辑，结构完整，独立成篇。

4)表达一致(Consistency)

科技论文行文规范是最基本的要求，要注意学术概念。专业词汇、缩略词语、图表格式及行文风格等要具有前后一致性。

5)语言简洁(Concession)

简洁的语言文字，是内在科研、思维严密、态度严谨的表现。

2.2.3　科技论文的主要类型及特点

2.2.3.1　科技论文的主要类型

科研成果主要包括科技论文、课题研究报告(政府基金或私人财团基金项目)、横向合作项目报告、行业发展报告(白皮书、蓝皮书)及调研、咨询报告等，如图 2－2 所示。科技论文是知识传递的载体，是把作者研究解决的科学问题传递给读者，使读者能领悟到作者的成果，从而对读者的研究起到帮助。根据写作目的的不同，科技论文可以分为一般研究论文(或称学术性论文)和学位论文。一般研究论文是指各类学术期刊论文以及各类学术会议论文等。学位论文主要包括学士学位(本科毕业)论文、硕士学位论文以及博士学位论文。

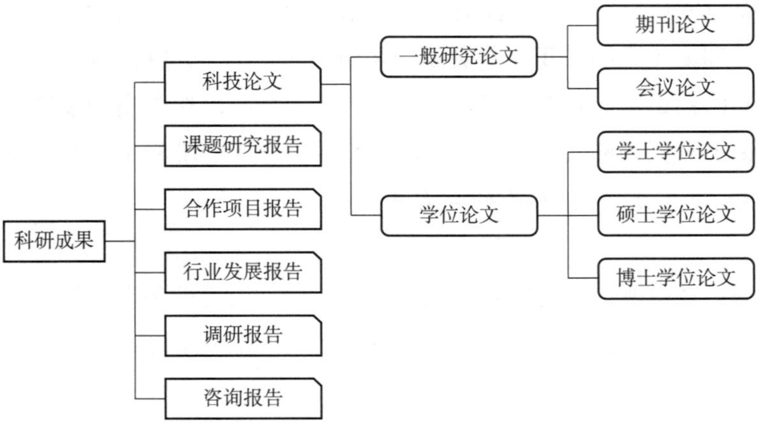

图 2－2　科技成果的主要类型

2.2.3.2　科技论文的特点

基于科技论文的基本特征以及写作基本条件，科技论文通常具有以下几个特点。

1)科学性

科学性是撰写科技论文应遵循的首要原则，是科技论文同一般议论文以及一切非科技论文的基本区别。在立论上要求作者必须切实地从客观实际出发，从中引出符合实际的可靠结论，不得带有个人的好恶和偏见，不得主观臆造。从根本上说，科学态度和科学精神才是科技论文科学性的保证。具体而言，要求论点正确无误、论据必要且充分，方法准确可靠、论证周密，推理有逻辑，数据真实，计算准确，结论客观等。

2）创新性

创新性是科技论文的灵魂，是衡量科技论文价值的根本标准。科技论文必须是经过作者本人研究，在科学理论、观点、材料新、角度及方法上获得新的进展或突破。科研人员应该保持好奇心，强化创造力，开拓新领域，探索新方法，阐发新理论，提出新见解；要对研究对象仔细分析研究，从中发现别人没有发现过或没有涉及过的问题，在综合前人认识的基础上进行创新。

> 创新是引领发展的第一动力，科技是战胜困难的有力武器。面对突如其来的新冠肺炎疫情，全国科技工作者迎难而上、攻坚克难，在临床救治、疫苗研发、物质保障、大数据应用等方面夜以继日攻关，为疫情防控斗争提供了科技支撑。希望全国科技工作者弘扬优良传统，坚定创新自信，着力攻克关键核心技术，促进产学研深度融合，勇于攀登科技高峰，为把我国建设成为世界科技强国作出新的更大的贡献。
>
> ——2020 年 5 月 29 日，习近平给袁隆平、钟南山、叶培建等 25 位科技工作者代表的回信

3）学术性

科技论文是学术研究成果的书面表达。学术是指系统和专门的学问，指有较深厚的实践基础和一定的理论体系的知识。作者不能罗列现象，堆积材料，就事论事，述而不作，或叙述同行共知的知识。而要运用逻辑思维，揭示事物的内在本质和发展、变化的客观规律，使感性认识上升到理性认识。论文的内容必须符合历史唯物主义和唯物辩证法，符合“实事求是”“既分析又综合”的科学研究方法。

4）再现性

读者在根据论文中所描述的实验方法、实验条件、实验设备重复作者的实验时，应能得到与作者相同的结果。值得说明的是，一些带有专利性的内容或者是应该保密的内容，不应写入文中。

5）专业性

科技论文主要面向有关专业人员，须接受本专业发展进程的检验。因此，名词术语不必解释，不搞科普，外行不感兴趣，也看不懂。要遵循具体学科中的规范，多运用叙述、说明、议论、图示等手法。

6）逻辑性

逻辑性是指每一篇论文应该脉络清晰、结构严谨、演算正确、推论合理、编排规范、

文字通顺、前呼后应、自成体系。科技论文都应该有自己的前提或假说、论证素材和推断结论，而不是数据的堆砌或一串串现象的自然描绘。

7) 有效性

只有经过同行专家评议，并正式发表或在一定规格的学术会议上宣读和存档的科技论文，才被认可是有效的。同时，科技论文的结论应该具有可操作性和可重复验证性，并且还应具有广泛的应用前景。

2.2.4　期刊论文

期刊论文是指对研究成果进行理论分析和科学总结，得到新发现、新方法或新观点，并且可以通过会议答辩(或宣讲)或经过同行评议(Peer review)得以公开发表在学术期刊的科技文献。期刊通常由学会或协会主办，如表 2 – 1 所示。按性质进行分类，期刊论文可细分为期刊论文(Research article)和综述论文(Review)。

表 2 – 1　石油类学会与协会及其主办的期刊

专业或方向	协会名称	主办期刊/会议
地质学与地质工程	美国地质学会 (Geological Society of America，GSA)	《Geology》 《Geosphere》
	美国石油地质学家协会 (American Association of Petroleum Geologists，AAPG)	《AAPG Bulletin》 AAPG 年会
	中国地质学会 (geological society of china，GSC)	《地质学报》 《地质学报》(英文版) 中国地质学会学术年会
	中国石油学会石油地质专业委员会	《石油与天然气地质》 石油地质年会
地球物理与勘探工程	美国地球物理学会 (American Geophysical Union，AGU)	《Geochemistry，Geophysics，Geosystems》
	欧洲地学家与工程师协会 (European Association of Geoscientists & Engineers，EAGE)	《Geophysical Prospecting》 EAGE 年会
	国际勘探地球物理家学会 (Society of Exploration Geophysicists，SEG)	《Geophysics，Interpretation》 SEG 年会
	中国地球物理学会 (Chinese Geophysical Society，CGS)	《地球物理学报》 《Applied Geophysics》 中国地球科学联合学术年会
	中国石油学会石油物探专业委员会	《石油地球物理勘探》 石油物探技术研讨会

续表

专业或方向	协会名称	主办期刊/会议
石油工程	美国石油学会 (American Petroleum Institute, API)	世界石油大会
	美国石油工程师协会 (Society of Petroleum Engineers, SPE)	《SPE Journal》 《SPE Drilling & Completion》 《SPE Reservoir Evaluation & Engineering》 《SPE Production & Operations》 SPE 学会年会等
	中国石油学会石油工程专业委员会	《石油学报》
	中国石油学会石油储运专业委员会	《油气储运》

研究论文是针对某一个(些)问题、现象进行深入分析、讨论并得到有意义结论的专业性论述文章。综述论文是对某一科学领域的技术现状、存在问题、技术方法、原理和进展等情况进行系统而全面综合分析的文章。综述论文主要是对已有的信息进行归纳整理，这在研究论文引言部分的写作中也有所体现。

2.2.4.1　期刊论文的基本框架结构

科技工作者在长期的期刊论文写作实践中逐步形成了一套严密而又合乎逻辑、有规范可循的期刊论文写作范式。该范式主要包括题目、作者署名、作者单位、摘要、关键词、中图分类号(英文期刊无该项)、文献标识码、引言、正文、结论、致谢、参考文献、附录、注释等部分，如图 2－3 所示。利用这些范式进行写作，不仅比较省力，而且便于组织材料，表达观点，方便阅读，是一种事半功倍的方法。本节仅简要介绍期刊论文的框架结构，其写作方法与技巧见第 5 章相关内容。

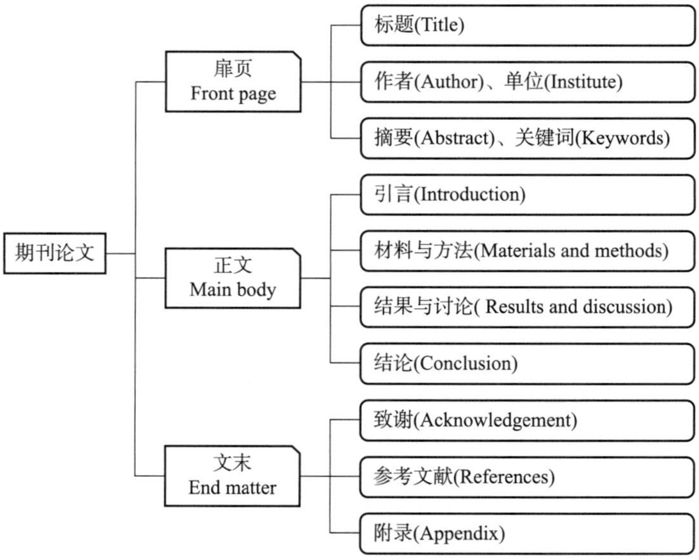

图 2－3　期刊论文的框架结构

【例 2 –1】

以《石油勘探与开发》期刊为例，图 2 –4 给出了期刊论文的框架结构示例。

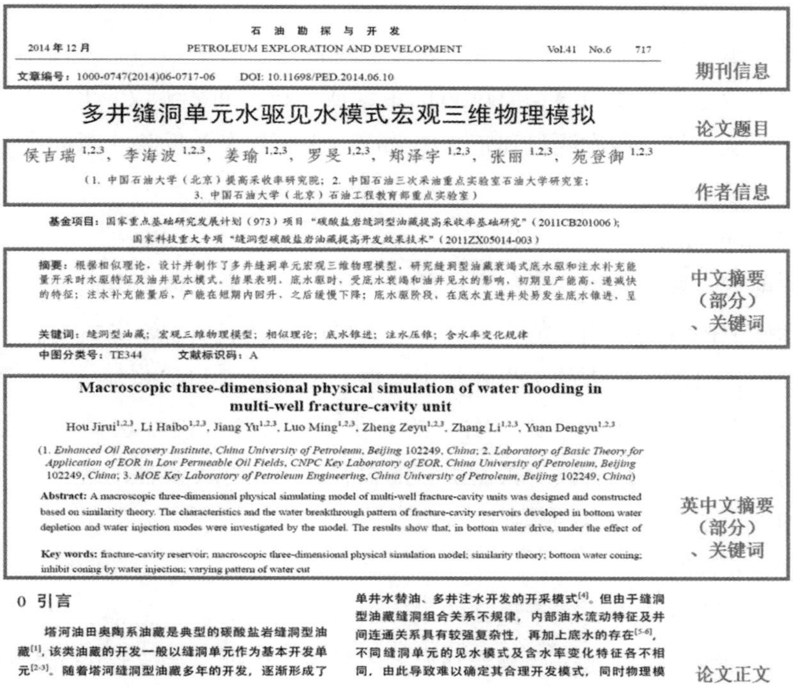

石 油 勘 探 与 开 发

2014 年 12 月　PETROLEUM EXPLORATION AND DEVELOPMENT　Vol.41　No.6　717

文章编号：1000-0747(2014)06-0717-06　DOI: 10.11698/PED.2014.06.10

多井缝洞单元水驱见水模式宏观三维物理模拟

侯吉瑞[1,2,3]，李海波[1,2,3]，姜瑜[1,2,3]，罗旻[1,2,3]，郑泽宇[1,2,3]，张丽[1,2,3]，苑登御[1,2,3]

（1. 中国石油大学（北京）提高采收率研究院；2. 中国石油三次采油重点实验室石油大学研究室；3. 中国石油大学（北京）石油工程教育部重点实验室）

基金项目：国家重点基础研究发展计划（973）项目“碳酸盐岩缝洞型油藏提高采收率基础研究”（2011CB201006）；国家科技重大专项“缝洞型碳酸盐岩油藏提高开发效果技术”（2011ZX05014-003）

摘要：根据相似理论，设计并制作了多井缝洞单元宏观三维物理模型，研究缝洞型油藏衰竭式底水驱和注水补充能量开采时水驱特征及油井见水模式。结果表明，底水驱时，受底水衰竭和油井见水的影响，初期呈产能高、递减快的特征；注水补充能量后，产能在短期内回升、之后缓慢下降；底水驱阶段，在底水直进井处易发生底水锥进，呈

关键词：缝洞型油藏；宏观三维物理模型；相似理论；底水锥进；注水压锥；含水率变化规律

中图分类号：TE344　文献标识码：A

Macroscopic three-dimensional physical simulation of water flooding in multi-well fracture-cavity unit

Hou Jirui[1,2,3], Li Haibo[1,2,3], Jiang Yu[1,2,3], Luo Ming[1,2,3], Zheng Zeyu[1,2,3], Zhang Li[1,2,3], Yuan Dengyu[1,2,3]

(1. *Enhanced Oil Recovery Institute, China University of Petroleum, Beijing* 102249, *China*; 2. *Laboratory of Basic Theory for Application of EOR in Low Permeable Oil Fields, CNPC Key Laboratory of EOR, China University of Petroleum, Beijing* 102249, *China*; 3. *MOE Key Laboratory of Petroleum Engineering, China University of Petroleum, Beijing* 102249, *China*)

Abstract: A macroscopic three-dimensional physical simulating model of multi-well fracture-cavity units was designed and constructed based on similarity theory. The characteristics and the water breakthrough pattern of fracture-cavity reservoirs developed in bottom water depletion and water injection modes were investigated by the model. The results show that, in bottom water drive, under the effect of

Key words: fracture-cavity reservoir; macroscopic three-dimensional physical simulation model; similarity theory; bottom water coning; inhibit coning by water injection; varying pattern of water cut

0 引言

塔河油田奥陶系油藏是典型的碳酸盐岩缝洞型油藏[1]，该类油藏的开发一般以缝洞单元作为基本开发单元[2-3]。随着塔河缝洞型油藏多年的开发，逐渐形成了单井水替油、多井注水开发的开采模式[4]。但由于缝洞型油藏缝洞组合关系不规律，内部油水流动特征及井间连通关系具有较强复杂性，再加上底水的存在[5-6]，不同缝洞单元的见水模式及含水率变化特征各不相同，由此导致难以确定其合理开发模式，同时物理模

图 2 –4　《石油勘探与开发》期刊论文的框架结构示例

1）题目（Title）

又称标题或题名，是论文的“眼睛”，也是论文的标签。题目是以最恰当、最简明的词语充分反映论文中最重要的特定内容的逻辑组合。论文题目是一篇论文给出的涉及论文范围与水平的第一个重要信息，也是为选定关键词、编制题录和索引等二次文献提供检索的特定实用信息。读者对论文需求的判读流程通常为“标题 – 关键词 – 摘要 – 正文”。因此，题目如果拟定不当，会造成真正需要他的读者漏检，错过阅读论文的机会。可见，论文题目十分重要，必须用心斟酌选定。有人用“论文题目是文章的一半”描述其重要性。题目要求直接具体醒目，不能超过 30 字，过长可改成正副题目来调整。

2）作者姓名和单位（Author and Institute）

该项属于论文署名问题。署名一定要真实可靠。这是因为：为了表明文责自负；记录作者的劳动成果；便于读者与作者的联系；用于文献检索（作者索引）。

3）摘要（Abstract）

摘要，“摘”论文之“要”，是对论文内容不加注释与评论的简短陈述。其作用是读者不用阅读论文全文即能获得论文的必要信息。摘要应包含以下内容：从事这一研究的目的和重要性；研究的主要内容和完成了哪些工作；获得的基本结论和研究成果，突出论文的新见解；结论或结果的意义。

论文摘要不要列举例证，不讲研究过程，不用图表，不给公式，也不要作自我评价。为便于交流，还要有英文摘要。

4)关键词(Keywords)

关键词是标示文献关键的主题内容，是未经规范处理的主题词。关键词是从论文中选取出来，用以表示全文主要内容信息款目的单词或术语。每篇论文一般应选 3 ~5 个关键词。关键词一般从题目、层次题目和正文中选取，必须代表和反映文章的中心内容，要有检索意义。

5)引言(Introduction)

引言又称前言，属于整篇论文的引论部分。引言是论文主体部分的开端，是正文的先导，具有揭示研究内容的作用，能为正文奠定必要的基础。引言部分的写作内容包括：研究的背景、理由、目的、前人的工作和知识空白、理论依据和实验基础、预期的结果及其在相关领域里的地位、作用和意义。引言的文字不可冗长，内容选择不必过于分散、琐碎，措辞要简练，要吸引读者读下去。引言的篇幅大小，并无硬性的统一规定，需根据整篇论文篇幅的大小及论文内容的需要来确定。

6)正文(Main body)

正文是一篇论文的本论，属于论文的主体，占据论文的最大篇幅。论文所体现的创造性成果或新的研究结果，在这一部分得到充分的反映。因此，要求这一部分内容充实，论据充分、可靠，论证有力，主题明确。为了满足这一系列要求，同时也为了做到层次分明、脉络清晰，常常将正文部分分成几个大的段落。这些段落即所谓逻辑段，一个逻辑段可包含几个自然段。每一逻辑段落可冠以适当标题(分标题或小标题)。段落的划分应视论文性质与内容而定。以理工科方面的论文为例，一般常见的划分方式有：实验原材料和材料、实验方法、实验结果和理论分析、实验装置和方法、实验结果比较与分析。

7)结论(Conclusions)

论文的结论部分，应反映论文中通过实验、观察研究并经过理论分析后得到的学术见解。结论应是该论文的最终的、总体的结论。换句话说，结论应是整篇论文的结局，而不是某一局部问题或某一分支问题的结论，也不是正文中各段小结的简单重复。结论应当体现作者更深层的认识，且从全篇论文的全部材料出发，经过推理、判断、归纳等逻辑分析过程而得到的新的学术总观念、总见解。结论的写作内容一般应包括以下几个方面：本文研究结果说明了什么问题；对前人有关的看法作了哪些修正、补充、发展、证实或否定；研究的不足之处或遗留未予解决的问题，以及对解决这些问题的可能的关键点和方向。结论部分的写作要求是准确、完整、明确、精练。

8)致谢(Acknowledgements)

致谢对象限于在学术方面对论文的完成有较重要帮助的人士和团体，感情要诚挚。学位论文中不得书写与论文工作无关的人和事，对导师的致谢要实事求是。

9)参考文献(References)

在科技论文后需要列出参考文献。其作用有：反映出真实的科学依据；体现严肃的科学态度，分清是自己的观点或成果还是别人的观点或成果；对前人的科学成果表示尊重，同时也是为了指明引用资料出处，便于检索。

10)附录(Appendix)

以下内容可放在附录之内：正文内过于冗长的公式推导；方便他人阅读所需的辅助性数学工具或表格；重复性数据和图表；论文使用的主要符号的意义和单位；程序说明和程序全文。

这部分内容可省略，如果省略，则删掉此页。

2.2.4.2　期刊论文的写作与发表

期刊论文的写作与发表过程包括确定选题、材料收集与整理、拟定提纲、文稿写作与修改以及论文发表5个步骤。

1)确定选题

选题是科技论文撰写的第一步，选题即确定自己研究的课题，解决“研究什么”的问题，明确研究的目标和范围。科技论文的选题应遵循价值性原则、创新性原则、可行性原则和可持续性原则，其内容将在第3.2.1节中进行详细介绍。

2)材料收集与整理

撰写期刊论文前，要充分地收集材料。首先是广泛查找和阅读与课题有关的文献资料，借鉴、继承前人已经取得的研究成果，吸取前人的科研经验教训。收集大量材料后，作者必须经过严格的筛选，才能成为写作科技论文的素材。素材应选择真实的、典型的、新颖的材料。

3)拟定提纲

材料收集与整理好后，就可以开始期刊论文写作了。在开始科技论文写作前，应拟定好提纲。提纲是撰写好科技论文的基础，能把搜集的材料组织成结构严谨的理论体系，帮助作者树立全局观念，做到撰写内容服务于研究主题。写作提纲的形式以目录式提纲最为常见。目录式提纲是以编制论文的条款标题为基础的写作提纲。对于经验丰富的作者，通常只编写标题。对于初学者，在标题下还应注明写作要点，添加数学式、插图、表格及其他相应重要材料，尽可能详细地提供论文的写作细节。

4)文稿写作与修改

拟定好提纲后，就知道了论文的粗略轮廓。撰写文稿时要从整体出发，合理展开开头、结尾及论点与论据等，衔接好段落与段落之间的关系。其写作方法与技巧将在第5.2节中进行详细介绍。文稿的修改是撰写科技论文必不可少的重要环节，可以从两个方面入手，一是修改篇幅和结构，二是修改字句。

5)论文发表

论文的发表过程包括论文投稿、专家审稿、编辑加工、编辑排版、编辑校对、印刷发行等过程。石油工程领域常见的外文期刊如表 1 – 4 所示，中国石油大学(北京)石油工程学院 2021 年认定的中国大陆主办的部分高水平期刊如表 2 – 2 所示。

表 2 – 2　中国大陆主办的(部分)高水平石油工程领域期刊

序号	期刊名称	序号	期刊名称
1	成都理工大学学报	29	石油钻探技术
2	大庆石油地质与开发	30	实验技术与管理
3	地球化学	31	实验力学
4	地下空间与工程学报	32	实验流体力学
5	地质科学	33	水动力学研究与进展(中英文)
6	东北石油大学学报	34	特种油气藏
7	工程力学	35	天然气地球科学
8	工程热物理学报	36	天然气工业
9	固体力学学报	37	土木工程学报
10	机械工程学报(中英文)	38	物理化学学报
11	吉林大学学报地球科学版	39	西安石油大学学报
12	计算机应用	40	西南石油大学学报
13	计算力学学报	41	系统仿真学报
14	计算物理	42	新疆石油地质
15	科学通报	43	岩石力学与工程学报
16	力学进展	44	岩土工程学报
17	力学学报(中英文)	45	岩土力学
18	煤炭科学技术	46	应用力学学报
19	煤炭学报	47	应用数学和力学
20	煤田地质与勘探	48	油气地质与采收率
21	摩擦学学报	49	油田化学
22	石油机械	50	振动工程学报
23	石油勘探与开发	51	中国海上油气
24	石油科学(Petroleum Science)	52	中国科学(月刊)
25	石油科学通报	53	中国矿业
26	石油实验地质	54	中国石油大学学报(自然科学版)
27	石油学报	55	钻采工艺
28	石油钻采工艺	56	钻井液与完井液
其他所在一级学科、双一流高校学报论文			

注：排序按照期刊名拼音顺序。本表在学校学术创新成果认定工作时使用。

2.2.5　学位论文

学位论文是指学位申请者在导师指导下独立完成并提交的用于获得学位的论文。学位论文又可分为学士学位论文(本科毕业论文)、硕士学位论文、博士学位论文。学位论文的特点是探讨问题较深，阐述问题系统、详细，具有一定的独创性和开拓性。

本科毕业论文要求对研究成果基于所学的专业知识进行总结和提升；硕士学位论文要求对科学问题进行研究，并具有一定的创新性；博士学位论文则要求对未知的研究领域进行探索，并具有较大的创新性。Prof. Matthew Might(马修·麦特教授)为博士学位(Ph. D)给出的定义，如图 2 – 5 所示。由图可以看出，要想获得博士学位，必须要开拓出人类知识的边界。

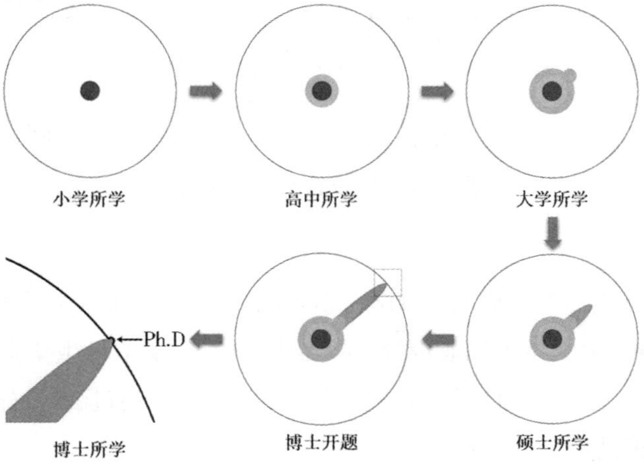

图 2 – 5　Prof. Matthew Might 为博士学位(Ph. D)给出的定义

2.2.5.1　学位论文撰写要求

以中国石油大学(北京)本科生毕业论文要求为例，学位论文的撰写要求主要包括以下 4 个方面。

1)论文篇幅

论文(不包括附录及文献目录)字数为 1.5 万左右，一般使用简体汉字书写。

2)文献查阅

查阅与毕业设计(论文)相关的文献(不含教科书)不少于 10 篇，其中外文文献不少于 2 篇。

3)文献翻译

翻译与毕业设计(论文)有关的外文资料(即 1 篇期刊论文或会议论文)，不少于 5000 字。

4)形式与格式

本科生毕业设计(论文)的形式与格式虽然不能直接反映论文的学术水平，但可体现作者的学术修养和文化修养。合格的本科生毕业设计(论文)在形式与格式上体现国家学位条例和学校对学位论文管理的各项具体规范、学术著述的一般规范、正式出版物共同遵循的文字印刷规范等，具体可参考中国石油大学(北京)本科毕业论文格式范本。

2.2.5.2 学位论文的基本框架结构

学位论文的框架结构依次为论文封面、中文摘要与关键词、Abstract & Keywords、目录、正文、主要符号对照表、参考文献、附录、致谢等部分，如图 2－6 所示。本节仅简要介绍学位论文的框架结构，有关各部分的写作方法与技巧见第 6 章相关内容。

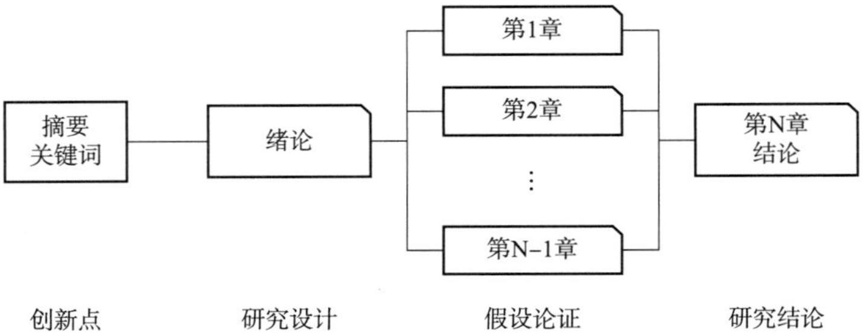

图 2－6 学位论文的框架结构

1)论文封面

中国石油大学(北京)的代码是 11414，学号以《本科生名册》中的本科生学号为准，论文标志为“中国石油大学本科生毕业设计”或“中国石油大学本科生毕业论文”(根据课题研究性质，选择其一)，论文题目应简短、醒目、切题，不宜超过 25 个字。

2)中文摘要与关键词

论文摘要是反映论文内容梗概和研究深度的短文，其目的是使论文评阅人、答辩委员及读者在较短的时间内对论文有一个简单而又清晰的全面了解。大多数读者看论文时一般首先翻阅论文摘要和目录，因此论文摘要写得好坏，直接决定读者对论文的第一印象，论文作者应对其给予高度重视。中文摘要字数限制在 300～500 字左右。为便于检索，要在摘要之后另起一行写出论文的 3～5 个关键词。前用“关键词”3 个字加冒号标出，关键词之间用分号隔开，最后一个词后不用标点。

3) Abstract & Keywords

Abstract(英文摘要)应有英文的论文题目。其内容必须与中文的内容相对应，但也不是逐字翻译，英文摘要应单独从一页开始。Keywords(英文关键词)要与中文关键词一一对应。

4)目录

本科生毕业设计(论文)目录是论文的大纲，反映论文的梗概，应将论文目录层次编排清楚。论文的章节按混合编排格式，即一级标题用“第 1 章”“第 2 章”……。从二级标题开始，用阿拉伯数字连续编号，在不同层次的数字之间加一个下圆点相隔，最末数字后不加标点。例如，第一级标题：第 1 章；第二级标题：1.1；第三级标题：1.1.1。

目录中的标题一般编排到三级，正文中的标题层次一般不应超过四级，四级以后可单独编号，如写作(1)、(2)、(3)……或①、②、③……。

5)绪论(或引言)

放在论文正文前。是论文评阅人、答辩委员和读者了解论文研究背景和概貌的主要篇章。主要目的是向论文评阅人、答辩委员和读者阐述论文中所要研究的问题以及与其有关的背景或对一些事项进行说明。绪论在写法上不分章节，提倡使用无人称句。

绪论通常应包括 4 个方面：研究背景；研究课题；国内外研究现状和发展趋势；论文主要内容。

6)正文

从第 1 章开始是学位论文的主体，应注意以下几个问题。

(1)层次要清楚、标题要突出重点，各章之间联系密切，形成一个整体。

(2)已经被普遍接受而成为常识和学术界公认的观点不要从头叙述。

(3)如出现一个非通用性的新名词、新术语或新概念，需解释清楚。

(4)论文中的图、表、附注、公式一律采用阿拉伯数字分章或连续编号。如果图、表中有附注，应采用英文小写字母顺序编号，附注写在图、表的下方。论文中的插图应具有鲜明性，切忌与列表及文字表述重复。插图的序号及图名居中置于图的下方。插图要清楚，坐标比例不要过分放大，同一幅图上不同曲线的点要分别用不同形状标出。列表的序号及列表的名称应置于列表的上方。公式的编号应加括号，并写在公式末端，其间不加虚线。

(5)论文中的量和单位严格执行国家标准《量和单位》(GB 3100～3102—93)中的规定。论文中单位名称的书写可以采用国际通用符号，也可以用中文名称，但全文应统一，不要混用。

(6)论文中所引用的文献用阿拉伯数字连续标明编号，编号加方括号。

(7)论文的最后一章是论文的结论，文字必须简明扼要，不要简单重复罗列实验结果。论点应明确、严谨、完整。在写法上不分章节，提倡使用无人称句。

7)参考文献

参考文献只列作者直接阅读过、在正文中被引用过的文献资料。参考文献一律放在论文结论之后，不得放在各章之后。每条文献的项目必须完整，缺一不可。参考文献书写采用顺序编码制，即按学位论文中引用参考文献的先后顺序连续编码。本着简单明了，易于查找的原则，根据《文后参考文献著录规则》(GB/T 7714—2005)，参照下述格式书写。

(1)专著(注意应标明出版地及所参阅内容在原文献中的位置)，表示方法为：[序号]作者．专著名[M]．版本．出版地：出版者，出版年：起止页．

(2)期刊中析出的文献[应标明年、卷(期)，尤其注意区分卷和期]，表示方法为：[序号]作者．题(篇)名[J]．刊名，出版年，卷号(期号)：起止页．

(3)会议论文，表示方法为：[序号]作者．篇名[C]．会议名，会址，开会年：起止页.

(4)专著(文集)中析出的文献，表示方法为：[序号]作者．篇名//文集的编(著)者．文集名[M]．版本．出版地：出版者，出版年：起止页．

(5)学位论文，表示方法为：[序号]作者．题(篇)名[D]．授学位地：授学位单位，授学位年．

(6)专利文献，表示方法为：[序号]专利申请者．专利题目[P]：专利国别，专利号．公告日期．

8)附录

附录一般与论文全文装订在一起，如果附录内容很多时可独立成册。

9)致谢

致谢对象限于在学术方面对论文的完成有较重要帮助的人士和团体，感情要诚挚。

2.2.5.3 学位论文的生成步骤

学位论文的生成步骤主要包括选题、开题、定题、研究与分析、撰写论文及论文答辩，如图2－7所示。其中，有关选题和开题的知识将在本书第3.2节进行详细介绍，其他部分的知识将在第6章中进行详细介绍。

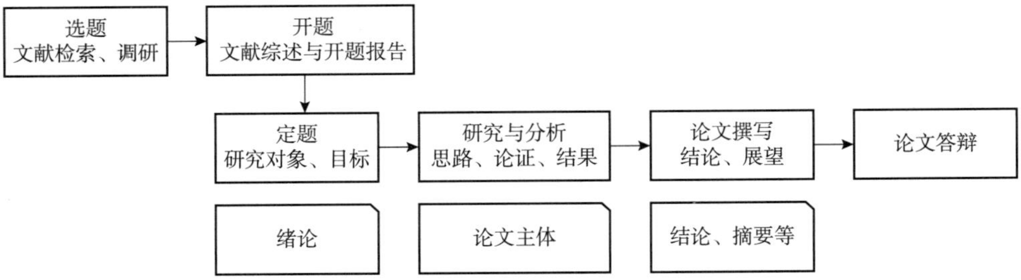

图2－7 学位论文的生成步骤

2.2.6 会议论文

会议论文是在会议等正式场合宣读首次发表的论文。会议论文是属于公开发表的论文，一般正式的学术交流会议都会出版会议论文集。

改革开放以来，我国每年会在全国各地举办各式各样的石油会议，也派出成千上万的石油界科技专家和科技管理工作者出席国际石油会议。国际会议具有形式规模大、信息交流多、信息传递快、专业水平高等特点。国际石油工程师协会(Society of Petroleum Engineers，简称SPE)等每年举办很多大型石油专题会议，网址为：https：//onepetro.org/conferences/pages/browse－by－series。SPE等协会举办的部分代表性会议如表2－3所示。

表 2－3　SPE 等协会举办的部分代表性会议

会议名称	举办时间(每年)
SPE Annual Technical Conference and Exhibition SPE 技术会议展览年会(ATCE)	9～10 月
SPE Improved Oil Recovery Conference SPE 提高原油采收率会议(IOR)	8～9 月
SPE/AAPG/SEG Unconventional Resources Technology Conference SPE 非常规资源技术会议(URTC)	11 月
SPE Hydraulic Fracturing Technology Conference and Exhibition SPE 水力压裂技术会议展览会(HFTC)	2～5 月
AAPG Annual Convention and Exhibition AAPG 美国石油地质学家协会年会	9～10 月
SPE International Conference on Oilfield Chemistry SPE 油田化学国际会议(OCC)	12 月
SPE International Oilfield Corrosion Conference and Exhibition SPE 国际油田腐蚀大会(IOCCE)	6 月
SPE/IATMI Asia Pacific Oil & Gas Conference and Exhibition SPE 亚太油气会议展览会(APOG)	10～11 月

以 SPE 会议论文为例，在参加会议前需要提交论文的摘要以便选拔。SPE 会议摘要的内容与要求如表 2－4 所示。SPE 会议论文全文的格式与期刊论文基本一致，不再赘述。会议摘要撰写完后，利用投稿系统，选择会议报告的方式(口头报告、张贴报告等)并进行投稿。SPE 协会将进行形式审查、送审以及决议等环节决定论文是否录用。摘要接收后，会提醒作者在特定的时间递交会议论文，并在指定的时间参加会议和演讲论文。会议当天，会议论文会刊登在 Onepetro 网页上。

表 2－4　SPE 会议摘要要求

内容	字数下限/千字	字数上限/千字
Objective and Scope(意义和范围) Please list the objectives and/or scope of the proposed paper 请列出拟议论文的目标和/或范围	25	75
Methods, Procedures, Process(方法、步骤、过程) Briefly explain your overall approach, including your methods, procedures and process 简要说明您的总体方法，包括您的方法、程序和流程	75	100
Results, Observations, Conclusions(结果、观察和结论) Please describe the results, observations and conclusions of the proposed paper 请描述拟议论文的结果、观察和结论	100	200
Novel/Additive Information(创新点/实质意义) Please explain how this paper will present novel(new) or additive information to the existing body of literature that can be of benefit to and/or add to the state of knowledge in the petroleum industry 请解释本文将如何为现有文献提供创新点或附加信息，这些信息可能有益于和/或补充石油行业的知识现状	25	75

【例2－2】

2021年SPE ACTE年会中Thomas Schuman教授等发表的《Development and evaluation of ultra－high temperature resistant preformed particle gels for conformance control in north sea reservoirs》会议论文，论文编号SPE－206007－MS。

摘要：

[**意义和范围**] Preformed particle gels (PPGs), a type of hydrogel, have been widely applied to control the conformance of reservoirs owing to their robust gel chemistries. Traditional PPGs are polyacrylamide－based hydrogel compositions which can withstand neither higher temperatures nor high salinity conditions. There are many deep oilfield reservoirs worldwide which demand PPG products with a long term hydrolytic and thermal stability at the temperatures of higher than 120℃.

[**方法、步骤、过程**] Current PPGs neither remain hydrated nor retain polymer integrity at these temperatures. A unique high temperature－resistant hydrogel composition (HT－PPG) was developed with exceptional thermal stability for greater than 18 months in North Sea formation temperature (～130℃) and formation water environments.

[**结果、观察和结论**] HT－PPG described herein can swell up to 30 times its initial volume in brines of different salinity for North Sea. The effects of salinity and temperature on swelling, swelling rate, and rheological behavior was studied. These HT－PPGs exhibit excellent strength with storage modulus (G') of over 3000 Pa at the swelling ratio of 10. Thermostability evaluations were performed in North Sea brines with variable salinity at temperatures of 130℃ and 150℃ and found to be stable for 18 months with no loss of molecular integrity at the higher temperature. Laboratory core flooding tests were conducted to test its plugging efficiency to fracture. HT－PPGs showed good plugging efficiency by reducing the permeability of open fracture and did not wash out during waterflooding.

[**创新点/实质意义**] Overall, HT－PPG is a novel product with excellent hydrothermal stability that make it an ideal candidate for conformance problems associated with reservoirs of high temperature and salinity conditions.

2.3 科技论文的语言特点

科技论文的语言具有规范性、准确性和简明性等特点。规范性是指语言运用比较统一和通用；准确性是指论文的语言能精确地反映客观事物；简明性是指论文的用词和造句简练，意思明确易懂，能以最少的文字反映最多的信息量。

科技论文的上述语言特点主要体现在以下几个方面。

(1)专业术语较多，这些术语通常只表达一个意义，不会发生变化。

(2)在科技论文中，无主句比较常见，其主语(如“我”“我们”“作者”等)通常被省略或承前省略。这种表述方式不但不会影响句子愿意，反而能使语句更加简洁、明快。

(3)单句中经常含有结构复杂的数个长状语或长定语，用于限定动作行为或物质状态。

(4)论文中还存在一些无关联的复句。

【例 2-3】

1)无主句

①为研究纳米流体在低渗油藏中的驱油性能，采用实验室自主研发的具有一定疏水性的 SiO_2 纳米颗粒。(省略了主语“我们”。)

②基于此，本文采用实验室自制的具有一定疏水性能的 SiO_2 纳米颗粒，评价了 SiO_2 纳米流体的稳定性和改善界面张力的效果。(应该将“本文”删掉，或将“本文”改为“笔者”，这是因为“本文”意指全文或文章的中心内容，不能当作主语去完成某些研究内容。)

2)结构复杂的单句

①在众多纳米颗粒中，SiO_2 纳米颗粒具有易于改性、方便获取、纯度较高、价格低廉的优势，具备大规模生产应用的潜力。

②基于纳米颗粒在油、水、岩石三相界面的吸附、解吸附和运移等作用过程，提出了“楔形挤压”效应、润湿性反转、封堵和降低界面张力、调控黏度等纳米材料提高采收率的作用机制。

3)无关联的复句

①针对三元复合驱在注入井近井地带的损耗问题，提出了将高压水射流钻超短半径径向水平井与三元复合驱相结合的靶向输送提高采收率技术，利用水平井作为“靶向通道”，将三元复合体系直接输送至剩余油富集区，避免了三元复合体系在注入井近井地带的损耗。

②结合近 20 年来国内外纳米材料矿场应用案例，从纳米材料的分类和驱油机理两个方面进行了梳理及论述，对纳米材料在提高油气采收率的技术优势及存在问题进行了分析，探讨并展望了未来纳米材料应用于提高采收率领域的关键与发展方向。

科技论文语言水平的提升贵在坚持积累。平时阅读文献时，尤其是国外学者撰写的英文文献时，除了吸取论文中的科技信息外，还需要注重语言及表达的积累。写作能力的提升需要经过长期的实践，既要多读，更要勤写多练。经过老师的指导，加上自己的练习，掌握写作的基本方法，完全有可能写出高水平的科技论文。

第3章　文献综述(调研)与开题报告撰写

在论文选题和开题阶段，需要进行文献综述(调研)并撰写开题报告。通过对文献数据库的检索，全面系统地进行文献普查，可以明确初选课题的研究背景与意义、分析国内外研究现状、指出现有研究不足之处，并在前人的基础上提出创新。文章将介绍文献综述与开题报告的主要内容以及撰写方法，并简要介绍项目申请书的撰写示例。

3.1　文献综述撰写

据美国科学基金会(National Science Foundation，简称NSF)统计，一个科研人员花费在查找和消化科技文献资料上的时间需占全部科研时间的51%，计划思考占比为8%，实验研究占比为32%，书面总结占比为9%。确定研究某一科学问题后，需要对所阅读的文献进行及时整理与分析，掌握该研究领域的国内外研究现状、发展趋势等，以利于即将或正在开展的研究保持应有的水准和创新性，不至于重复别人的研究。当该课题用于申请科研基金(或项目)或用于申请学位时，还需要撰写文献综述。

文献综述(Literature review)是对选题所涉及的研究领域中散乱无序的同类文献进行广泛阅读和理解的基础上，对该研究领域的研究现状、发展前景等内容进行综合分析、归纳整理和评论。他不要求作者在某一领域有创造性，但要求作者提出自己条理化和系统化的新见解和研究思路。因此，文献综述具有多种用途，如协助科研人员寻找更具研究意义的课题、提出更为明确的研究成果设想、理解核心概念的界定与确立方法、定位研究设计内容与其他科研人员的成果之间的异同点等，以利于对课题计划的进一步批判与改进。

3.1.1　文献综述的类型

文献综述的常见类型主要有期刊发表的综述性论文和学位论文的文献综述。

1)期刊的综述性论文

其通常是阅读和分析文献的结果，旨在阐明某知识领域的研究前沿，文章本身并非作者的探索和研究成果，主要依照文献中的观点来组织文章内容。

2)学位论文的文献综述

其有非常明确的待探索的问题，是作者研究初始阶段的工作，应该围绕论文的主题来取舍文献和组织内容，即不追求全面而系统地综述本领域的研究进展和现状，而应追求综述的深度，选择恰当的、相关的、简明的、精确的文献来源。文献综述是毕业论文必须完成的工作，也是其中的一章(通常称作前言、引言或绪论)。

3.1.2　文献调研的主要内容

文献调研是指在选题与开题时期，全面系统地进行国内外相关文献地检索、获取、阅读、分析的过程。文献调研主要包括以下6个方面的内容。

1)选题

选题对文献综述的写作有举足轻重的作用。选题可以根据所占有文献资源的质和量进行选题，也可以在导师的指导下进行选题。选题一定要反映出学科矛盾的新焦点、新成果、新动向。选题不宜太大，范围不宜过宽。

2)文献搜集

利用有关检索工具(如数据库或搜索引擎等)搜集现有的相关研究资料、情况、数据等，主要包括图书、期刊会议、学位论文、专利、研究报告、科技成果研究数据等。在文献综述正式写作前，一定要采用科学高效的方法有计划地阅读大量的文献。例如，先阅读综述性论文，再阅读研究性论文；先看文摘，再看全文；注意阅读学位论文，因为学位论文中一般有国内外研究现状综述；先阅读较权威性的文献(如被引次数高的文献)；对文献中重要的内容做些标记等。

3)文献研究

全面掌握国内外研究现状，目的是证明已了解课题的研究全貌。当初次读完一篇文献后，会产生很多想法，这些想法通常不会持续太久，应当用简洁的语言记录读后感，便于整理思绪和日后快速回忆文献内容。文献研究要弄清楚该研究做了什么，用了什么方法，得到了什么数据，以及怎样进行分析。

4)文献批评

发现研究不足，是文献调研的主要目标。当前研究的不足是研究的突破口，能为新课题提供创新空间与价值空间。之所以在读完大量文献后对研究方向依然迷茫，是因为在阅读的过程中缺少了不断提出创见、否定创见、再优化创见的过程。因此，不要忽视阅读过程中形成的任何一个观点，哪怕是感性的或没有经过论证的，不妨先记下来。随着阅读的不断深入，这些想法会逐步被删减或优化，最终形成创见的来源。

(5)综述撰写。

先写出文献综述提纲，再把搜集到的文献按提纲的框架进行分类整理，再从这些资料中选出最新且有代表性的、科学可靠的、有理论实践意义的资料按提纲进行写作。

3.1.3　文献调研的原则与方法

3.1.3.1　文献调研的原则

首先，文献检索既要全面，又要准确。全面是指文献类型与语种兼顾，即期刊、图书、学位论文等各类型文献都要查阅，中文与外文文献都需查阅。准确是指对资料的来源和渠道应有鉴别，对文章、书籍网上资料信息和实际材料的占有量应有所分析，对能否得到外文资料并加以合理运用等情况应有所掌握。

其次，阅读文献要围绕研究方向领域或关键词来选择。所选文献要尽量权威和前沿，挑选年代比较久远的文献，代表课题起源；挑选年代比较新的文献，代表课题发展及前沿。对基础文献、经典文献要精读，而且要进行解释、评论和分析。对相关知识点、跨学科文献可以泛读。

最后，根据论文的被引频次进行挑选，因为文献的被引频次在某种程度上反映出该文献受到关注的情况。当然，也可以挑选知名学者、团队、机构、期刊的文献作为代表性文献。

3.1.3.2 文献综述的撰写内容

发表在期刊中的文献综述(Review paper)的撰写内容与发表在期刊中的研究论文(Research article)类似，一般包括题目、作者与单位、中英文摘要与关键词、前言(引言)、主体部分、总结与展望、致谢、参考文献 8 个部分。有关期刊论文的基本概念已经在第 2.2.4 节进行了介绍，不再赘述。

开题报告中的文献综述部分通常单独撰写，并在开题报告中的“国内外研究现状与分析”部分进行凝练。毕业论文中的文献综述主要体现在前言(引言、绪论)部分。

虽然文献综述存在上述几种不同的形式，但文献综述的撰写内容都主要包括以下几个方面。

1)引言

引言主要包括介绍研究背景，引出论文的写作目的；介绍研究主题的有关概念、定义以及综述的范围；说明有关主题的研究现状或争论焦点，使读者对综述内容有一个初步的轮廓；概括总结目前综述的发展现状及未来发展趋势。

2)主体

主体部分主要将所收集到的文献资料归纳、整理及分析比较，阐明引言部分所确立综述主题的历史背景、现状和发展方向，以及对这些问题的评述。其写法多样，没有固定的格式。常见的格式有按照文献发表的年代顺序、按不同的问题、按不同的观点以及按照不同的学校或者组织等角度进行综述。为把问题说得明白透彻，可分为若干个小标题分述。

主体部分应特别注意代表性强、具有科学性和创造性的文献引用和评述，此处尽量选择学术权威的论文进行深度了解与分析。图文并茂，插图应精选，勿与文中的文字和表格重复。

3)总结

总结是对主体部分作简单扼要的概括，最好能够提出作者自己的见解，表明自己赞成或反对的观点或立场。要突出介绍已解决的问题、还需要进一步探讨或解决的问题、解决他能带来的学术价值等，进而突出和点明选题的依据和意义。

3.1.3.3 文献综述撰写常见错误

在文献综述时出现的常见错误主要有以下几种。

(1)逻辑不清。文献综述的各部分之间以及各部分内要按照一定的逻辑顺序论述，如时间顺序、主次顺序、结构顺序或发展顺序等。在各部分内，逻辑顺序也要保持一致。

(2)没有合理评论与批判，未能对研究现状直接客观地指出研究不足。主要有以下4种情况：①只是一味地陈述某人在某方面做的研究内容和研究成果，未对这些研究的不足作任何评判，这样无法证明做进一步研究的必要性和理论价值。②只是给予“该研究领域的文献太少或太多，或不完全”的评述，这样过于笼统，往往表明研究者对该题目还不够熟悉。③只是做抽样方面的指责，如“只研究了美国，没有包括中国样本”，这样的批评没有抓住实质。④贬低他人抬高自己，在描述前人的贡献，特别是批评他人的不足或错误时，往往没有通读原文，或者不直接引用原文，而是把几经翻译和评述后的观点误认为原作者的观点，从二手材料来判定原作者的所谓“错误”。虽然需要批判，但是文献综述的真实目的应该是依仗他人提升自己。

(3)没有找到理论出发点，无法为论证提供基本理论依据。只是大量堆积各种相关理论、模型、方法等或列举学界的几乎所有观点，而没有抓住真正的理论出发点。

(4)没有提出自己的理论假设，未能将论文主题和假设作为主线来筛选和评述文献。如果像编写教科书一样，将有关研究课题的理论和学派简要地陈述一遍，那么，综述部分无法反映论文的特色。综述中全部引用的内容不应超过50%。

(5)含糊不清，读者难以明确判断作者的实际贡献是什么。采用他人文献的观点和内容却不注明来源，模型、图表、数据不注明出处。

(6)引用格式错误。例如，姓和名的次序混乱、大小写混乱、英文标点符号后面跟有空格键、文中提到“Sydansk 等[xx]”与参考文献[xx]不一致。另外，英文科技论文中通常规定1～2名作者时，直接给出姓，例如“Green”“Green 和 Li”，如果作者数量达到3个或以上，则直接引用第一作者的姓，然后加上“等”“et al.”。

3.1.3.4　文献综述的自我检查

针对上述常见错误，在撰写完文献综述后，一定要按照“坚持大胆批判、找准理论出发点、系统梳理文献、谨慎述评、规范学术行为”等相应对策认真地进行自我检查。

自我检查内容主要包括：引用的文献是否适当、有无重要文献被遗漏、是否包含最新文献、是否具有国际视野、是否图文并茂且详略得当等。

3.2　开题报告撰写

开题报告是指在研究课题方向确定之后，课题负责人在调查研究的基础上撰写的报请上级批准的研究计划。单位不同，开题报告的写作形式稍有不同，但基本都包括研究课题的选题依据、研究方案、已具备的研究条件、预期达到的目标、预期的研究成果、研究计划等。开题报告是提高选题质量和水平的重要环节。

3.2.1 选题

选题是要确定专攻方向，明确待解决的主要问题。古人云，“万事开头难”，选题作为科研工作的第一步，是特别困难的。选题是研究工作的真正目标，选题不当意味着目标错误，目标错误则必然导致研究失败。

爱因斯坦在《物理学的进化中》也指出，提出一个问题往往比解决一个问题更为重要，因为解决一个问题也许只是一个数学上或实验上的技巧问题，而提出新的问题、新的可能性，从新的角度看旧问题，却需要创造性的想象力，而且标志着科学的真正进步。随着各学科发展的不断深入、拓展、交叉、综合，发现问题越来越难。此外，大量科学问题已被他人研究，提出研究问题也越来越难，需要科研人员具有更强的科学研究能力。

3.2.1.1 选题方向

选题要注意点面结合，先面后点，由面及点。为了使科技论文选题受到关注或具有价值，在写作实践中应考虑以下几方面。

(1)紧扣国家发展、社会热点、现实需求。

(2)紧扣学术前沿、学术理论、学术方法。

(3)结合个人兴趣、团队目标、学科需要。

如果选题时充分考虑了上述几个方面，那么就能让编辑和读者感到具有价值，从而受到关注，能够被广泛应用，科技论文也更容易被发表。

> 科学技术必须同社会发展相结合，学得再多，束之高阁，只是一种猎奇，只是一种雅兴，甚至当作奇技淫巧，那就不可能对现实社会产生作用。
>
> ——2014 年 6 月习近平总书记在中国科学院第十七次院士大会、中国工程院第十二次院士大会上的讲话

3.2.1.2 选题原则

1)价值性原则(目的性)

即选题应具有一定的价值，选题要从社会主义建设的实际出发，应该对国家、社会、经济发展具有一定的价值，这是考察选题最基本的着眼点。从学术意义上来看，选题应该在理论上有价值，能够修正、补充、发展、完善已有的理论，甚至于提出新的理论。从社会意义上来看，选题能在实践中得以应用，是当前广泛关注并急需解决的问题，或能够支持或有利于现有问题的解决。

2)创新性原则(探索性)

选题应具有一定的创新，那些尚未解决或未完全解决的、预期经过研究可获得一定价值新成果的课题，如新见解、新观点、新思想、新设计、新概念、新理论、新手段、新产

品、新质量、新效益等。课题研究的成功与否、质量高低、价值大小，很大程度上取决于选题是否有新意。当然，创新性与探索性、风险性等特点共生，但这反过来进一步体现了课题的价值性。

3)可行性原则

选题一定要避免盲目性，应该符合个人或研究团队的研究方向，切合个人志趣或职业选择倾向。另外，还应该具备充分的研究条件，如工作时间、精力投入、研究能力、资金条件、实验场地、检测手段、计算条件等。要全面考虑主客观条件，确保选题经过努力能够实现。同时，可行性原则要求把握好选题的难易、大小。

4)可持续性原则

研究方向、研究条件和研究内容具有后续研究潜力，还可以继续深入、拓展和升华。

3.2.1.3　选题来源

1)学生选题来源

学生选题可以结合导师的纵向课题(即国家级项目、省部级项目)、横向课题(即企业、地方项目)及学生自己的大学生创新项目等；也可以结合自己的兴趣，在吸收文献资料的基础上，同指导老师商量确定自己设计的与专业相关的课题。前期先做一个简单的多媒体演示或思路总结，尽量让导师、领导、同事或同行的专家协助分析是否可行。尽量不要等全都完稿后再去咨询，否则一旦选题不佳，前面的工作会前功尽弃。

2)科研人员选题来源

对于石油工程等工程应用学科科研人员，从观察现象入手选题往往更为恰当和有效。回答和解释现实问题是工程应用学科的责任与义务。另外，从现实中发现和提出问题会更为具体，思路更为清晰，研究更具针对性，更易做到"小题目、大文章"。当然，还可以从文献阅读和学术交流中激发学术灵感。

3.2.1.4　题目撰写与修改

古诗有："吟安一个字，捻断数根须。"推敲用词很关键，因为题目受填写字数的限制。那么，一般如何避免呢？首先，要自己多阅读，同时最好能出声朗读，这样便于发现错误。其次，要找同学、同事或朋友帮忙阅读题目。再次，就是网上查找以往申报的项目名称，学习别人的撰写方式。

【例3-1】

以中国石油大学(北京)2021届硕士、博士研究生关于二氧化碳的部分毕业论文题目为例。

(1)超临界二氧化碳对岩石微结构作用机制及应用。

(2)层理性储层二氧化碳复合压裂裂缝扩展规律研究。

(3)基于嵌入式离散裂缝的致密油二氧化碳吞吐模拟。

(4)致密油藏注气提高采收率潜力研究。

(5)新型液态二氧化碳减阻剂及其性能测试分析。

(6)高温超临界二氧化碳原位开采油页岩传热特性数值模拟。

(7)页岩油二氧化碳压裂关井作用数值模拟与压降曲线分析。

(8)吉林油田降低二氧化碳驱最小混相压力研究。

(9)ZIF－8－乙二醇膜的制备及其二氧化碳/甲烷分离性能研究。

(10)醇胺溶液复配离子液体对二氧化碳吸收的工艺优化研究。

(11)聚乙二醇二甲醚复配改良吸收二氧化碳实验研究。

(12)新型离子交换树脂吸附二氧化碳的机理研究。

(13)三维有序大孔 TiO_2 表面异质结的构筑及其光催化二氧化碳还原性能研究。

(14)－NH_2 基功能化修饰 MOFs 材料的制备及其二氧化碳吸附与分离性能研究。

(15)超临界二氧化碳法制备高分散凹凸棒土用于染料吸附及稠油降黏。

(16)京津冀城市客运交通减排政策成本及环境效益分析。

(17)低碳城市试点政策对能源结构和产业结构影响研究。

3.2.2 开题报告的主要内容

选题定好后，选题意义、国内外现状、研究框架、主要内容、预期成果等都为固定范式，按图索骥即可。表 3－1 给出了中国石油大学(北京)学位论文工作中开题报告的主要内容。

表 3－1 开题报告主要内容

序号	主要内容	具体内容	作用
1	学位论文选题依据	选题背景意义 国内外研究现状分析	主要分析别人怎么研究
2	学位论文研究方案	研究目标 研究内容 拟解决的关键问题 拟采取的研究方法 技术路线 实验方案及可行性分析 可能的创新之处	主要介绍自己怎么设计
3	预期达到的目标、预期的研究成果	预期达到的目标 预期的研究成果	主要描述后期研究工作
4	学位论文工作计划	年度计划	
5	参考文献	国内外文献	

3.2.2.1 选题背景

1)选题背景与意义

选题背景一般包括理论背景和实务背景。理论背景往往放在国内外研究述评中；实务背景主要是对于应用对策性课题而言的，也需要在研究述评部分陈述清楚。选题背景与意义往往不需要截然分开，应该水到渠成，让专家在对研究背景的了解中自然体会到研究价值和意义。

选题意义是指承接前文指出的不足，提出自己的假设。要讲清楚发现了什么，准备做什么，准备怎么去做，也可与国家需求或研究热点相结合，进一步凸显研究意义，提升选题高度。

选题背景与意义一般分2～4个方面进行描述。每个方面使用单独标题或一句中心句进行说明，然后再用一段文字进行说明。每个方面的意义层层递进或并列。

2)国内外研究现状分析

国内外研究现状分析是对前人研究成果的全面占有、有序整理、必要呈现、系统梳理、高度总结和精辟评价。基本要求包括：①客观存在，即梳理学术史，陈述研究动态，具有引导性、准确性、代表性。②主观判断，即指出不足之处，归纳研究趋势，决定着研究的起点。下面主要从展开方式和主要结构内容两个方面介绍国内外研究现状分析的写作方法。

首先，展开方式。国内外研究现状分析的展开方式主要有2种：①按国外、国内的顺序分别论述。如果国外和国内文献都比较多，就可以选择这种展开方式。②按成果聚焦的主题和观点分门别类梳理。如果国外文献很少甚至没有，则应该选择这种展开方式。按照主题聚焦梳理文献时，建议按照文献发表时序的先后列举，这样做，既是对成果发表优先权的尊重，也是科学发展和技术进步规律的体现。

其次，主要结构内容。分类总结梳理已有的国内外学术观点，用关键词将观点类别概括出来，用极其精辟的语言简要概括每份重要文献的视角、方法与观点等。这部分最能体现学术功底和学术态度。一定要找出这个问题是谁最先提出来的，要打破砂锅问到底。此外，一定要点出来重要人物及其代表作，千万不要遗漏重要文献。另外，总结面不要太窄或者太泛，应由大到小，适当聚焦。

【例3－2】

以中国石油大学(北京)博士学位论文《高温油藏聚合物凝胶体系研制与胶凝机理研究》为例，介绍如何展开国内外研究现状分析。

[**第1章　绪论**]

1.1　论文研究背景与意义

1.2　国内外研究现状

1.2.1　高温油藏聚合物凝胶体系分类

1.2.2　高温油藏地下交联聚合物凝胶体系

1.2.3　高温油藏预交联聚合物凝胶体系

1.2.4　泡沫凝胶体系

由此可以看出，文章从3个方面(即地下交联聚合物凝胶、预交联聚合物凝胶和泡沫凝胶)分类介绍高温油藏聚合物凝胶体系在体系组成、性能及应用等方面的国内外研究进展。

值得注意的是，最后要进行研究述评，即总结问题、指出不足、预测趋势、提出研究假设。中肯客观指出当前研究的不足之处，可以涉及论点、论据和论证等方面，最后提出本课题的研究假设。要述评结合，以评带述，注意衔接和转承技巧，无论是与前文中的研究意义相关照，还是与后文中的研究内容相呼应，都要贴切、自然。可采用“肯定成绩—指出不足—重申价值”的模式。

【例 3－3】

以中国石油大学(北京)博士学位论文《高温油藏聚合物凝胶体系研制与胶凝机理研究》为例，介绍如何进行研究述评。

[**1.2.5　当前研究应用存在的问题**]

文献中报道的高温聚合物凝胶体系大多数都基于有机酚醛树脂体系，但凝胶体系的耐温性能一般低于 120℃。另外，所采用的聚合物通常为普通聚丙烯酰胺 PAM 或二元共聚物 P(AM/ATBS)，而作为用于超高温(＞150℃)油藏的调剖堵水体系，其成胶时间和胶凝强度等性能对聚合物以及有机酚醛树脂交联体系的性能有更高的要求。因此，对于超高温(＞150℃)油藏，必须采用耐温性能更好的聚合物，并在此基础上探索不同酚醛交联体系或其他有机交联剂与聚合物之间的交联反应机理。国外研究人员对聚乙烯亚胺作为低生物毒性有机交联体系在超高温(132～177℃)油藏中的应用也进行了大量研究。但该体系通常使用二元聚合物 PAtBA 作为凝胶主剂(即聚合物)，且聚合物的使用浓度非常高(通常为 7%)和成胶时间短(3h 左右)，一般适用于浅层油藏近井裂缝或套管泄漏作业中。另外，有关该凝胶体系的热稳定性能鲜有报道。因此，需进一步研究超高温为 150℃油藏条件下兼具浓度低(通常不超过 1.2%)和热稳定性良好的聚乙烯亚胺交联聚合物凝胶体系。

在撰写选题背景时，需要注意以下几点：要反映最新研究成果；不要写的太少；避免在研究现状中出现过长的引文；一般没有必要列出论文中的图表，只有当不使用这些图表就无法解释时才可以考虑引用；不应将没有真正理解的研究列入其中；注意不要把研究现状写成事物本身发展现状。

3.2.2.2　研究方案

1)研究目标

研究目标是期望在解释科学问题的基础上所达到的结果。研究目标与开题报告中的研究内容和关键科学问题不同，应在撰写开题报告前进行注意区分。科学问题通常采用“A 与 B 的关系”“A 对 B 的作用”等表述方式，一定要根据项目选题和研究内容拟定，注意不要写成拟解决的关键技术问题。研究内容是在关键科学问题指导下需要做的研究工作，需要进行具体介绍。因此，研究目的主要是回答研究该课题的原因和价值。

根据研究类型的不同，表 3－2 给出了研究目标的 2 种类型，即基础研究的目标和应用研究的目标。

表3-2　研究目标的主要类型

类型	基础研究	应用研究
研究目的	认识世界，获取关于现象和事实的基本原理的知识	改造世界，寻求解决社会问题的方法和途径
成果形式	论文、专著为主要形式	论文、报告、实验模型、产品或发明专利等
应用前景	并不很清楚，或者虽然确知其应用前景但并不知道达到应用目标的具体方法和技术途径	具有特定的实际目的或应用目标

在陈述研究目标时，期待解决的问题要难度适当，简明扼要，不必太具体，文字不宜过多，否则会出现任务不可能完成等情况。

【例3-4】

以中国石油大学(北京)博士学位论文《高温油藏聚合物凝胶体系研制与胶凝机理研究》为例，介绍如何描述研究目的。

[**研究目的**]

随着资源不断被开采，勘探目标部分转向高温油藏(部分140~160℃)，但储层温度高于140~150℃时，地下交联聚合物凝胶体系应用效果并不理想。基于高温聚合物凝胶体系研制过程中凝胶体系成胶时间、胶凝强度、长期稳定性等成胶性能的变化，研制出高温(>150℃)地下交联聚合物凝胶体系，并明确凝胶体系中不同类型聚合物和交联剂对成胶性能与胶凝机理的影响。

2)研究内容

研究内容是对研究背景、研究意义、研究目标的贯彻落实，应该说清楚要通过哪些方面的研究来实现研究目标。其设计非常重要，是对研究目标的具体展开和实现，也是后续论证的基础平台。他反映出作者的学术水准，因此是专家判断是否立项或者学位论文开题是否通过的主要依据。

在撰写研究内容时，需要注意以下几点：①研究内容应该与研究目标相呼应，切题且聚焦，研究具有一定的空间和深度，表述清晰且逻辑清楚。具体而言，研究内容是用来证明项目假设的关键，内容要集中，不能啰嗦地讲一堆可有可无的工作。②不要写的过于复杂和繁琐，详细步骤要在研究方案中体现。③将科学假说的结果分条目列出来(通常分2~4个方面)，层次要分明，应从不同角度、层次和方面做工作。每个条目首先用一句话概述，然后再用一段话进行解释。

【例3-5】

以中国石油大学(北京)博士学位论文《高温油藏聚合物凝胶体系研制与胶凝机理研究》为例，介绍如何撰写研究内容。

[**研究内容**]

本文在有机交联聚合物凝胶体系的研究基础上，以分析不同类型聚合物和有机交联体系对成胶性能(成胶时间、凝胶强度以及高温热稳定性等)的影响作为研究重点，以耐高温聚合物研究作为出发点，分析其耐温性能和高温胶凝机理，并系统评价与研究不同交联体系之间的成胶性能差异。最后，验证该聚合物凝胶体系在高温(>150℃)条件下的封堵性能和控水增油效果。主要研究内容如下。

(1)聚合物类型对高温下成胶性能的影响及相关机理研究。采用高温凝胶体系评价装置，制备耐150℃高温地下交联聚合物凝胶体系，考察不同类型聚合物的基本性能，主要包括其耐温、抗盐性能等。结合不同类型聚合物中的不同化学结构特征，分析了不同类型聚合物对聚合物凝胶体系成胶时间和胶凝强度的影响。

(2)有机交联体系对成胶性能的影响及相关机理研究。通过成胶时间和凝胶强度测定，研究不同醛类和不同酚类对高温为150℃条件下聚合物凝胶体系成胶性能的影响，结合凝胶微观三维结构变化对其胶凝机理进行分析与对比，并考察高温条件下使用低毒性交联体系(聚乙烯亚胺)时高温聚合物凝胶体系的成胶性能。

(3)聚合物凝胶体系成胶动力学及其控水增油效果验证。以聚合物/间苯二酚－六亚甲基四胺凝胶体系为例，考察不同影响因素对高温聚合物凝胶体系成胶动力学的影响，这些影响因素主要包括不同聚合物浓度、交联剂浓度、无机盐类型及浓度和反应温度等。通过岩心驱替实验，验证高温条件下地下交联聚合物凝胶体系在多孔介质中的封堵性能以及其在并联(层间)非均质物理模型中的控水增油性能。

3)拟解决的关键问题

科学研究总是围绕着科学问题的提出和解决而开展着。爱因斯坦认为，“提出一个问题往往比解决一个问题更重要。因为解决一个问题也许仅是一个数学上的或实验上的技能而已，而提出新的问题，从新的角度看旧的问题，却需要有创造性的想象力，而且标志着科学的真正进步”。科学问题指在一定的认知水平下，存在于科学知识体系内和科学实践中有待解决的难题。关键问题是指在研究过程中对达到预期目标所须掌握的关键技术或研究手段。只要把这一点或几点关键问题解决了，所涉及的各个问题及整个问题就可迎刃而解了。

“拟解决的关键问题”实质上就是要解决和证实所提出的“科学假说”，通常列出2～4条。关键问题的属性主要包括以下几点：①本源性，反映事物演变的最底层机制(是科学问题，不是技术、设备等问题)。②代表性，涉及某一类事物演变。③重要性，有重要的科学意义和现实意义。

在撰写拟解决的关键问题时，首先用1～3句话介绍具体关键问题的来源以及科学假说，然后再用2～3句话，简述拟解决的方法。拟解决的关键问题与立项依据、科学假说以及创新点应该相互呼应。

【例3－6】

以中国石油大学(北京)博士学位论文《高温油藏聚合物凝胶体系研制与胶凝机理研究》为例，介绍如何陈述拟解决的关键问题。

[**拟解决的关键问题**]

拟解决的关键问题一：聚合物的耐温性问题。聚合物在注入高温地层中，特别是油藏温度高于120℃的地层时存在高温降解问题，如何有效提高聚合物的耐温性，避免凝胶快速脱水，这是高温油藏聚合物凝胶调剖堵水技术的一个关键性难题。

本课题拟采用三元共聚物，在常规聚丙烯酰胺的结构中引入耐温单体和抗盐单体，并将其应用到高温油藏聚合物凝胶体系中，可以提升凝胶三维网状结构在高温下的稳定性，避免凝胶快速脱水。

4)研究方法

研究方法是指研究内容在具体的实施过程中使用的技术方法，可以是实验的手段，也可以是方法学研究等。

选择研究方法需要注意以下问题：①重视现代科技手段，大数据、知识图谱、数学模型等。②重视交叉学科方法。③注重多种方法集成，理论与实证相结合。④注重方法的实际效果，管用、高效、创新。

在撰写时，最好一个方法一个段落。

【例3-7】

以中国石油大学(北京)博士学位论文《高温油藏聚合物凝胶体系研制与胶凝机理研究》为例，介绍如何撰写研究方法。

[**实验方法**]

(1)聚合物凝胶体系的制备方法。称取10g不同类型聚合物固体颗粒缓慢加入至1000mL去离子水中，在添加过程中使用磁力搅拌器对烧杯里的溶液进行快速搅拌，搅拌速度为(400 ± 20)r/min，搅拌时间为4h。将上述聚合物溶液在室温(25℃)条件下老化24h，形成1%的聚合物母液。然后，使用去离子水将上述聚合物母液稀释成实验所需浓度的聚合物溶液，在搅拌情况下加入称量好的酚醛交联体系、抗氧化剂和热稳定剂等，搅拌20min后可以得到聚合物胶凝溶液，如图3-1(a)所示。将配制好的胶凝溶液(约为30mL)缓慢移入特殊定制的安瓿瓶中，如图3-1(b)所示。将装有胶凝溶液的安瓿瓶连接在抽真空装置上，抽真空2h后使用止水夹取出安瓿瓶，如图3-1(c)所示。将安瓿瓶的颈部置于酒精喷灯火焰上进行封口，如图3-1(d)所示。

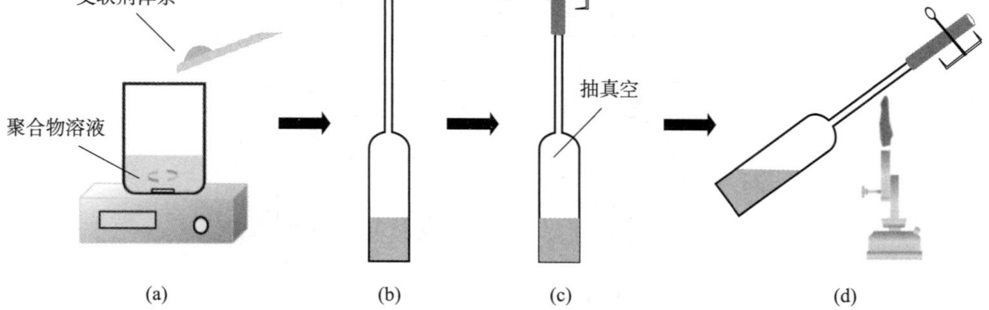

图3-1　聚合物凝胶体系的制备

5) 技术路线

当撰写研究方案时，阐述课题的研究思路也是一项非常重要的工作。研究内容是对研究思路的执行，研究思路是对研究内容的呼应。以研究思路为先导从总体上描述研究工作，可以更好地串联各个部分。另外，研究思路也是研究可行性的判断标准。为了便于读者迅速厘清作者的逻辑架构、技术路线与研究方法，通常借助技术路线图的方法。

技术路线图是指将整个课题(项目)简化成一个技术路线图来描述。通常可以按照研究内容制作出技术路线图，可使用 PPT、Visio、PS 等软件绘制。

【例 3－8】

以中国石油大学(北京)博士学位论文《高温油藏聚合物凝胶体系研制与胶凝机理研究》为例，介绍如何描述技术路线。

[技术路线图]

本文将探索高温聚合物凝胶体系在超高温为 150℃ 油藏条件下的胶凝机理，并将分析不同聚合物类型和有机交联体系对成胶性能(即成胶时间、成胶强度和热稳定性等)的影响作为本论文的研究重点，将以耐高温聚合物研究作为出发点，分析其耐温机理，并对其在高温条件下的封堵性能和控水增油特性进行验证与分析。全文的技术路线如图 3－2 所示。

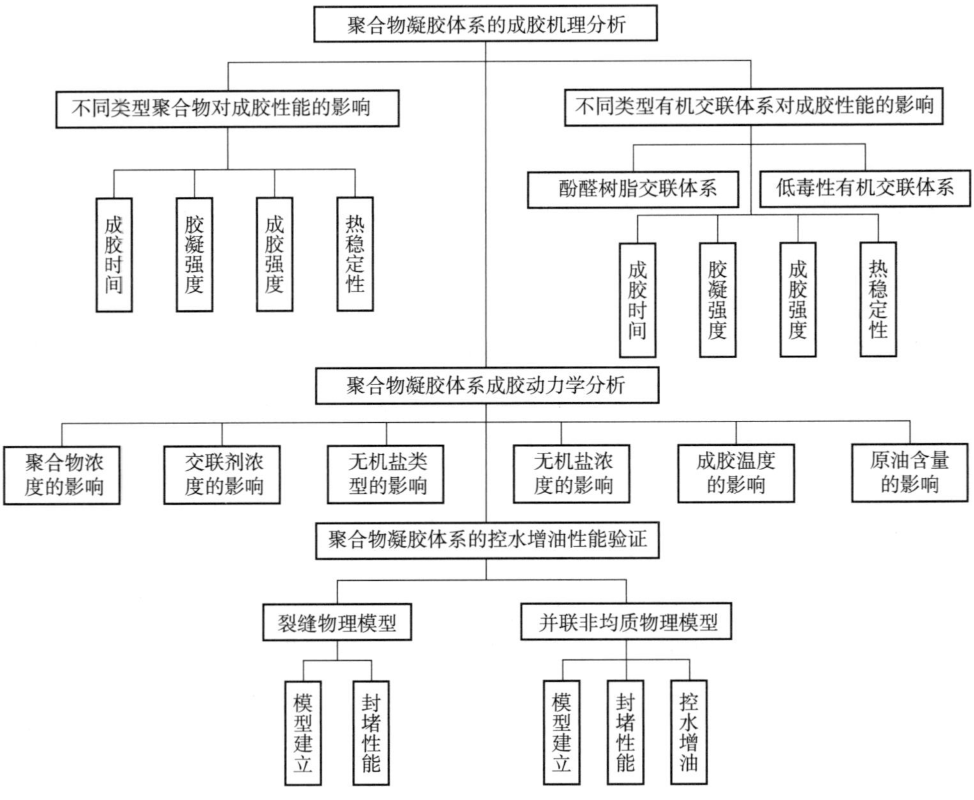

图 3－2　论文技术路线示意图

6)实验方案及可行性分析

实验方案可以从物理实验、化学实验以及数值模拟实验等角度进行描述。

可行性分析一般紧跟着研究内容与方法，他要求从各个角度阐述本研究实施的可行性。可以参照以下几个方面进行论述：课题的立项依据充分；前期研究基础扎实或预实验结果可行；实验设计合理；技术或者平台条件成熟；研究团队具有科研实力且人员配置合理。一些常用的可行性阐述方式如下。

(1)理论上可行。已有的文献和自己的预实验研究成果，得到本课题的科学假说，说明假说是有根据的、合理的。

该研究项目是在分析国内外相关研究，以及本课题前期实验的基础上凝练出来的，立项依据充分，提出的假说合理。预实验结果可靠，可完成预期的目标。目前已完成本项目的部分研究内容，如……。这些预实验为本项目的设计提供了可靠的依据，也为本研究项目的实施奠定了基础。

(2)技术与条件可行。课题的设计，研究方案，实验技术等，都是切实可行的，具有可操作性，具有完备的技术平台和科研设施。

实验设备条件优越，为本项目实施提供硬件保障。已具备了完整的油田化学与石油工程实验技术平台，例如：……；也具有先进完善的仪器设备，主要有……。

(3)团队研究能力可行。课题组成员涵盖了本课题所需的各学科的人才，熟练掌握课题完成所需要的实验技术等，具有可实施性。

研究团队结构合理，具有完成本课题的能力。课题申请者……，课题组成员结构合理，涵盖了本课题所需的各学科的人才。该团队主要从事……的研究，具有较深厚的研究背景，同时熟练掌握各种实验技术的操作方法。

7)可能的创新之处

创新之处(或创新点)是指研究的理论意义和社会意义，或学术价值与应用价值，即推动理论研究的发展和推动实际问题的解决。创新之处主要是用来阐述该研究课题的亮点，也可以侧面证明本课题是值得开展的。创新之处一般不超过3个，需要单独列出。

应从选题背景、研究内容、研究方法、实验方案上对研究特色与创新点进行概括、提炼并集中陈述。创新性应求真务实，与研究内容和实验方案相对应，要细、要小、要实，拒绝大话、空话、套话，更不可动辄“填补国际(国内)空白”。创新点应简洁明了，主要表现为以下几点。

(1)发展创新。课题研究在前人的基础上，进一步把研究向前推进，突破已有研究困境，解决已有研究没有解决的问题等。

(2)开拓创新。课题研究另辟新径，从新的角度对研究领域做出探索，开辟了新的研究领域。

(3)认识创新。课题研究运用新的视角看待旧的问题，从而带来对旧问题的新认识。

(4)手段创新。课题研究采用了新的研究方式、方法、工具，从而给研究问题带来新的解决方式。

3.2.2.3　预期达到的目标与研究成果

预期达到的目标，即要描述课题最后要解决的哪些具体问题。预期的研究成果主要包括该课题可能得出的结论、可能提出的进一步研究的线索、发表的研究论文、申请的专利、可应用产品的开发、人才培养以及参加国内外学术会议等。对于本科毕业论文的开题报告，可以描述成："翻译一篇外文期刊论文，处理……份油田资料得到……结果，合成……种产品，编写……个程序。"

预期的研究成果内容要与预期目标呼应，成果形式要便于项目结题：若是基础理论研究，专著和论文就比较合适；若是应用对策研究，提交研究报告就非常有必要；若是技术应用研究，开发软件、申请专利就比较合适。预期成果的去向要针对性强，每一个阶段性成果分别回答和解决什么问题，有必要讲清楚。成果的数量不宜太多，否则影响课题的可信度和结题(图3－3)。

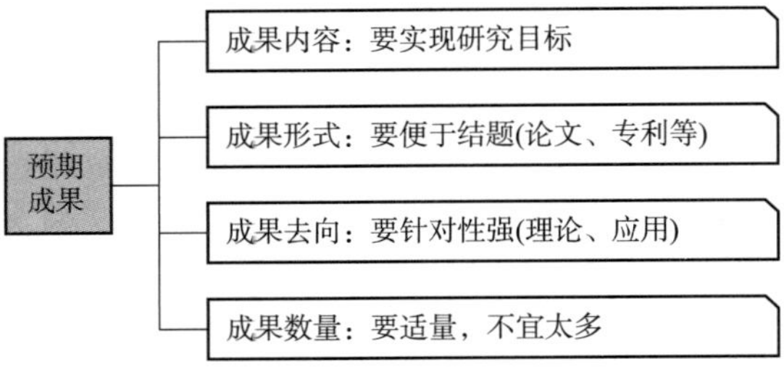

图3－3　预期成果的撰写要点

3.2.2.4　研究工作计划

研究工作计划通常以表格形式呈现，将每个时间节点(最好按照季度或自然月)对应写上研究内容，如表3－3所示。

表3－3　研究工作计划

时间	研究计划
2021.11～2021.12	文献阅读与翻译、开题报告编写
2022.1～2022.2	(研究内容一)
2022.3～2022.4	(研究内容二)
2022.5～2022.6	(研究内容三、研究成果)
***	***

3.2.2.5　参考文献

按照第1章和第2章中介绍的文献检索与应用方法，根据格式要求撰写参考文献。

选择参考文献考虑以下主要因素：①与研究内容相关，引用参考文献要支持自己的观点，最好能有自己的代表性。②文献的发表时间有一定的跨度，前溯最古老的文献，表明对课题的长期关注；后挖最新颖的文献，表明站在学术的最前沿。③注意刊物来源，尽可能关注核心期刊、国家级期刊、外文期刊的文献。④注意作者身份，尽可能关注权威作者、经典作家，至少圈内公认。

3.2.3　开题报告的修改完善

开题报告初稿完成后，还要再三推敲，反复修改，仔细校对。可以请指导老师或者行业内专家进行修改，必要时可以邀请专家组进行论证评议。学位论文的开题报告通常会安排专家进行开题答辩，学生需要按照要求制作开题汇报多媒体，汇报后需要根据专家和指导老师的意见进一步修改和完善开题报告。

3.2.4　博士学位论文开题查新

查新是科技查新的简称，是指查新机构根据查新委托人提供的需要查证其新颖性的科学技术内容，按照规范操作，并作出结论。博士学位论文开题查新主要是在博士学位论文开题前对其新颖性和可行性等进行查证。

查新有别于文献检索。文献检索是针对具体课题的需要，仅提供文献线索和文献，对课题不进行分析和评价，侧重于对相关文献的查全率。查新则是结合文献检索和情报调研的一种情报研究工作，通过综合分析、对比分析等方法，对查新项目的新颖性进行情报学审查，写出有依据、有分析、有对比、有结论的查新报告。

查新也有别于专家评审。专家评审主要是依据专家的专业知识、实践经验及所了解的专业信息，对被评对象的创造性、先进性、新颖性、实用性等作出评价。查新则是通过检出文献的客观事实来对项目的新颖性作出结论。

以中国石油大学(北京)科技查新中心为例，查新的流程主要包括委托人提出查新委托、查新任务受理及查新合同订立、查新站进行文献检索、撰写查新报告、审核查新报告、出具正式查新报告等步骤。查新时间通常在 10 天以上，需要预留好充足的查新时间。中国石油大学(北京)科技查新中心的网址为：http：//petrochaxin. cup. edu. cn/index. php，主页如图 3 –4 所示。

图 3 –4　中国石油大学(北京)科技查新中心网站首页

查新委托单中最重要且最难填写的就是查新点。查新点就是创新点，即反映查新课题新颖性的核心内容。查新点一般从技术要点中提取，或者是技术要点中技术关键的全部，但注意不要把查新项目中的一般性技术特征列为查新点。查新点是查新员拟定检索词、制定检索策略、进行对比分析、判断新颖性的依据。因此，查新点应逐条列出，以 1、2、3 来标记查新点，叙述用语要规范，不能自创概念。一个查新点只包含一个主要内容或主要概念，要明确清晰，不能模棱两可，要删除空泛叙述以及修饰性、广告性词语，如国内首创、世界一流、很好、优秀等。查新点如果涉及指标的比对，鉴定类的查新必须提供正规的检测报告。

3.3 项目申报书撰写

在本科学习阶段，大学生通常会积极参与大学生创新创业训练项目，以培养自己的自主能力、学习能力、实践能力、创新能力和交往能力等。大学生创新创业训练项目主要包括创新训练项目、创业训练项目和创业实践项目 3 类，其中创新训练项目以锻炼学生的科研能力为目的。创新训练项目是指大学生团队或个人在指导老师的协助下，自主完成创新性研究的项目设计、研究条件准备、项目实施、报告撰写、成果交流等工作。在研究生学习阶段，研究生通常会帮助导师完成各类基金或项目申请书的撰写。

项目申报书是指开题者对所申请科研课题的一种文字说明材料。申报书一般为表格式，将报告的每一项内容转换成相应的栏目，便于评审者一目了然，把握要点，如图 3－5 所示。

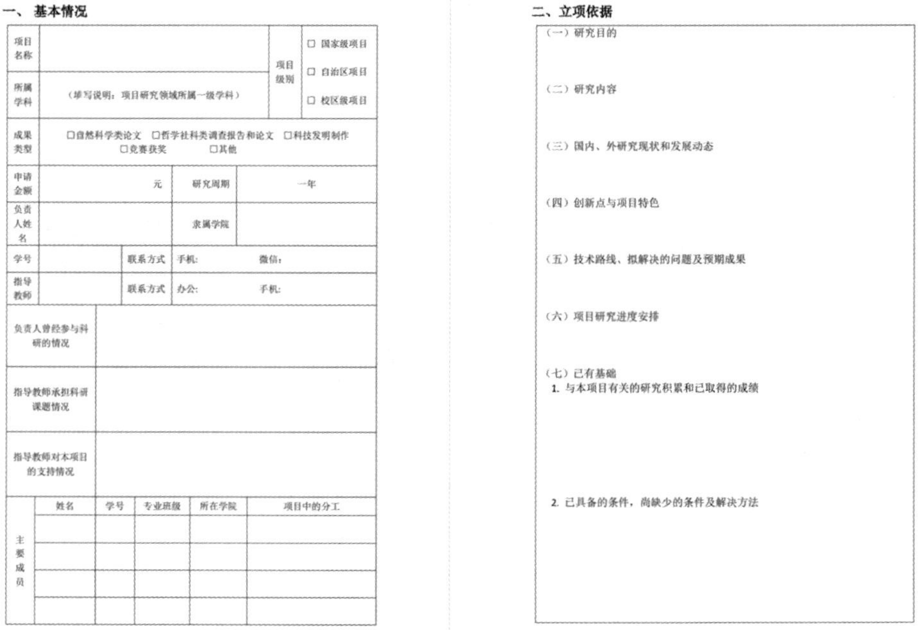

一、 基本情况

项目名称				项目级别	☐ 国家级项目 ☐ 自治区项目 ☐ 校区级项目
所属学科	（填写说明：项目研究领域所属一级学科）				
成果类型	☐自然科学类论文 ☐哲学社科类调查报告和论文 ☐科技发明制作 ☐竞赛获奖 ☐其他				
申请金额	元	研究周期	一年		
负责人姓名		隶属学院			
学号		联系方式	手机: 微信：		
指导教师		联系方式	办公: 手机:		
负责人曾经参与科研的情况					
指导教师承担科研课题情况					
指导教师对本项目的支持情况					

主要成员	姓名	学号	专业班级	所在学院	项目中的分工

二、立项依据

（一）研究目的

（二）研究内容

（三）国内、外研究现状和发展动态

（四）创新点与项目特色

（五）技术路线、拟解决的问题及预期成果

（六）项目研究进度安排

（七）已有基础

1. 与本项目有关的研究积累和已取得的成绩

2. 已具备的条件，尚缺少的条件及解决方法

图 3－5　大学生创新训练项目申请书示例

项目申报书的写作方法与第 3.2 节中开题报告的写作格式与方法大致相同，但由于科研项目申报书通常是为了申请一定数额的资金来资助所设想研究课题的完成。因此，在书写项目申报书时，还应该有一定的目的性，在书写时还应注意如下几点。

(1)项目选题紧密结合选题指南。一般而言，项目指南经过层层推荐、层层遴选的环节，是权威发布。指南上的选题，在一定程度上代表着学术前沿和研究热点，是集体智慧的结晶，体现着国家政策导向，理应成为科研工作者重要的选题依据。要善于结合指南选题，寻找最佳切入点和研究视角，形成方法特色、地域特色、民族特色等。

(2)在论证过程中，除了描述研究的重要性与立项的紧迫性，还应该详细描述选择的排他性，即说服评审专家该研究项目只有申请人能做，或者只有申请人做得最好。因此，需要紧密结合自身优势，阐释项目选题研究的领域优势、成果优势、团队优势以及条件优势等。

(3)项目申报书中，还应展示申请人前期的已做工作和取得的相关成果，以提高申请书的成功性。申请人前期已做的工作和取得的相关成果主要是写与本项目相关的部分，当然，参与人的前期工作及成果也可以写一部分。但是一定注意，申请人的工作最关键，参与人的工作是锦上添花，示例如下。

本项目申请人及团队，在……方面已有……年的研究基础，积累了一系列研究成果，已经发表核心期刊论文……篇，获得国家发明专利……项，等等。详细成果如下。

(1)……。

(2)……。

【例 3－9】

以国家级大学生创新创业训练计划《致密油气藏强酸性压裂液体系成胶机制与黏土防膨机理研究》申请书为例。

大学生创新训练项目申请书

项目编号　20191941×××

项目名称　致密油气藏强酸性压裂液体系成胶机制与黏土防膨机理研究

隶属学院　中国石油大学(北京)克拉玛依校区石油学院

项目负责人　×××

学　　号　×××　　专业班级　×××

手　　机　×××　　微　　信　×××

指导教师　朱道义　　职　　称　副教授

填表日期　2019 年 4 月 20 日

一、基本情况

<table>
<tr><td>项目名称</td><td colspan="4">致密油气藏强酸性压裂液体系成胶机制与黏土防膨机理研究</td><td rowspan="2">项目类型</td><td rowspan="2">☐ 企业专项
☑一般项目</td></tr>
<tr><td>所属学科</td><td colspan="4">石油与天然气工程</td></tr>
<tr><td>成果类型</td><td colspan="6">☑自然科学类论文　☐哲学社会科学类调查报告和论文　☐科技发明制作</td></tr>
<tr><td>申请金额</td><td colspan="2">×××元</td><td>研究周期</td><td colspan="3">一年</td></tr>
<tr><td>负责人姓名</td><td colspan="2">×××</td><td>隶属学院</td><td colspan="3">×××</td></tr>
<tr><td>学号</td><td>×××</td><td>联系方式</td><td colspan="4">手机：××× 微信：×××</td></tr>
<tr><td>指导教师</td><td>×××</td><td>联系方式</td><td colspan="4">办公：××× 手机：×××</td></tr>
<tr><td colspan="2">负责人曾经参与科研的情况</td><td colspan="5">曾参与石油工程系创新创业项目“高温暂堵剂”的研究</td></tr>
<tr><td colspan="2">指导教师承担科研课题情况</td><td colspan="5">1. 新疆维吾尔自治区高校科研计划项目－青年项目。“×××”。2019.1～2020.12. 主持
2. 新疆维吾尔自治区自然科学基金－青年基金“×××”。2019.7～2021.6 主持</td></tr>
<tr><td colspan="2">指导教师对本项目的支持情况</td><td colspan="5">1. 每周辅导时间不低于 8 学时
2. 合成仪器与分析设备完善、实验试剂齐全</td></tr>
<tr><td rowspan="3">主要成员</td><td>姓名</td><td>学号</td><td>专业班级</td><td>所在学院</td><td colspan="2">项目中的分工</td></tr>
<tr><td>×××</td><td>×××</td><td>×××</td><td>石油学院</td><td colspan="2">实验研究</td></tr>
<tr><td>×××</td><td>×××</td><td>×××</td><td>石油学院</td><td colspan="2">实验研究</td></tr>
</table>

二、立项依据

(一)研究目的

通过分析酸性条件下有机锆体系的交联机理，进行高性能有机锆酸性交联剂的分子结构设计、提出不同影响因素(如胍胶类型及浓度、交联剂组成及浓度等)对酸性条件下胍胶稠化体系成胶性能影响的作用机理、获得酸性条件下制备成胶时间适宜且成胶强度高的凝胶体系的技术与方法，分析酸性压裂液的黏土防膨机理，为我国致密油气藏压裂增产技术提供基础支撑。

(二)研究内容

压裂技术是致密油气藏增产的必要措施，然而通常采用的碱性硼交联压裂液，其碱性成分会与储层中的黏土矿物发生反应，致使油气渗流能力更差，并且目前酸性胍胶压裂液体系的 pH 值适用范围仅为 2.5～6，主要是酸性交联机理尚不成熟。因此，研究酸性条件下胍胶压裂液的成胶机理对致密油气藏压裂增产技术的发展具有重要的作用。该项目从有机锆交联剂的研发和分子水平酸性交联机理分析两个方面着手，制备出 pH 值为 1～6 时均能与胍胶交联的酸性交联剂；在分子水平分析不同胍胶体系(特征结构)、交联剂浓度对酸性交联胍胶凝胶体系(即压裂液稠化体系)成胶性能影响的作用机理；研究酸性压裂液体系各组分在致密岩心中的油层物理性质变化规律，为酸性胍胶压裂液体系在致密油气田矿场开发应用提供理论依据和技术支撑。

(1)酸性有机锆交联剂的合成。

(2)强酸性条件下压裂液稠化体系的成胶机理研究。

①酸性条件下不同胍胶体系对成胶时间及成胶强度的影响。

②不同胍胶体系对凝胶结构及凝胶稳定性的影响。

③胍胶浓度对酸性交联胍胶稠化体系成胶性能影响的作用机理。

(3)强酸性压裂液黏土防膨机理研究。

①压裂液体系中氯离子浓度对黏土防膨机制的影响。

②压裂液 pH 值对黏土防膨机制的影响。

③压裂液体系中锆浓度对黏土防膨机制的影响。

(4)强酸性压裂液体系综合性能评价。

①强酸性压裂液体系的携砂能力评价。

②强酸性压裂液体系的破胶返排与伤害评价。

(三)国内、外研究现状和发展动态

压裂液是水力压裂改造增产的关键，其主要功能是张开裂缝并沿缝输送支撑剂[1,2]。目前，国内外广泛使用的水基压裂液都是在碱性条件下交联，交联剂大多为硼酸盐和有机硼，现场应用最多的是有机硼交联压裂液，即用有机硼交联剂与改性胍胶在 pH 值为 7.5～12的条件下交联得到的[3,4]。但储层中绝大部分黏土矿物均能与碱发生反应，致使黏土上负电荷增加，水敏性增强，溶解出的硅离子可以形成硅酸凝胶而堵塞地层，对地层和裂缝的伤害较大，不适用于低渗透和致密油气藏中。因此，非常有必要对强抑制性的胍胶压裂液体系进行研究。

酸性压裂液提供的酸性环境可有效抑制黏土表面的负电性而引起的黏土膨胀、运移[5,6]。过量的 H^+ 可将黏土分子中的金属离子置换，加强各层间的分子作用力，起到稳定黏土的作用[7,8]，因而受到研究人员的广泛关注。刘建坤[9]结合扫描电镜和室内流体伤害模拟实验发现，对于胍胶、酸性及阴离子表面活性剂三种不同类型的压裂液，酸性压裂液体系对地层的伤害性最小。据资料显示，带有羧甲基官能团的改性胍胶、羧甲基纤维素以及聚丙烯酰胺等阴离子型稠化剂都能在 pH 值 3～5 的条件下与锆、钛、铝交联，其中又以锆交联的弱酸性冻胶性能最好，该交联剂具有延迟交联和抗高温的特性，但其抗剪切性能较差，经剪切稀释后黏度很难恢复。周际春等[10]借鉴羟丙基胍胶的改性原理，向普通胍胶分子中引入了亲水基团钠羧甲基和羟丙基(图 3－6)，研制出酸性条件下交联的新型压裂液增稠剂 GXG。由该增稠剂作为基液的压裂液具有很好的流变性、破胶性、对地层伤害小。王博涛等[11]也研究了在酸性条件下交联的羧甲基酸性压裂液，该压裂液体系在安塞油田长10储层(低渗透储层)的现场应用中，压裂施工过程平稳，增产效果明显。因此，酸性交联胍胶压裂液体系是一种非常具有潜力的强抑制性压裂液体系。

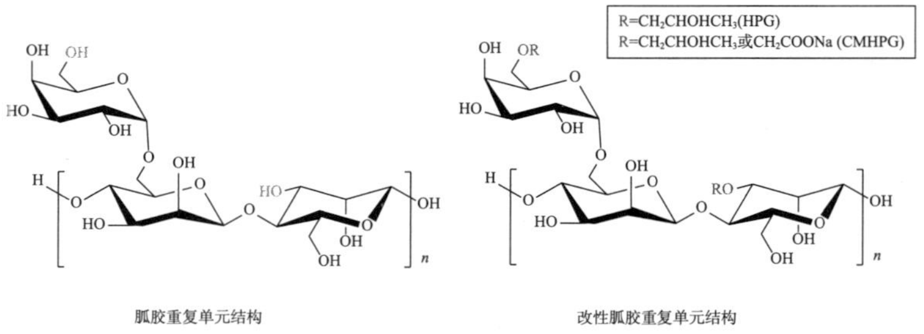

图3-6　常见胍胶的结构式

对于酸性交联剂的研发，国内外研究学者也进行了很多尝试。杨亚宁等[12]将酸、碱性交联胍胶压裂液体系的基本性能进行了对比评价，研究发现酸性交联压裂液体系的耐温性能、滤失性能、残渣含量、黏土稳定性等优于碱性体系，对地层的伤害更小，因此，酸性体系更加适用于埋深较深的低渗透或致密油气藏的压裂作业，但该酸性交联剂的组成与结构并未给出。Harry 等[13]发现使用不同类型螯合剂可以获得适宜的有机锆交联剂，但未报道其相关组分结构。周际春等[14]使用自制的改性胍胶(即羧甲基羟丙基胍胶)，研制出酸性条件下交联的压裂液增稠剂，但其并未给出具体的压裂液体系 pH 值，也未给出该酸性交联剂的具体组成和结构。陈馥等[15]使用无机锆盐(即氧氯化锆)与多羟基羧酸盐类合成水基压裂液酸性交联剂，但其在配制压裂液时，体系的 pH 值选择为 4.5 且老化静置时间在4h 以上，并且随着体系 pH 值的增加，成胶时间更长，由此可以看出该体系在现场应用中的适用条件非常有限。张海龙等[16]研制出了 AC-m 酸性交联剂，并解释了其酸性交联机理，即金属盐类通过酸分解形成羟基合金属酸根离子，使胍胶等须在酸性条件下交联形成酸性冻胶，但有关其具体化学结构与交联机理并未给出。另外，酸性交联剂 AC-m 的交联时间仅为 5~10s，且其 pH 值适用范围仅为 3~6，使其在现场的应用范围受限。刘洋等[17]研制了一种以有机锆交联剂、羧甲基羟丙基胍胶为增稠剂的酸性压裂液体系，但其在 pH 值为 1 的条件下无法形成可挑挂的凝胶，且在 pH 值为 1.5 的条件下成胶时间约为 60min，成胶时间相对较长。

综上所述，国内外已有大量学者对酸性交联胍胶压裂液体系进行了深入研究，但多数的酸性压裂液体系需要使用的胍胶浓度超过 0.4%，且成胶时间过短或过长，成胶时的 pH 值要求范围为 2.5~6。当酸性更强时，会形成沉淀或无法成胶。上述结果使得这些酸性压裂液体系的应用范围非常有限。该项目研究针对致密油气藏，合成出在强酸性范围(pH 值为 1~3)条件下能与胍胶体系反应的酸性交联剂，通过 Sydansk 瓶试法、黏度法、流变参数测试、稳定性测试、电镜微观结构变化分析以及致密油气藏岩心模拟实验等，深入研究不同胍胶体系(特征结构)、不同交联剂组成及其浓度以及压裂液体系中其他成分或反应条件等对酸性交联胍胶稠化体系成胶性能影响的作用机理，分析强酸性条件下压裂液的黏土防膨机理，为致密油气藏压裂增产矿场试验设计优化提供基础支持。

【参考文献】

[1]Bazin B. From matrix acidizing to acid fracturing: a laboratory evaluation of acid / rock interactions[J]. SPE Production & Facilities 2001, 16(1): 22～29.

[2]Loveless D. Multifunctional boronic acid crosslinker for fracturing fluids[C]. Doha, Qatar: International Petroleum Technology Conference. Society of Petroleum Engineers, 2014.

[3]Al Muntasheri, Ghaithan A. A critical review of hydraulic fracturing fluids over the last decade[C]. Denver, Colorado: SPE western north american and rocky mountain joint meeting. Society of Petroleum Engineers, 2014.

[4]Al－Muntasheri, Ghaithan A. Concepts in cleanup of fracturing fluids used in conventional reservoirs: A literature review[J]. SPE Production & Operations. 2018, 33(2): 196～213.

[5]Hu, Y Thomas. Effects of crosslinking chemistry on proppant suspension in guar networks[C]. The Woodlands, Texas, USA: SPE international symposium on oilfield chemistry. Society of Petroleum Engineers, 2015.

[6] Sokhanvarian, Khatere, Hisham A, et al. Rheological characteristics of CMHPG crosslinked with new Zirconium and dual crosslinkers[C]. Brisbane, Australia: SPE asia pacific unconventional resources conference and exhibition. Society of Petroleum Engineers, 2015.

[7]郭吉清，朱容婷，颜菲，等．一种酸性压裂液用改性胍胶的性能评价[J]．西南石油大学学报：自然科学版，2007，29：136～138.

[8]吕海燕，吴江，薛小佳，等．镇北长8酸性羧甲基胍胶压裂液的研究及应用[J]．石油与天然气化工，2012，41(2)：207～209.

[9]刘建坤．低渗透砂岩气藏压裂液伤害机理研究[D]．北京：中国科学院研究生院，2011.

[10]周际春，叶仲斌，赖南君．低温低渗气藏酸基新型压裂液增稠剂的研制[J]．西南石油大学学报：自然科学版，2009，31(4)：131～133.

[11]王博涛，刘欢，刘峰，等．羧甲基酸性压裂液在安塞油田的应用[J]．石油化工应用，2010，29(5)：34～37.

[12]杨亚宇，徐小刚，杨晓春，等．不同pH值下交联胍胶压裂液的性能研究[J]．石油与天然气化工，2010，39(5)：427～430.

[13]Harry, David N. Rheological Responses to Variations in Aqueous－Based Zirco-nium Crosslinker Chemistry[C]. Houston, Texas: International Symposium on Oilfield Chemistry. Society of Petroleum Engineers, 1997.

[14]周际春，叶仲斌，赖南君．酸性条件下交联的新型压裂液增稠剂[J]．海洋地质前沿，2008，24(5)：40～42.

[15]陈馥，杨晓春，杨亚宇，等．水基压裂液酸性交联剂RGB的制备[J]．化学试

剂，2010，32(12)：1111～1113.

[16]张海龙，刘军彪．新型酸性交联压裂液的研制与应用[J]．大庆石油地质与开发，2009，28(2)：84～88.

[17]刘祥，沈燕宾．一种酸性压裂液研制及其性能评价[J]．应用化工，2011，40(12)：2186～2188.

(四)创新点与项目特色

通过该项目研究，对于解决目前强酸性(pH值为1～3)条件下胍胶不易交联以及pH值为3～6的条件下胍胶酸性交联时间过短或过长等共性难题提供了技术支撑和理论依据，为合理、高效开发新疆致密油气藏，建设“新疆大庆”开辟了增油上产的新材料和新途径。

(1)研究酸性条件下的交联机理，制备不同酸性(特别是当pH值为1～3的强酸性)条件下能与胍胶交联的酸性有机锆交联剂。

(2)探索不同胍胶体系特征结构(如羧甲基、羟丙基等官能团)对酸性条件下胍胶稠化体系成胶性能影响的作用机理。优选出酸性条件下适宜的胍胶体系，制备出强酸性(pH值为1～3)条件下成胶时间适宜且成胶高的有机锆酸性交联稠化体系。

(3)在分子水平上，探索强酸性压裂液体系的黏土防膨机理。

(五)技术路线、拟解决的问题及预期成果

1)技术路线

该项目按照“胍胶体系优选—交联体系优选—成胶性能评价”的总体思路开展研究工作，具体的技术路线如图3－7所示。

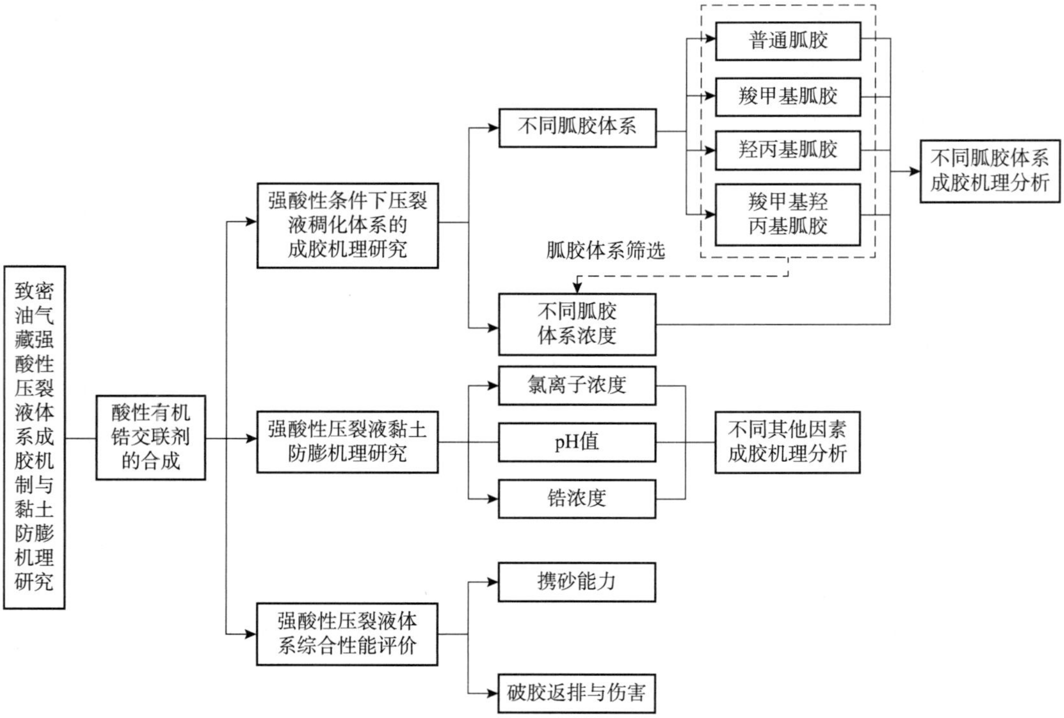

图3－7 项目技术路线图

2)拟解决问题

(1)解释不同胍胶类型对制备酸性交联稠化体系性能影响的作用机理。

(2)研究压裂液体系其他因素对酸性交联胍胶稠化体系成胶性能影响的作用机理，得到适宜致密油气藏适宜的酸性交联胍胶压裂液体系。

(3)分析强酸性条件下黏土防膨机理的主控因素。

3)预期成果

制备出不同酸性条件下能与胍胶交联的酸性有机锆交联剂，分析不同胍胶特征结构、不同交联剂组成及浓度等因素对酸性交联胍胶压裂液体系成胶性能影响的作用机理，探索强酸性条件下酸性压裂液的黏土防膨机理。

(六)项目研究进度安排

(1)2019 年 6 月 ~2019 年 7 月，文献资料调研，前期准备，合成出有机锆酸性交联剂。

(2)2019 年 8 月 ~2019 年 9 月，制备出酸性条件下有机锆交联胍胶稠化体系，并分析不同胍胶体系的酸性成胶机理，并优选出目标区块稠化体系。

(3)2019 年 10 月 ~2020 年 2 月，研究压裂液体系其他因素对酸性稠化体系成胶性能影响的作用机理研究。

(4)2020 年 3 月 ~2020 年 5 月，分析酸性压裂液的黏土防膨机理，评价新型压裂液的悬砂与破胶性能，构筑致密油气藏新型压裂液体系；撰写项目研究报告和验收，圆满完成任务。

(七)已有基础

1)与该项目有关的研究积累和已取得的成绩

酸性交联胍胶压裂液体系技术研究对于我国现阶段致密油气开采具有重大的意义，该项目的提出有创新性的设想，研究内容合理，方法可行。指导教师 × × ×研究团队数年来从事油田化学产品研发、提高采收率与物理模拟研究，理论与实验相结合，在油田化学、提高采收率以及低渗、致密油气藏开采等方面进行了深入研究，形成基础实验研究的特色。上述研究基础为该项目提供了可靠的方法和思路、可借鉴的经验，并为项目的顺利、成功开展提供了有力保障。

2)已具备的条件，尚缺少的条件及解决方法

目前，实验室具有多套先进的实验装置和“产学研”联合工作站，具有精细有机合成装置、基础分析仪器和物理模拟研究的基础设备，如 HJ 恒温搅拌加热器、ZNN - SD12 数显黏度计、高温高压反应釜、CFS - 100 高温高压多功能岩心驱替装置、SEM 扫描成像系统、MARS - Ⅲ流变仪等合成、分析与检测一体化设备。现有的实验条件能保证该项目的顺利完成。

三、经费预算

序号	科目	金额	备注
1	合计		
2	一、日常公用支出		
3	1. 办公费		购买日常办公用品，包括打印纸，笔记本，移动硬盘，U盘等费用
4	2. 印刷出版资料费		打印、复印、装订、冲印、展板制作及版面费(论文审稿、论文翻译、论文发表)等费用
5	3. 邮电费		支付的邮寄、快递等费用，以及不归入资产价值的各种运费
6	4. 差旅费		到外地出差所发生的城市间交通费、住宿费等
7	5. 专用材料费		购买用于项目研究的各种器皿、器件、材料、试剂、制剂等发生的费用
8	6. 交通费		项目开展过程中乘坐公汽、地铁、出租车等费用
9	7. 测试化验加工费		指在项目研究过程中支付给外单位的检验、测试、化验及加工等费用
10	8. 专利费		专利申请、专利维持、专利代理等知识产权事务方面发生的费用
11	9. 其他支出		项目研究过程中发生的除上述费用之外的其他支出，应当在申请预算时单独列示
12	二、设备购置支出		
13	1. 专用设备		(注明具体设备名称)
14	2. 图书软件		(注明具体明细)
指导老师(签字)：		填报人(签字)：	填报日期：

四、指导教师意见

通过改项目可以锻炼学生的理论分析与科学实践能力，项目技术路线可行、研究基础充分，能够保证项目顺利实施并取得预期成果。

导师(签章)：×××

年　月　日

五、学院专家组意见

专家组组长(签章): 年　　月　　日

六、学校团委意见

负责人(签章): 年　　月　　日

项目申请书撰写完成后，还需要请导师或课题组成员来审阅申请书，帮助提出修改意见和建议。三人行，必有我师焉，从其他人的角度，可能会发现之前没有考虑或没有注意到的问题，提高项目申请书的质量与成功率。

第 4 章　实验设计与数据处理

任何自然科学研究都离不开实验，大多数学科中的概念、原理和规律主要由实验进行推导和论证。实验是通过设计来检验一个理论或证实一种假设而进行的一系列操作或活动。实验设计方法是当代科技和工程技术人员必须掌握的技术方法。科学安排实验，可以以最少的人力和物力，在最短的时间内获得更多、更好的生产和科研成果。在撰写论文前，还需要对实验结果进行整理与分析，去伪存真，并处理成图表的形式，以便解释说明和发现事物的规律。本章主要对常见实验设计基础知识、表格和插图的规范与绘制方法进行简要介绍。

4.1　实验设计的基础知识

4.1.1　实验设计的基本概念

4.1.1.1　实验安排

在科研课题开展初期，要合理安排实验，即首先要明确实验的目的，然后明确考评实验结果的指标，调研对实验指标可能会产生影响的因素以及这些因素应当选择的水平。

指标(Indicator)是指实验需要考察的效果，即衡量实验效果好坏的特征值。指标主要分为两类：定量指标(如转化率、收率、合格率等)和定性指标(如颜色、味道等)。实验设计时，应尽量使定性指标定量化，如按评定结果打分或者评出等级，以便用数量表示。

因素(Factor)是指对实验指标有影响的参数或要素，又称因子。在实验时重点考察的因素一般用大写字母 A、B、C 等标记。因素主要分为两类：可控因素(如温度、时间、浓度等)和不可控因素(如气温、气压等)。实验设计时，应该抓住主要因素，并且考虑各因素之间的交互作用。同时，也要找出非主要因素，使其在实验中保持不变，以减少甚至消除其对实验产生的干扰。

水平(Level)是指因素在实验中所处的不同状态。水平可能引起指标的变化，水平通常用 1、2、3…表示，最好选择三水平。水平之间等间隔，且在技术上现实可行。

4.1.1.2　实验设计

实验设计是以概率论与数理统计为理论基础，经济、科学地制定实验方案以便对实验数据进行有效统计分析的数学理论和方法，目的是使实验能够达到最好的实验效果。

实验设计是实验过程的依据，是实验数据处理的前提，也是提高科研成果质量的一个重要保证。其主要涉及构思实验思路、选择实验材料与仪器、设计实验步骤、预测并分析实验结果 4 个环节。

实验设计可以帮助科研人员或学生有效地解决如下问题。

(1)科学、合理地安排实验，可以减少实验次数，缩短实验周期，节约人力、物力，提高经济效益，尤其当因素水平较多时，效果更为显著。

(2)通过对实验的设计和结果分析能够在众多的因素中分析主次找出影响指标的主要因素。

(3)通过实验设计可以分析各个影响因素之间交互作用的关系。

(4)通过方差分析，可以分析出实验误差影响的大小，提高实验的精度。通过实验设计能尽快地找出较优的设计参数或生产工艺条件，并通过对实验结果的分析、比较，找出达到最优化方案并进行进一步实验的方向。

(5)能对最优方案的指标值进行预测。

4.1.2　常见的实验设计方法

4.1.2.1　简单对比法

简单比较法是实验人员的一种习惯做法，主要进行单因素条件实验。例如，利用反相乳液聚合法制备耐温共聚微球实验，实验设计中的因素与水平如图 4－1、表 4－1 所示。

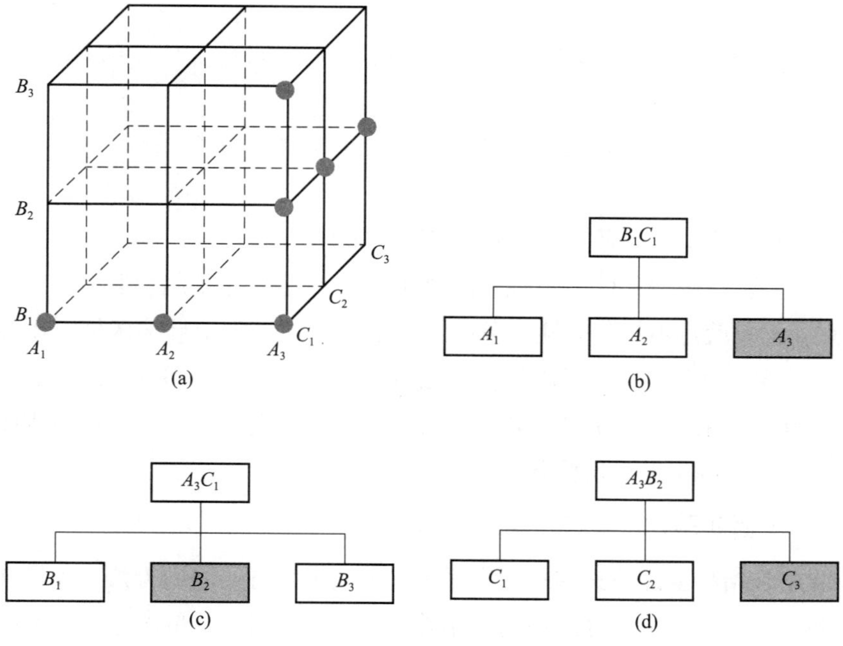

图 4－1　简单对比法(三因素三水平)

表 4－1　研究工作计划

水平	因素		
	A	B	C
	乳化速率/(r/min)	水/g	乳化剂/g
1	10000	25	3.3
2	14000	35	7.6
3	18000	45	10

数据来源：中国石油大学硕士学位论文《AM/AMPS/NVP 共聚微球的制备及性能研究》。

【例 4－1】

反相乳液聚合法制备耐温共聚微球的制备方法：将一定比例 Span80、OP 乳化剂(Span80 与 OP 乳化剂用量比为 3∶1)置于一定量白油中搅拌至澄清透明得油相，将一定量 AM、AMPS、NVP、NMBA 溶解于适量水中得水相 1，将一定量 KPS 溶解于水中得水相 2，再将油相和水相 1 混合进行剪切乳化后倒入置于水浴锅中的 250mL 三口烧瓶中，连接好装置，调节水浴温度后滴加水相 2，利用搅拌器控制搅拌速度，反应数小时后，用无水乙醇将产物离心洗涤四次后放入 50℃烘箱中烘 24h，得乳白色共聚物微球。

选择乳化速率、水相用量、乳化剂(Span80 与 OP 乳化剂用量比为 3∶1)用量为影响因素，将制得微球分散形态作为考察指标，进行简单对比法实验，实验条件如表 4－1 所示。先固定 B、C 分别为 B_1、C_1，变化 A(A_1、A_2、A_3)，如图 4－1(b)所示。

实验结果 A_3 最好，然后固定 A 为 A_3、C 为 C_1，变化 B(B_1、B_2、B_3)，如图 4－1(c)所示。

实验结果 B_2 最好，然后固定 A 为 A_3、B 为 B_2，变化 C(C_1、C_2、C_3)，如图 4－1(d)所示。

实验结果 C_3 最好，于是通过简单对比法可以总结认为 $A_3B_2C_3$ 最好。

通过例 4－1 可以看出，简单对比法存在如下优缺点。

(1)优点：实验次数少。由图 4－1 可以看出，一共进行了 7 组实验。

(2)缺点：①实验点不具代表性，考察的因素水平仅局限于局部区域，不能全面地反映因素的全面情况，如图 4－1 所示。②无法分清因素的主次。③如果不进行重复实验，实验误差就估计不出来，因此无法确定最佳分析条件的精度。④无法利用数理统计方法对实验结果进行分析，提出最佳实验条件。

4.1.2.2　全面实验法

全面实验法是指将全部因素和水平都逐一搭配起来进行实验的方法，如图 4－2 所示。通过全面实验法，可以找出最好的利用反相乳液聚合制备耐温共聚微球实验条件。

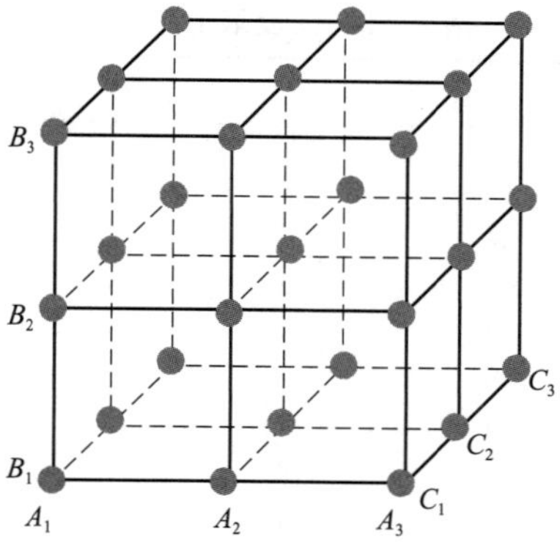

图 4－2　全面实验法(三因素三水平)

表 4－2 给出了不同全面实验法所需的实验次数，由此可以看出，全面实验法存在如下优缺点。

(1)优点：对各因素与实验指标之间的关系剖析得比较清楚。

(2)缺点：①实验次数太多，费时、费力，当因素水平较多时，实验无法完成。②不做重复实验无法估计误差。③无法区分因素的主次。

表 4－2　全面实验法次数对照表

因素数	3	3	4	4	6	6	6
水平数	2	3	3	4	3	4	6
实验次数	$2^3=8$	$3^3=27$	$3^4=81$	$4^4=256$	$3^6=729$	$4^6=4096$	$6^6=46656$

4.1.2.3　正交实验法

正交实验法，是使用已经列好的表格(即正交表)来安排实验并进行数据分析的一种方法。其简单易行，计算表格化，使用者能够迅速掌握。正交实验设计兼顾简单对比法和全面实验法的优点，可以用较少的实验次数获得较优的结果。事实上，正交实验法的优点不仅表现在实验的设计上，更表现在对实验结果的处理上。正交实验设计是科研和生产中应用最多的实验研究方法，尤其用于生产改造、最优配方及最优工艺过程的研究。由于其方便、简洁的优点而得到研究人员的认可。

(1)正交表。

正交表是正交实验设计的基本工具，是根据均衡分散的思想，运用组合数学理论在拉丁方和正交拉丁方的基础上构造的一种表格。正交表是通过 $L_n(t^q)$ 来进行表达的，他表示一个有 n 行的表格，且每一行有 q 个变量，每个变量的取值个数均为 t，如图 4－3 所示。

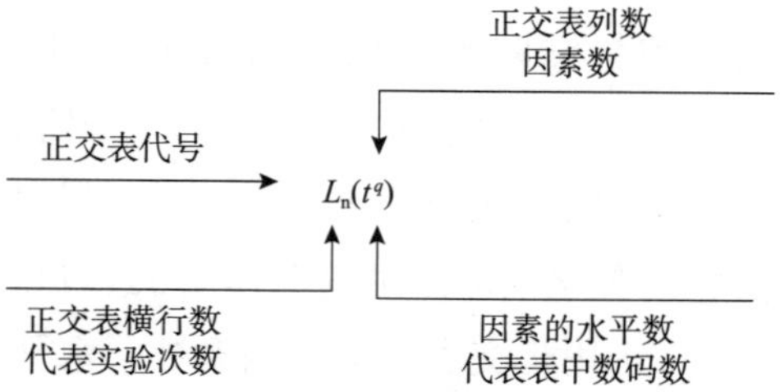

图 4－3　正交表的表示方法

以正交表 $L_9(3^4)$ 为例，表 4－3 给出了一个 9 行的表格，每一行有 4 个变量，每个变量的取值个数均为 3。

表 4-3 正交表 $L_9(3^4)$

实验号	列号			
	1	2	3	4
1	1	1	1	1
2	1	2	2	2
3	1	3	3	3
4	2	1	2	3
5	2	2	3	1
6	2	3	1	2
7	3	1	3	2
8	3	2	1	3
9	3	3	2	1

由表 4-3 可以看出正交表具有以下特点。

(1)正交性。正交表中任意两列横向各数码搭配所出现的次数相同，可保证实验的典型性。

(2)均衡性。任一列中不同水平个数相同，即任一列中每个数码出现的机会是均等的。

(3)独立性。没有完全重复的实验，任何两个实验间都有两个以上因素具有不同水平。

正交表根据其规则程度可分为以下两类。

(1)规则表。正交表中各个因素具有相同的水平数。如 $L_8(2^7)$，$L_9(3^4)$。

(2)不规则表(混合水平表)。每个因素的水平数不严格相等，有的因素水平数多，而有的因素水平数少。

2)正交实验设计

正交法是通过正交表安排多因素实验，利用统计数学原理进行数据分析的一种科学方法，符合“以尽量少的实验，获得足够的、有效的信息”的实验设计原则。正交实验法的程序为下列 6 个步骤。

(1)确定实验目的和选择实验指标。实验目的是多种多样的，如找出产品质量指标的最佳组合、确定最佳工艺条件等。实验指标应选择能提高或改进的质量特性及因素效应。

(2)选定相关因素和水平。先选择和确定可能对实验结果或质量特性值有影响的因素、可人为控制与调节的因素，如温度、pH 值等，这些因素之间有相互独立性。然后再确定水平。水平(又称位级)是因素的一个给定值，或一种特定的措施，或一种特定的状态。水平也就是因素变化的各种状态。在确定水平时，应考虑选择范围、水平数和水平位置。如本实验的乳化剂加量可以选择 3.3g、7.6g、10g 三个水平。

(3)选用正交表。应从因素数、水平数以及有无重点因素需要强化考察等各方面综合考虑选用正交表。一般情况下，首先根据水平数选用 2 或 3 系列表。然后，以容纳实验因素数，选用实验次数最少的正交表。如有重点考察的因素，则根据其多考察的水平数，选混合型正交表。

(4)配列因素水平，制定实验方案。按随机原则，把因素配列于选用的正交表中，制定实验的顺序、时间等，即制定实验具体方案。

(5)实施实验方案。按实验方案，认真、正确地进行实验，如实记录各种实验数据。

(6)实验结果分析。对实验中取得的各种数据进行分析，从数据中直接选出符合或接近质量特性期望值的实验条件组。如不能采用直观分析方法，则应采用其他分析方法。确定各因素主次地位可用极差分析方法，而定量分析各个因素对实验结果的影响程度则可使用方差分析方法。

【例4-2】

采用例4-1中的实验条件和正交实验法，利用反相乳液聚合法制备耐温共聚微球。

1)确定实验目的，选择实验指标

实验目的：利用反相乳液聚合法制备分散形态优异的耐温共聚微球。

实验指标：共聚微球的分散形态(以产物成球率 s 进行打分)，且 s 越高越好。

2)选定相关因素和水平，制定因素水平表

选择乳化速率、水相用量、乳化剂(Span80与OP乳化剂用量比为3:1)用量、搅拌速度为影响因素。每个因素都有三个水平，即乳化速度分别为10000r/min、14000r/min和18000r/min，水的加量分别为25g、35g和45g，乳化剂的加量分别为3.3g、7.6g和10g，搅拌速度分别为450r/min、550r/min和650r/min。表4-4为耐温共聚微球实验的因素水平表。

表4-4　耐温共聚微球实验的因素水平表

水平	因素			
	乳化速率 A/(r/min)	水加量 B/g	乳化剂加量 C/g	搅拌速率 D/(r/min)
1	$A_1=10000$	$B_1=25$	$C_1=3.3$	$D_1=550$
2	$A_2=14000$	$B_2=35$	$C_2=7.6$	$D_2=650$
3	$A_3=18000$	$B_3=45$	$C_3=10$	$D_3=750$

3)选用水平表

首先根据因素的水平数，来确定选用几个水平的正交表。然后再根据因素的个数来决定选择多大的表。因此，选用正交表 $L_9(3^4)$，如表4-3所示。值得注意的是，添加一个空白因数，以避免某些因素在实验设计中未被考虑。

4)配列因素和水平，制定实验方案表

把因素配列于选用的正交表中，制定实验的具体方案，如表4-5所示。

表4-5　耐温共聚微球实验的实验方案表

实验号	因素			
	乳化速率 A/(r/min)	水加量 B/g	乳化剂加量 C/g	搅拌速率 D/(r/min)
1	1(10000)	1(25)	1(3.3)	1(550)
2	1(10000)	2(35)	2(7.6)	2(650)

续表

实验号	因素			
	乳化速率 A/(r/min)	水加量 B/g	乳化剂加量 C/g	搅拌速率 D/(r/min)
3	1(10000)	3(45)	3(10)	3(750)
4	2(14000)	1(25)	2(7.6)	3(750)
5	2(14000)	2(35)	3(10)	1(550)
6	2(14000)	3(45)	1(3.3)	2(650)
7	3(18000)	1(25)	3(10)	2(650)
8	3(18000)	2(35)	1(3.3)	3(750)
9	3(18000)	3(45)	2(7.6)	1(550)

5)实施实验方案，记录实验结果

按照表4-5中的实验方案，认真、正确地进行实验，如实记录各种实验数据。表4-6给出了耐温共聚微球实验的实验数据分析表。

表4-6　耐温共聚微球实验的实验数据分析表

实验号	因素				
	乳化速率 A/(r/min)	水加量 B/g	乳化剂加量 C/g	搅拌速率 D/(r/min)	分散形态 s
1	1(10000)	1(25)	1(3.3)	1(550)	0
2	1(10000)	2(35)	2(7.6)	2(650)	7
3	1(10000)	3(45)	3(10)	3(750)	9
4	2(14000)	1(25)	2(7.6)	3(750)	2
5	2(14000)	2(35)	3(10)	1(550)	8
6	2(14000)	3(45)	1(3.3)	2(650)	1
7	3(18000)	1(25)	3(10)	2(650)	4
8	3(18000)	2(35)	1(3.3)	3(750)	5
9	3(18000)	3(45)	2(7.6)	1(550)	10
Ⅰ	16	6	6	18	
Ⅱ	11	20	19	12	T=46
Ⅲ	19	20	21	16	
R	8	14	15	6	

6)实验结果分析

(1)计算极差。表4-6中Ⅰ=因素所在的列中数码“1”所对应的指标值之和，Ⅱ=因素所在的列中数码“2”所对应的指标值之和，Ⅲ=因素所在的列中数码“3”所对应的指标值之和。全部实验数据的总和记为T，即同一因素的Ⅰ、Ⅱ、Ⅲ之和等于T。每个因素的极差(R)为该因素的Ⅰ、Ⅱ、Ⅲ中最大的与最小的之差。

(2)确定主次因素顺序。极差 R 反映相应因素作用的大小。R 越大，说明该因素的水平变化对实验结果指标影响越大，因而这个因素对实验指标就越重要。

(3)较优方案选取。如果要求指标越大越好，则要取Ⅰ、Ⅱ、Ⅲ中的最大者所对应的水平；如果要求指标越小越好，则要取Ⅰ、Ⅱ、Ⅲ中最小者所对应的水平。在该例中，指标越大越好。即因素 A 的最优水平为水平 3，因素 B 的最优水平为水平 2 和 3，因素 C 的最优水平为水平 3，因素 D 的最优水平为水平 1。因此，最优水平组合为 $A_3B_2C_3D_1$ 和 $A_3B_3C_3D_1$。

(4)最优方案选取。在方案选取时，还应考虑到因素的主次。对于主要因素，一定要按有利于指标的要求来选取该因素的水平。对于次要因素，可以选取有利于指标要求的水平，也可以按照优质、高产、低耗和便于操作等原则来选取水平。

图 4-4 给出了各因素和水平的变化趋势图。该图有助于发现正交表中未列入而可能更优的水平值，为下一轮正交实验确定水平值提供依据。

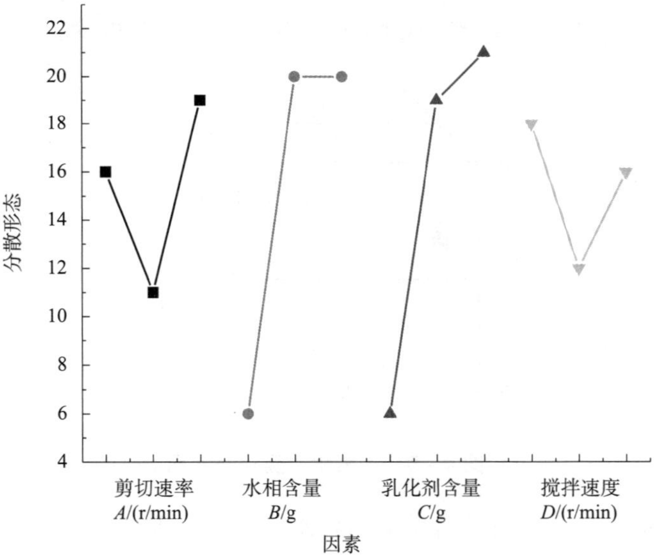

图 4-4　因素水平变化趋势图

由图 4-4 可以看出，随着因素 B(即水相用量)的不断增加，微球分散形态越优异。同样，因素 C(即乳化剂用量)越多，则微球分散形态越优。因素 A(即剪切速率)为 A_3 时，分散形态最优。因素 D(即搅拌速率)为 D_1 时，分散形态最优。根据以上分析，得出最优配方为 $A_3B_2(B_3)C_3D_1$，为了使固相含量更高，最终选取用水量较少的配方 $A_3B_2C_3D_1$，具体配方数据如表 4-7 所示。

表 4-7　耐温共聚微球实验的因素水平表

水平	因素			
	乳化速率 A/(r/min)	水加量 B/g	乳化剂加量 C/g	搅拌速率 D/(r/min)
最优方案	18000	35	3.3	550

(5)验证实验。验证实验的目的，在于考察较优方案的再现性。将已做过的实验中最好条件与计算分析得到的最优条件同时验证，以确定其中的优劣。在验证的基础上还可安排第二批、第三批实验(可根据趋势图安排)。

根据表4－7中的配方，通过反相乳液聚合方法，制备三元共聚微球优化后配方制得产物的粒径为300～700nm，表面光滑，其分散形态明显优于正交实验所制得的9种微球。

对于大多数项目，计算分析的好条件不在已做过的实验中，将会得到超出直接分析的好条件。但有时会出现计算分析得出最优条件的效果不如直接分析好条件的效果。其原因可能是实验误差过大，也可能是另有影响因素没有考虑进去或因素的水平选择不当。

3)正交实验设计的优点

由上面的示例可以看出，正交实验设计具有以下优点。

(1)实验点均衡分散。方案均衡地分散在一切水平搭配的组合之中，如图4－5所示。

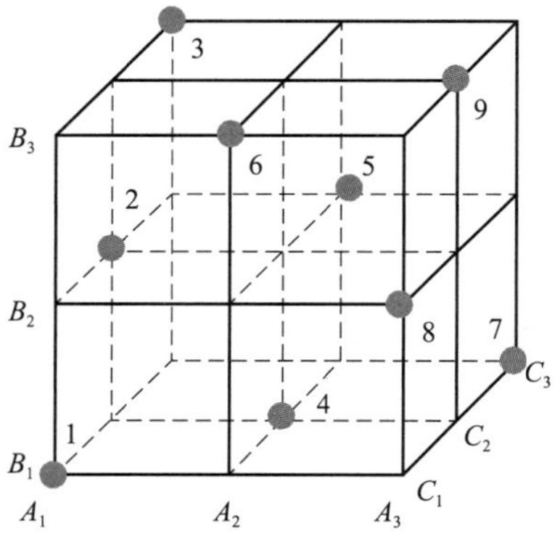

图4－5　因素水平变化趋势图

(2)实验数据整齐可比。如对因素 A 的各水平来说，因素 B、C 的三个水平都各出现了一次。即当对表内某因素的同一水平所产生的实验结果之和进行比较时，其他条件是固定的。这是选取各因素最优水平的依据。

4.2　表格的规范与绘制

表格是指按一定规律格式分类、分项记录事物的表述，也称表解。表格能为论文的主题和论据提供准确数据。因此，论文中表格的设计通常要清晰、简练、规范。从表格的结构上看，表格一般由表序、表名、表头、表身、变量项目名、变化值、计量单位和备注等。论文中通常采用三线表，表名应有自明性，且在正文中要明确提及，如“见表x. x”“表x. x为…”。表内数据通常不留白。

表4－8给出了表格在正文中的常用格式，请参考使用。

表 4－8　驱替实验岩心参数

编号	长度/cm	直径/cm	孔隙度/%	气测渗透率/$10^{-3}\mu m^2$	水测渗透率/$10^{-3}\mu m^2$
50－8	7.521	2.535	21.50	50	36.52
50－9	7.538	2.536	22.50	50	32.73

表的格式要求通常如下。

(1)表要用 Word 绘制，不要粘贴。

(2)表格居中排列，表格与下文应留一行空格。表格要尽量紧挨正文说明部分。

(3)每一个表都必须有表号和表名，表号和表名放在该表的上方。

(4)表中如有物理量，要把物理量的单位(或量纲)写出。

(5)表中若有说明，可以根据需要以表注(表 4－9)、备注(表 4－10)、脚注(表 4－11)等形式进行标注。

表 4－9　驱替实验岩心参数

编号	长度/cm	直径/cm	孔隙度/%	气测渗透率/$10^{-3}\mu m^2$	水测渗透率/$10^{-3}\mu m^2$
50－8	7.521	2.535	21.50	50	36.52
50－9	7.538	2.536	22.50	50	32.73

注：岩心为人造碳酸盐岩岩心。

表 4－10　驱替实验岩心参数

编号	长度/cm	直径/cm	孔隙度/%	气测渗透率/$10^{-3}\mu m^2$	水测渗透率/$10^{-3}\mu m^2$	备注
50－8	7.521	2.535	21.50	50	36.52	人造碳酸盐岩岩心
50－9	7.538	2.536	22.50	50	32.73	人造碳酸盐岩岩心

表 4－11　驱替实验岩心参数

编号	长度/cm	直径/cm	孔隙度/%	气测渗透率/$10^{-3}\mu m^2$	水测渗透率/$10^{-3}\mu m^2$
50－8[1]	7.521	2.535	21.50	50	36.52
50－9[2]	7.538	2.536	22.50	50	32.73

1. 岩心为人造碳酸盐岩岩心。
2. 岩心为人造碳酸盐岩岩心。

(6)表的格式一般为三线表，也可采用本学科专业通用的、符合行业规范的表格形式，表格线为黑色单线型。“三线”是指顶线、底线和栏目线。三线表并不一定由三条线组成，有时为了更加明确表示内容，可在表中加入辅助线。

(7)表的大小尽量以一页的页面为限，不要超限，一旦超限要加续表，如表 4－5 所示。

(8)表格中的字体应与正文中的字体协调。

(9)表中上下左右相邻格中的文字或数字等相同时，应重复写出，不可使用“同上”“同下”或其他省略符号等。

4.3 插图的规范与绘制

4.3.1 插图的类型

在科技论文中，为了使文章更具说服力和便于读者理解，需要使用插图等配合文字说明。根据论文中研究结果解释的需要，可以使用不同类型的图进行分析。常见的插图主要包括折线图(函数图、散点图)、柱状图(直方图)、饼状图、流程图、实验照片等，如图4-6所示。

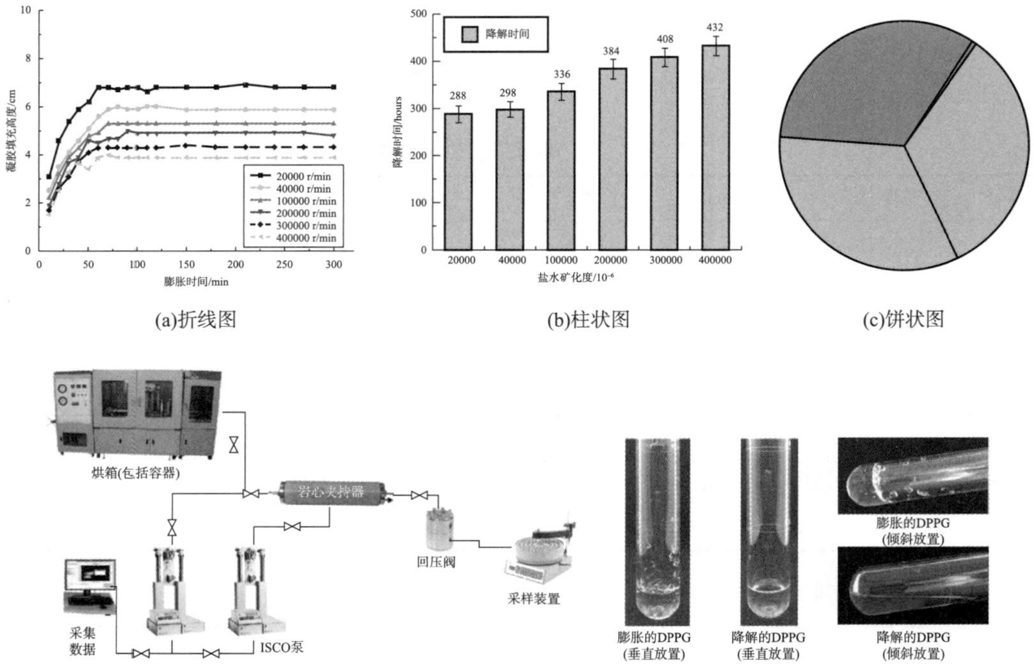

(a)折线图　(b)柱状图　(c)饼状图

(d)流程图　(e)实验照片

图4-6　插图的常见类型(示例)

1)折线图(函数图)

折线图把排列在EXCEL工作表中的数据绘制到图中，类别数据沿水平轴均匀分布，所有数据沿垂直轴均匀分布。折线图可以清晰地显示随时间或有序类别而变化的趋势，揭示其发展规律，如图4-7所示。

2)柱状图(直方图)

柱状图由一系列高度不等的条纹表示数据分布情况，可横向和纵向排列，用来比较两个或以上的数据，只有一个变量，通常用于较小的数据集统计分析。

3)饼状图

饼状图以饼状显示一个数据系列中各项的大小与各项总和的比例，也称作扇形统计图。其特点是：不适合展现较大数据集；数据项中不能有负值；比例接近时很难准确判别。

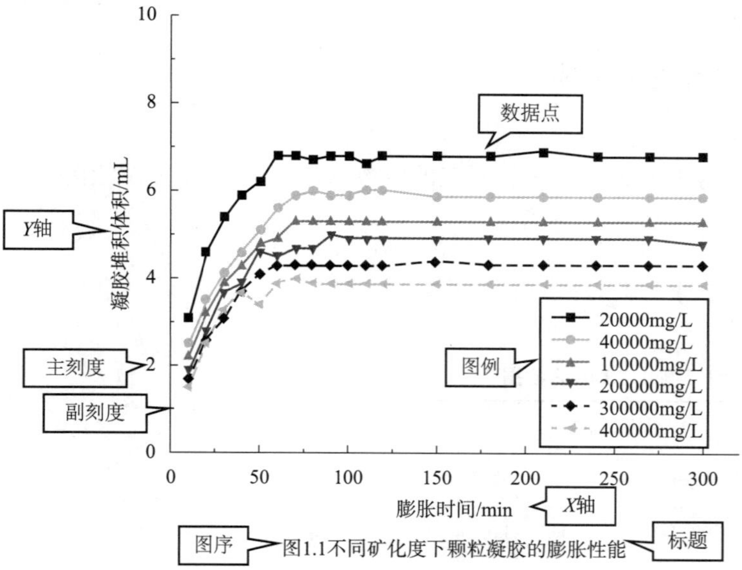

图 4－7　折线图示例

图片来源：Fuel，2021，289：119743.

4）流程图

流程图是展现过程步骤和决策点顺序的图形文档，主要用来说明某一过程。这种过程既可以是生产线上的工艺流程，也可以是完成一项任务必需的管理过程。

5）实验照片

实验照片多出现于自然科学类论文中，用于佐证文章观点，支撑文章数据。

4.3.2　插图的规范

插图的有关规范如下。

（1）对于论文中的图，线条图需要使用计算机进行绘制，照片类图件则提倡用数码照片，图的颜色通常不限，以能分析浓淡深浅的层次关系、有良好的清晰度和对比度、易懂为原则。

（2）每幅图应都必须有图号和图名，说明性文字应置于图下方的注释中。

（3）文图相随，先文后图。文章中出现的插图在正文中一定要有文字提到，如“如图 1 所示”“图 1 为…”“图 1 给出了…”。图号和图名放在该图的下方，如图 4－7 所示。

（4）图中如有数字尺寸，必须在图名后表明单位，如“（单位：cm）”或“单位/cm”。

（5）插图应该具有自明性，即图件中的各要素（坐标轴、图例、标目、标值、图注等）齐全，表达意思让人一目了然。

4.3.3　折线图的绘制

Origin 作为一款处理数据以及分析数据的软件，在绘图方面较大家所熟知的 Excel 有很大的优势，有很多 Excel 没有的功能，如就某一点做切线等。本节将以示例的形式介绍

Origin 绘制图的基本方法。

4.3.3.1 二维图形绘制

1)简单二维图

简单二维图为单一 X 轴和 Y 轴对应的函数图，例 4 –3 中介绍绘图方法。

【例 4 –3】

利用表 4 –12 中的数据，绘制出图 4 –8。

表 4 –12 例 4 –3 中的数据

时间/h	黏度/(mPa · s)	
	聚丙烯酰胺(HPAM)	共聚物
0	169.44	110.86
4	119.73	104.46
6	98.50	76.20
7	10.57	28.17
10	8.20	25.66
12	7.8	21.0

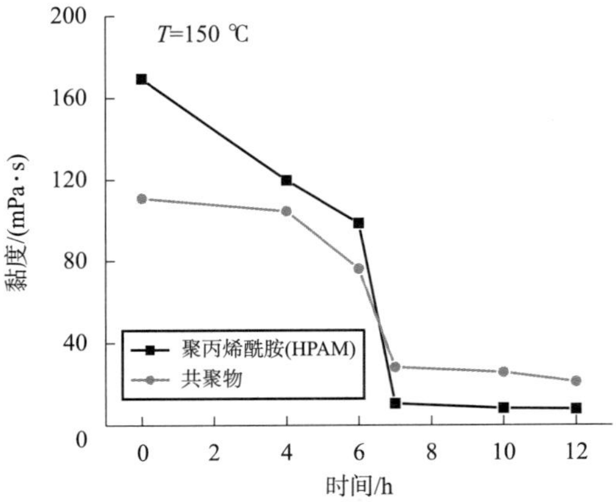

图 4 –8 简单二维图(示例)

图片来源：Energy & Fuels，2017，31(2)：1519 ~ 1528.

【解】

(1)打开 Origin 软件，点击顶部工具栏中的“Colume”(列)，选择“Add New Columes”(添加新列)，数量填写 1 后点击“OK”键。

(2)按照表 4 –12 中的数据在 Sheet(工作表)中输入，结果如图 4 –9 所示。

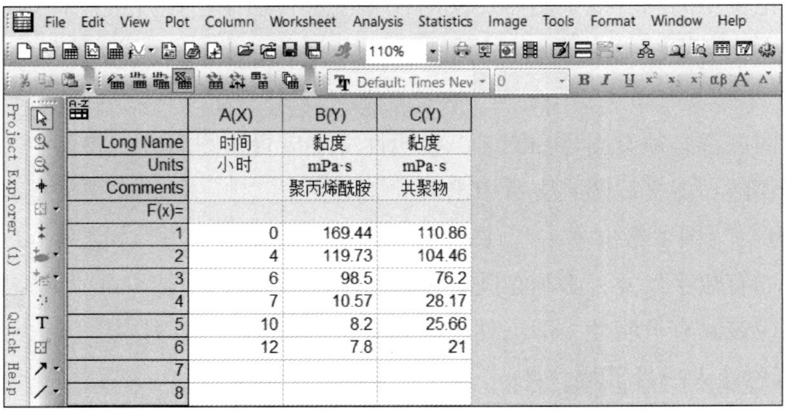

图 4 –9 在 Origin 的工作表中导入表 4 –12 中的数据

(3)在 A 列顶端按住鼠标左键，连续选中数据表中 A、B、C 三列数据，点击左下角的 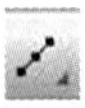 图标(点线图)，得到如图 4 –10 所示的图形。

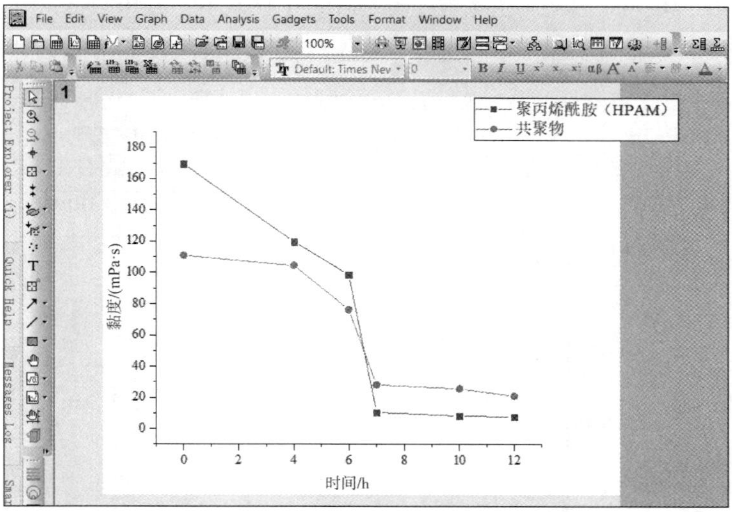

图 4－10　由表 4－12 中的数据得到的点线图

(4)调整图形的坐标轴。首先，调整横、纵坐标轴的格式，刻度朝里，刻度线宽度为 3。双击纵坐标，结果如图 4－11 所示。

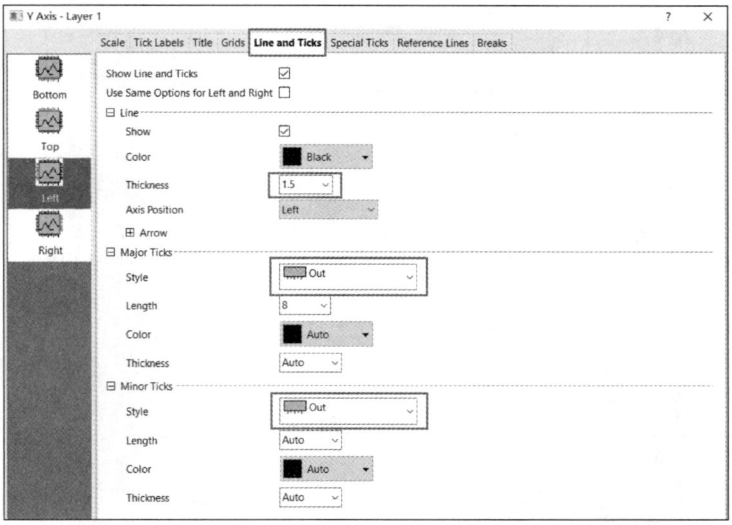

图 4－11　调整图 4－10 中点线图的左侧坐标轴刻度线

点击“Line and Ticks”(轴线和刻度线)对话框，在“Thickness”(粗细)对话框中填入 3，在“Major Ticks”(主刻度)的“Style”(样式)中选择“In”(朝内)，在“Minor Ticks”(次刻度)的“Style”(样式)中也选择“In”(朝内)。同理设置底部的横坐标格式，得到如图 4－12 所示的图形。

此时，还缺少顶部和右侧坐标线(无刻度)。点击左侧“Top”(上轴)，在新出来的对话框中点击“Line and Ticks”(轴线和刻度线)，在新出来的对话框中勾选“Show Line and Ticks”(显示轴线和刻度线)，如图 4－13 所示。在新出的下拉选项的“Thickness”(粗细)对话框中填入 3，在“Major Ticks”（主刻度）的“Style”（样式）中选择“None”（无），在“Minor Ticks”（次刻度）的“Style”（样式）中也选择“None”（无）。同理设置右侧的横坐标格式。

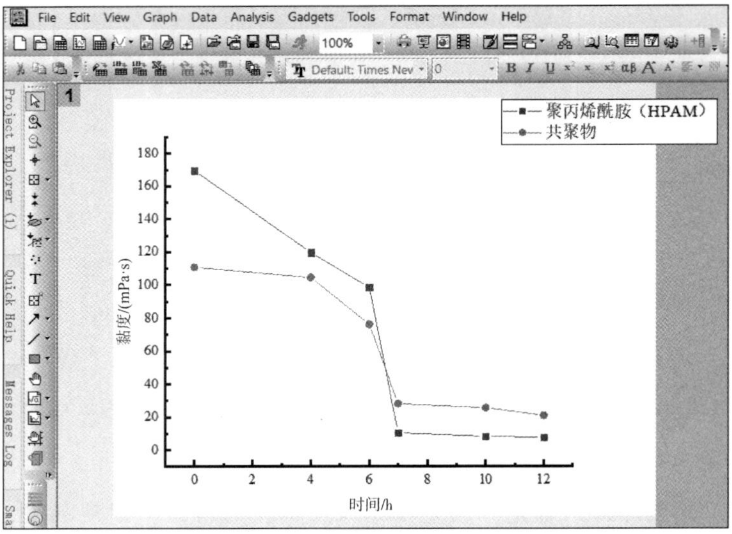

图 4－12　调整图 4－10 中左侧和底部坐标轴参数后的点线图

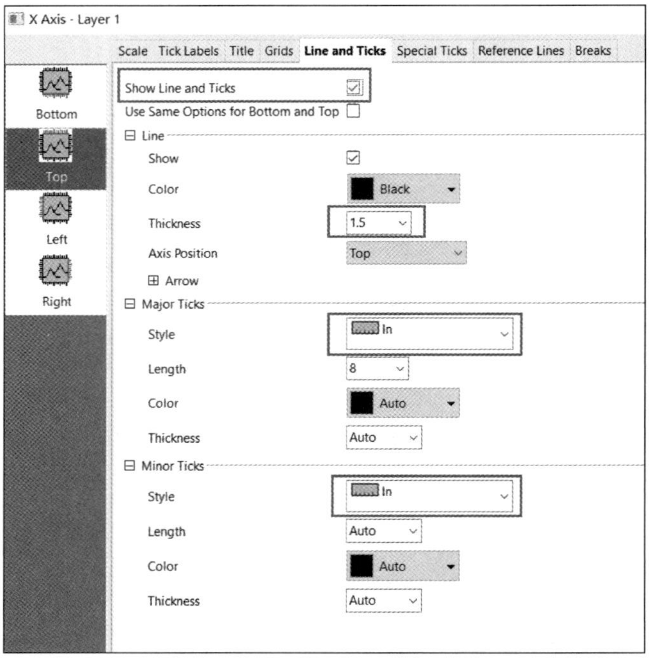

图 4－13　调整图 4－10 中点线图的顶部坐标轴刻度线

（5）调整图形的点线参数。为了美观，通常设定线条的宽度为 2，散点图标的大小为 9，不同的线条设置成不同的颜色以示区别。

双击图中的线条，出现“Plot Details－Plot Properties”（绘图细节－绘图属性）对话框，如图 4－14 所示。点击“Line”（线条）对话框，选择“Style”（样式）为“Solid”（实线），

“Width”(宽度)为 2，“Color”(颜色)为“Black”(黑色)。然后，点击“Symbol”(符号)对话框，选择“Size”(大小)为 9。如果试图替换图标的类型，需要点击“Group”(组)，将“Edit Mode”(编辑模式)从“Dependent”(从属)更改为“Independent”(独立)，然后再进入“Line”(线条)和“Symbol”(符号)对话框进行单独更改。

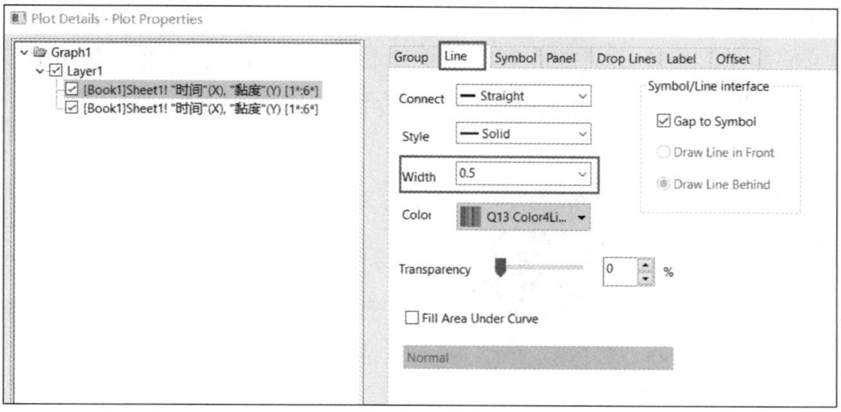

图 4-14　调整图 4-10 中点线图的折线参数

调整之后得到的图形如图 4-15 所示。

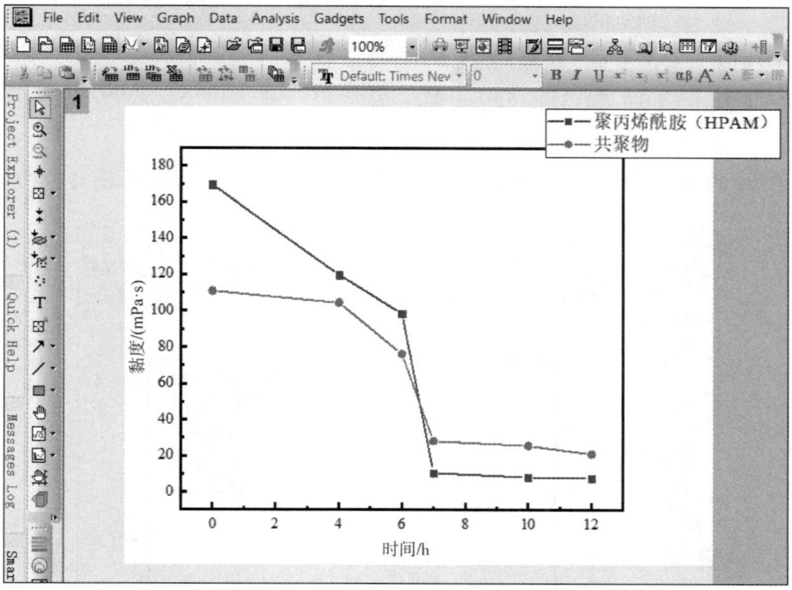

图 4-15　调整图 4-10 中所有坐标轴参数后的点线图

(6)调整图形的刻度范围和图例。调整 X 轴和 Y 轴的数据范围及刻度大小，以使图形的比例更为美观。再次双击纵坐标，在“Y Axis”(Y 轴)的“Scale”(范围)界面中，将范围调节成 0～200，“Major Ticks”(主刻度)中数值设置为 40，点击“Apply”(应用)，然后对 X 轴也进行相同操作。双击图例并输入正确名称，选择合适的字体(20 号宋体，加粗)。然后在图中鼠标左键长按图例，移动到合适位置。选中横坐标和纵坐标上的数值，调整字体格式为加粗的20号宋体或Times New Roman(新罗马字体)。选中横坐标和纵坐标上的坐标名，调整字体格式为加粗的22号宋体或Times New Roman(新罗马字体)。利用左侧工具栏中的T(文本工具)，在图中添加实验条件，最后结果如图4－8所示。

2)带实验照片的简单二维图

有时为了使简单二维图形更加美观以及更能有效地说明实验结果，需要在其中添加实验照片，例4－4为该类简单二维图的绘图方法介绍。

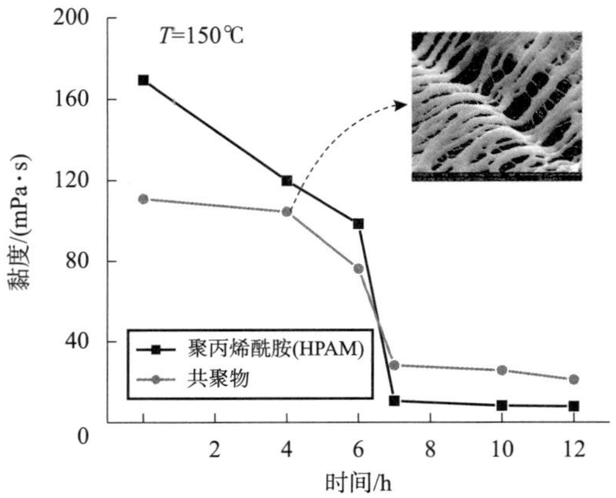

图4－16　添加图片后的简单二维图(示例)

图片来源：Energy & Fuels，2017，31(2)：1519～1528.

【例4－4】

在例4－3的图4－8中添加图片，最终得到如图4－16所示的简单二维图。该图片用于说明聚合物ZP－4在高温150℃下老化4h的微观状态。

【解】

(1)添加图片。在Origin软件中打开图4－8的折线图。点击“File”(文件)，然后点击“Import”(导入)，之后选择“Insert Images From Files”(从文件中插入图像)，找到图片所在的位置，点击“Add Files”(添加文件)，点击“OK”。

(2)调整图片的大小与位置。适当调整图片大小及位置，结果如图4－17所示。

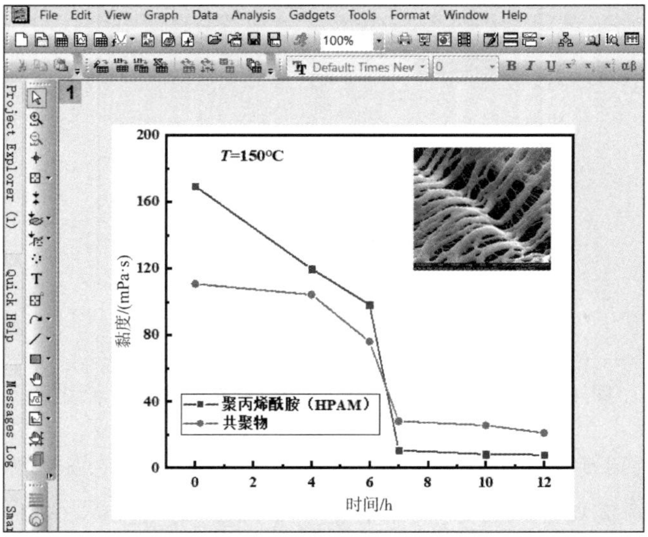

图4－17　添加图片后调整图片在图中的大小和位置

(3)添加引导线。点击左工具栏中↗选择“Curved Arrow Tool”(弯曲箭头工具)，并在图中合适位置画出箭头轮廓添加引导线。双击曲线，对曲线的格式进行调整，“Color”(颜色)更改为“Red”(红色)，“Width”(宽度)选为 2，“Type”(类型)选择为“Short Dash”(短点线)，结果如图 4-18 所示。

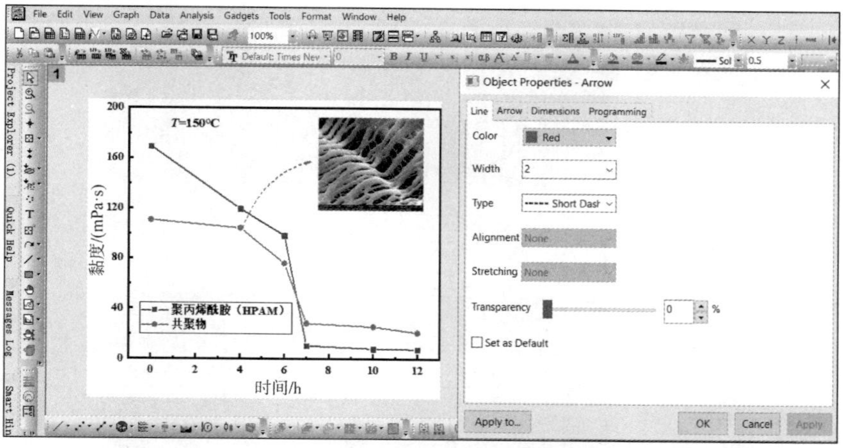

图 4-18 在图 4-17 中添加图片的引导线

3)简单二维图中数据的添加与删除

有时在作图和修改图形时，需要增加或删减数据线。例 4-5 中介绍 Origin 中出现此种情况的解决办法。

【例 4-5】

在例 4-4 的图 4-8 中添加与删减数据。

【解】

(1)点开图片，在图片框的空白区域，点击鼠标右键，选择“Plot Setup”(曲线绘制)，如图 4-19 所示。

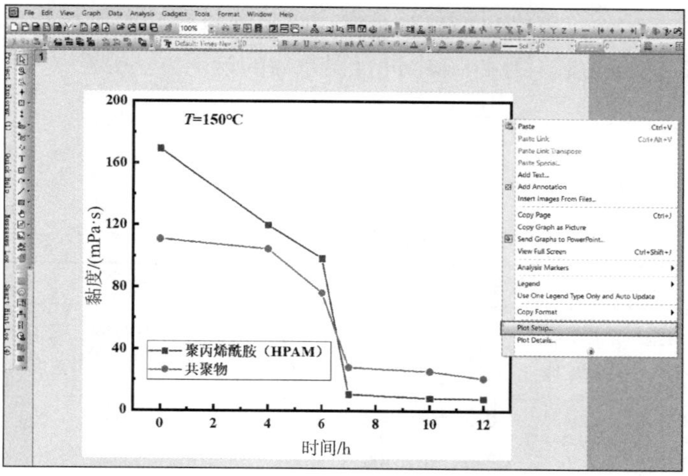

图 4-19 打开图 4-8 的曲线绘制

(2)在数据工作表中“Plot Type”(绘图类型)的“Line + Symbol”(点线图)的图形类型界面中，勾选需要的关联设置。例如，如果需要增加 HPAM 的数据，则勾选 *A* 列为 *X*，*B* 列为 *Y*，点击“Add”(添加)，即可在图形中新增该列的曲线，如图 4 – 20 所示。

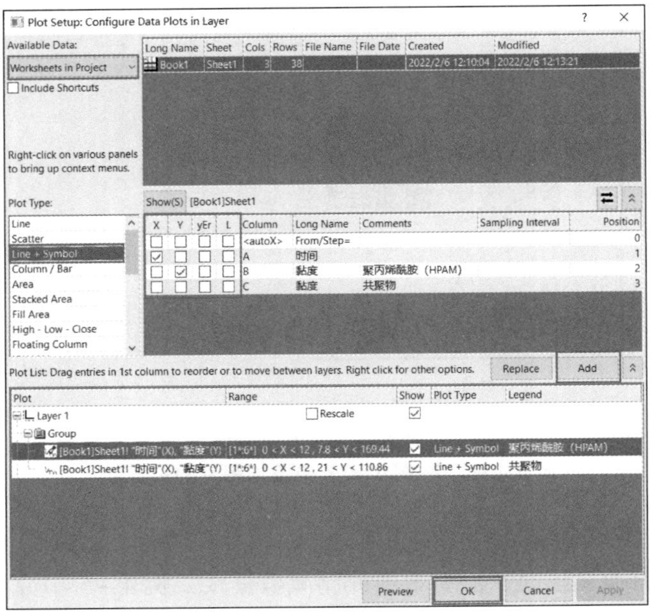

图 4 – 20　曲线绘制界面中参数的设置与选择

4)添加误差棒(Error bar)

误差棒(Error bar)是以被测量的算术平均值为中点，在表示测量值大小的方向上画出的一个线段，线段长度的一半等于(标准或扩展)不确定度。他表示被测量以某一概率(68% 或 95%)落在误差棒上。

在用 Origin 将多组数据进行作图分析的时候，不但要观察每组数据平均值的变化情况，还要了解某一组中各个数据点的波动情况，这可通过在作图中添加误差棒的方式来直观查看该组数据的波动程度。例 4 – 6 中进行误差棒的绘图方法介绍。

【例 4 – 6】

利用表 4 – 13 中的数据，绘制出图 4 – 21 中的图形。

表 4 – 13　例 4 – 6 中的数据

苯酚			邻苯二酚			间苯二酚			对苯二酚		
聚合物浓度/%	*G*′/Pa	*G*′误差/Pa	聚合物浓度/%	*G*′/Pa	*G*′误差/Pa	聚合物浓度/%	*G*′/Pa	*G*′误差/Pa	聚合物浓度/%	*G*′/Pa	*G*′误差/Pa
0. 4	1. 989	0. 03978	0. 4	1. 723	0. 06892	0. 4	5. 296	0. 21184	0. 4	2. 508	0. 12540
0. 6	2. 207	0. 11035	0. 6	4. 740	0. 23700	0. 6	18. 210	0. 72840	0. 6	5. 943	0. 29715
0. 8	2. 337	0. 04674	0. 8	8. 100	0. 32400	0. 8	23. 769	0. 71307	0. 8	8. 458	0. 16916
1	2. 554	0. 07662	1	14. 989	0. 29978	1	25. 870	1. 29350	1	13. 33	0. 6665

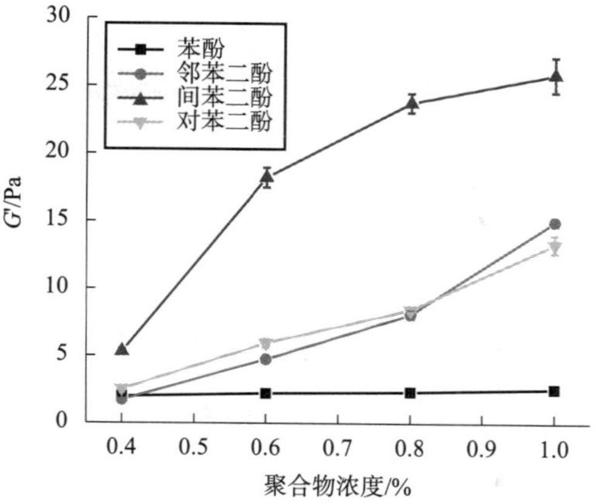

图4－21　带有误差棒的折线图(示例)

图片来源：Energy & Fuels，2017，31(8)：8120～8130.

【解】

(1)打开 Origin 软件，将表4－13中的数据复制到表格中，结果如图4－22所示。

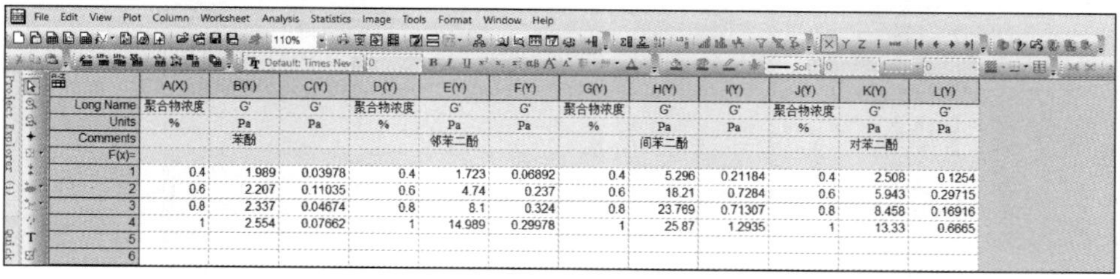

	A(X)	B(Y)	C(Y)	D(Y)	E(Y)	F(Y)	G(Y)	H(Y)	I(Y)	J(Y)	K(Y)	L(Y)
Long Name	聚合物浓度	G'	G'	聚合物浓度	G'	G'	聚合物浓度	G'	G'	聚合物浓度	G'	G'
Units	%	Pa	Pa	%	Pa	Pa	%	Pa	Pa	%	Pa	Pa
Comments		苯酚			邻苯二酚			间苯二酚			对苯二酚	
F(x)=												
1	0.4	1.989	0.03978	0.4	1.723	0.06892	0.4	5.296	0.21184	0.4	2.508	0.1254
2	0.6	2.207	0.11035	0.6	4.74	0.237	0.6	18.21	0.7284	0.6	5.943	0.29715
3	0.8	2.337	0.04674	0.8	8.1	0.324	0.8	23.769	0.71307	0.8	8.458	0.16916
4	1	2.554	0.07662	1	14.989	0.29978	1	25.87	1.2935	1	13.33	0.6665
5												
6												

图4－22　在 Origin 的工作表中导入表4－13中的数据

(2)修改表格中的数据类型。长按 Ctrl 键，鼠标左键依次选中 *A*、*D*、*G*、*J* 四列，Ctrl 键停止按动。然后，点击鼠标右键，依次选择“Set as”(设置为)、“*X*”。上述操作将 *A*、*D*、*G*、*J* 四列设置为 *X* 轴，如图4－23所示。

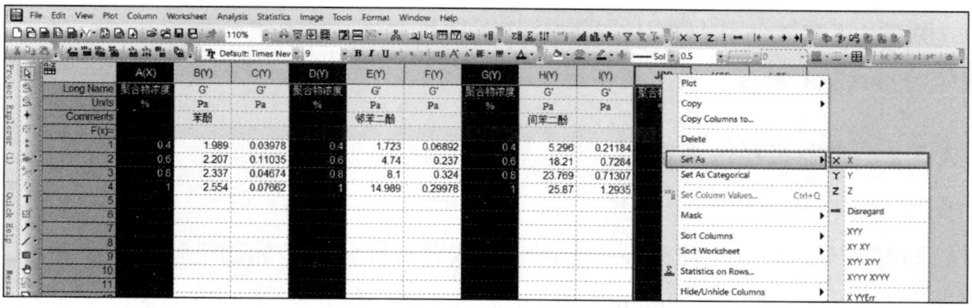

图4－23　Origin 工作表数据中有关 *X* 坐标轴的参数设定

同理，将 *B*、*E*、*H*、*K* 四列设置为 *Y* 轴，此时已经默认，无须操作。然后，将 *C*、*F*、*I*、*L* 四列设置为 *Y* 轴误差(*Y* Error)，由于软件此时不支持同时更改，此时需要进行单独逐一设置，设置后的界面如图4－24所示。

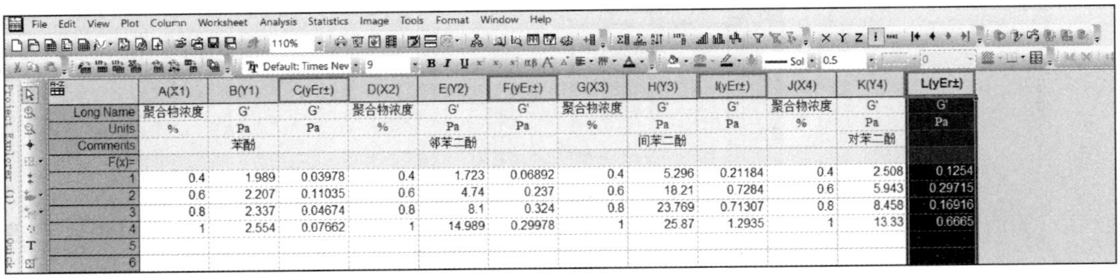

	A(X1)	B(Y1)	C(yEr±)	D(X2)	E(Y2)	F(yEr±)	G(X3)	H(Y3)	I(yEr±)	J(X4)	K(Y4)	L(yEr±)
Long Name	聚合物浓度	G'	G'	聚合物浓度	G'	G'	聚合物浓度	G'	G'	聚合物浓度	G'	G'
Units	%	Pa	Pa	%	Pa	Pa	%	Pa	Pa	%	Pa	Pa
Comments		苯酚			邻苯二酚			间苯二酚			对苯二酚	
F(x)=												
1	0.4	1.989	0.03978	0.4	1.723	0.06892	0.4	5.296	0.21184	0.4	2.508	0.1254
2	0.6	2.207	0.11035	0.6	4.74	0.237	0.6	18.21	0.7284	0.6	5.943	0.29715
3	0.8	2.337	0.04674	0.8	8.1	0.324	0.8	23.769	0.71307	0.8	8.458	0.16916
4	1	2.554	0.07662	1	14.989	0.29978	1	25.87	1.2935	1	13.33	0.6665
5												
6												

图 4－24　Origin 工作表数据中其他坐标轴的参数设定

(3)绘制点线图。在 *A* 列顶端长按鼠标左键选中所有列，然后点击左下角工具栏中的(点线图)，得到如图 4－25 所示的点线图。

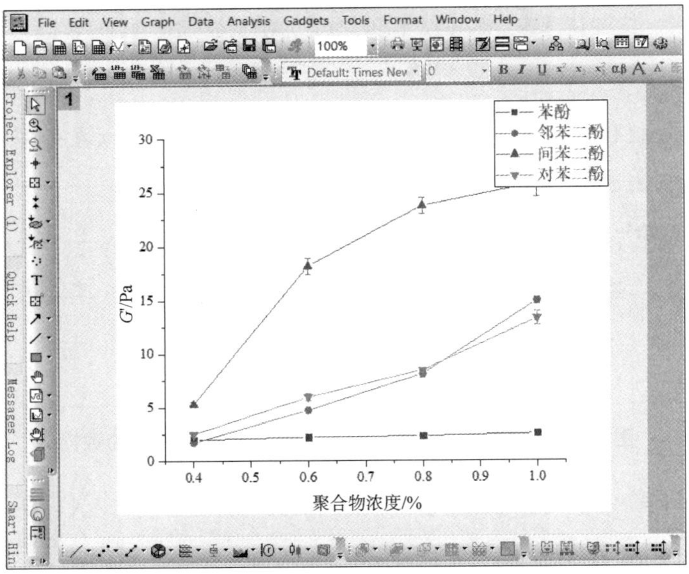

图 4－25　由表 4－13 中的数据得到的点线图

(4)图形格式修改。根据例 4－3 中的格式修改方法，对图中的坐标轴、刻度、折线以及图例等的格式进行修改，最后获得图 4－21。

4.3.3.2　多图多层图形绘制

1)图层与多图多层图形

在绘图时，有时数据无法放在一个图中，或者需要多个坐标轴进行绘图，此时就需要使用到图层(Layer)。图层是 Origin 中由一组坐标轴组成的一个 Origin 对象。一个图形窗口至少有一个图层，而 Origin 的一个图形窗口的图层数可多达 255 个。利用图层功能，可以在一个窗口生成多个图形，或能在一个图形中插入另一个图形，或是在不同的坐标刻度下显示数据。

图 4－26 为图层的添加示例。在菜单栏中找到“Graph”(图)点击后进入菜单，找到“New Layer(Axes)”(新图层)点击进入，选择“Bottom *X* ＋ Left *Y*”(下为 *X* 轴、左为 *Y* 轴)。

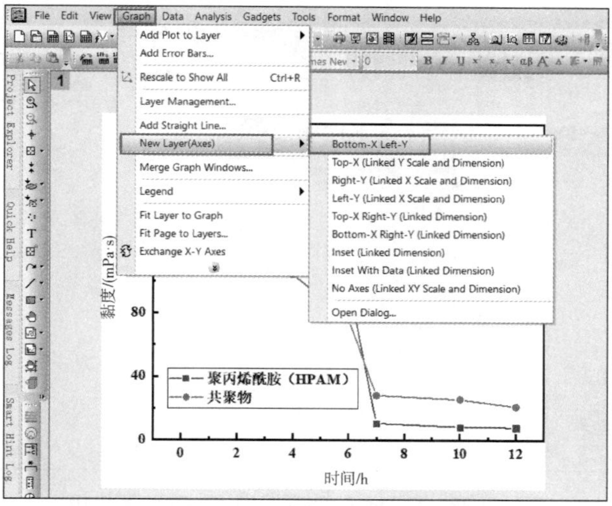

图 4 -26　图层的添加步骤

得到如图 4 -27 所示的图形，可以看出多了一个图层 2。另外，图中的坐标出现了混乱，可以选定图形的外框(边框出现图片中的菱形点和虚线为选中)，进行移动和修改，不再赘述。

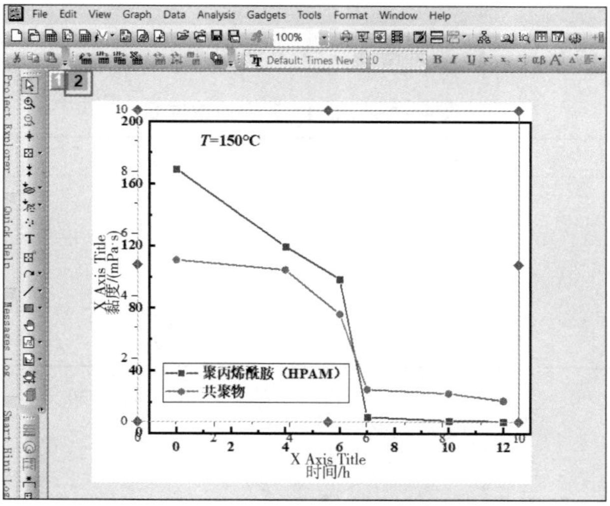

图 4 -27　图层的添加结果

图 4 -28 中给出了 Origin 软件中提供的快速绘图模板，可以根据不同类型的快速绘图模板，包括双 *Y* 轴图形、多 *Y* 轴图形、Panel Graph(对开图)、Stack Graph(堆叠多层图)等。

2)双 *Y* 轴图形的绘制

双 *Y* 轴图形的数据中有 2 个 *Y* 列，且 *X* 列相同(共用)。如果选中的 *Y* 列多余 2 列，则最后一列在第 2 层中制图，其他列在第 1 层中制图。双 *Y* 轴图形最适合 *X* 轴相同，但 *Y* 值相差很大，又要在同一副图上进行显示(比较)的两组数据。

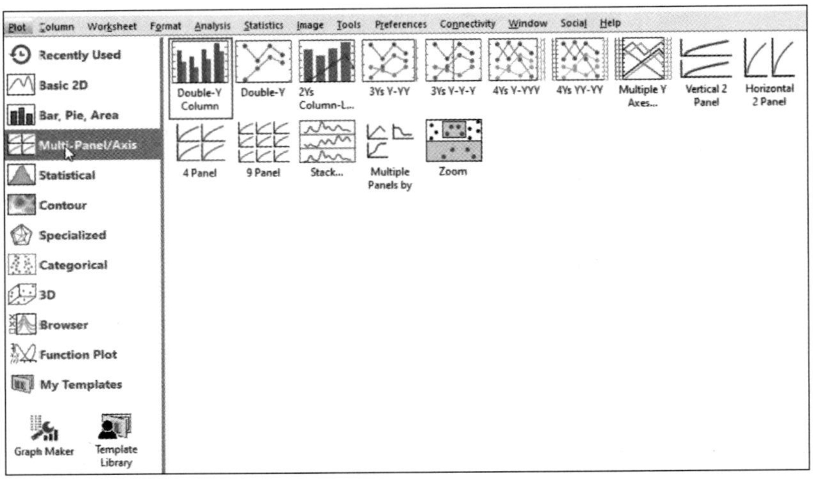

图 4－28　Origin 软件中提供的快速绘图模板

绘图方法有两种：①在 Book（工作者）窗口中点击 Plot（绘图）下拉菜单中的 Double－Y 模板；②在 Graph（绘图）窗口中点击菜单栏中的“Graph（绘图）”“New Layer（新图层）”“Right－Y（Linked × Scale）（右－Y 轴）（关联 X 轴的刻度）”。

【例 4－7】

利用表 4－14 中的数据，绘制出图 4－29 中的图形。

表 4－14　例 4－7 中的数据表

聚合物浓度/%（质量）	成胶时间/h	G'/Pa	G''/Pa
0. 3	15. 5	2. 508	0. 347
0. 4	14	5. 296	0. 907
0. 6	12	18. 21	1. 479
0. 8	10	23. 769	2. 457
1	4	25. 87	2. 985

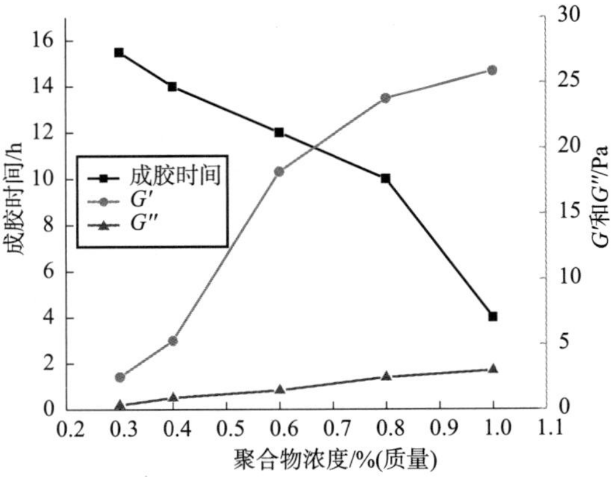

图 4－29　双 Y 轴图形（示例）

图片来源：Energy & Fuels，2017，31（2）：1519～1528.

【解】

(1)打开 Origin 软件，并将表 4 - 14 中的数据复制到表格中，结果如图 4 - 30 所示。

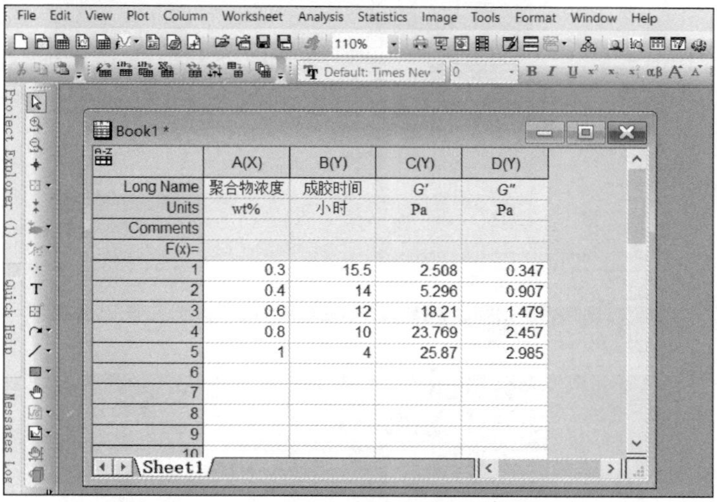

图 4 - 30　在 Origin 的工作表中导入表 4 - 14 中的数据

(2)创建图表。选中全部数据，并点击图标，选择 Double - *Y*(双 *Y* 轴)，结果如图 4 - 31所示。

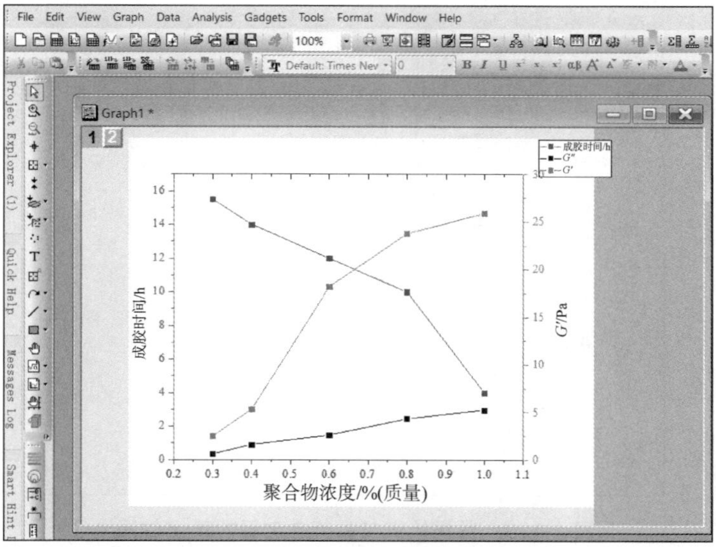

图 4 - 31　由表 4 - 14 中的数据得到的双 *Y* 轴图

(3)检查并修改 *Y* 轴数据。上图中 *G*″的数据明显不对，其使用的是左侧 *Y* 轴，实际上应该与 *G*′共同使用右侧 *Y* 轴。在图形框内的空白区域，点击鼠标右键，选择“Plot Setup”(曲线绘制)，结果如图 4 - 32 所示。

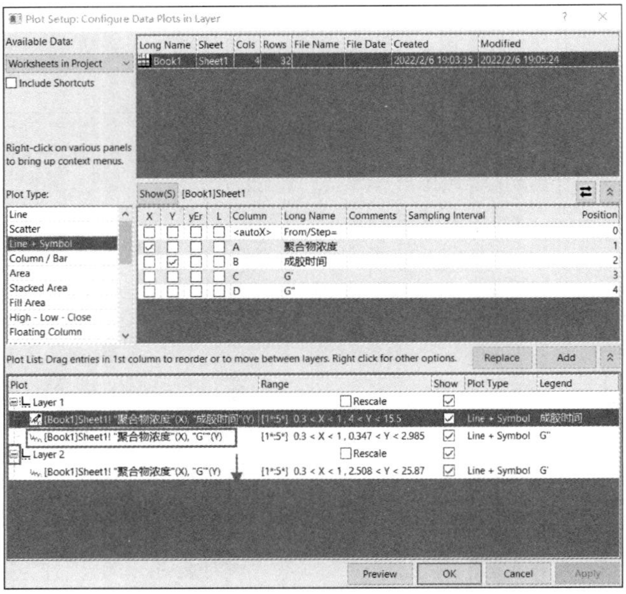

图 4 – 32 双 Y 轴图中数据的检查与重新选定

点击“Layer 2”(图层2)前的展开键，鼠标左键长按“Layer 1”(图层1)中的 G'数据，拽入图层 2 中，然后点击“OK”键，结果如图 4 – 33 所示。

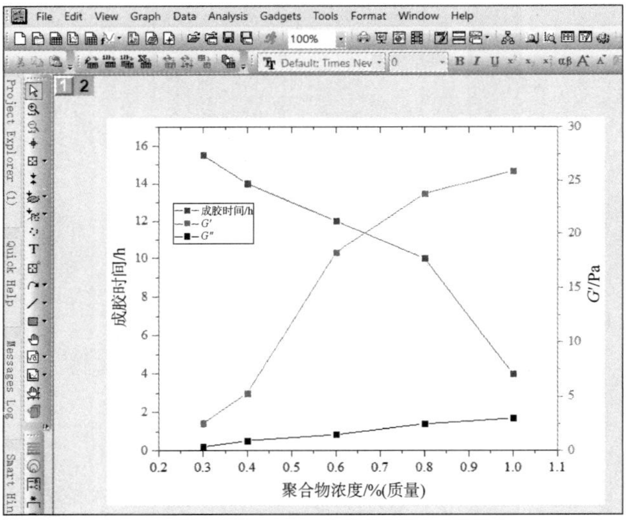

图 4 – 33 数据检查与重新选定后的双 Y 轴图

(4)更新图例，修改坐标、折线等格式，最终得到图 4 – 29。

3)多 Y 轴图形的绘制

多 Y 轴为一个 X 轴与多个 Y 轴对应的函数图，以例 4 – 8 为例进行绘图方法的介绍。

【例 4 – 8】

利用表 4 – 15 中的数据，绘制出图 4 – 34。

表 4－15　例 4－8 中的数据

聚合物浓度/%（质量）	成胶时间/h	黏度/（mPa·s）	G'/Pa	G''/Pa
0.3	15.5	485	2.508	0.347
0.4	14	672	5.296	0.907
0.6	12	4878	18.21	1.479
0.8	10	6427	23.769	2.457
1	4	10680	25.87	2.985

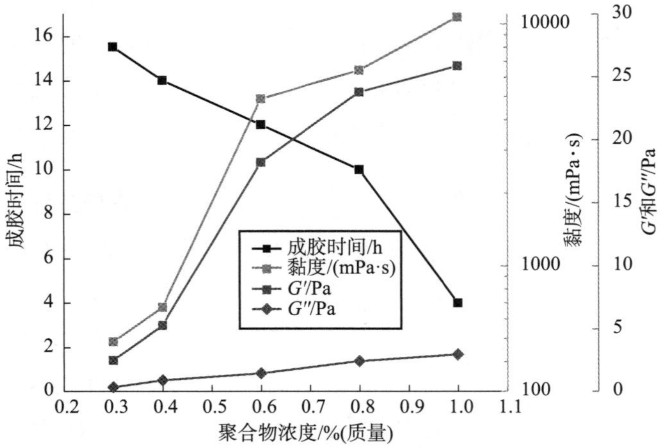

图 4－34　多 *Y* 轴图形（示例）

图片来源：Energy & Fuels，2017，31(2)：1519～1528.

【解】

（1）打开软件，并将表 4－15 中的数据复制到表格中。

（2）创建图表。选中全部数据，并点击右侧小三角，在弹出的对话框中选择 3*Y*s（*Y*－*YY* 轴），结果如图 4－35 所示。

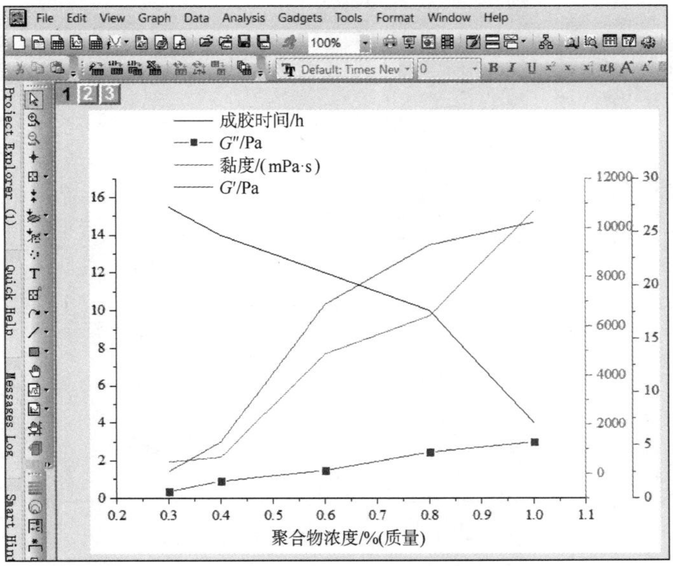

图 4－35　由表 4－15 中的数据得到的双 *Y* 轴图

(3)检查并修改 Y 轴数据。方法与例 4－7 类似，此处不再赘述。将黏度对应的坐标调成 Log10(对数坐标)，并利用文本框增添各坐标的标题。

(4)更新图例，修改坐标、折线等格式。图例添加外框，图例区域点击鼠标右键，在“Properties”(属性)里点击“Frame”(边框)对框中，在“Frame”(边框)的下拉菜单中选择“Box”(方框)，其他属性选择默认值，最终得到图 4－34。

4.3.3.3 函数拟合

在 Origin 曲线拟合功能中，用户可以使用自带的内置函数进行曲线拟合。如果自带函数不满足实际需要，用户还可以根据实际需求自定义拟合函数，并使之进行特殊形态曲线的拟合，进而获得用户关心的曲线参数。下面以例 4－9 和例 4－10 为例进行绘图方法的介绍。

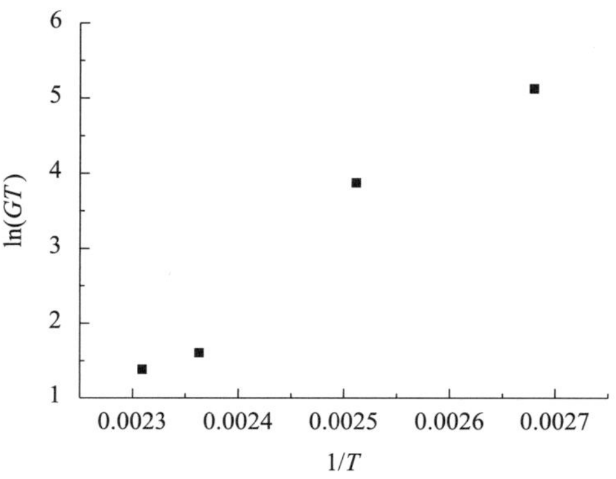

图 4－36 线性函数拟合示例

【例 4－9】 线性拟合

聚合物凝胶的成胶动力学通常满足阿伦尼乌兹方程，$\ln(GT) = E_a/RT + \ln A$。式中，GT 为成胶时间，h；T 为老化时间，h；$R = 8.314\text{J}/(\text{mol} \cdot \text{K})$；$A$ 为系数。图 4－36 给出了一个示例，请利用 Origin 进行线性拟合，并求出 E_a。

【解】

(1)使用 Origin 点开图形，点击鼠标左键选中图中的数据点，依次点击菜单栏中的“Analysis”(分析)、“Fitting”(拟合)、“Linear Fitting”(线性拟合)、“Open Dialog”(打开对话框)，如图 4－37 所示。参数选择默认值，点击“OK”，得到如图 4－38 所示的图形。

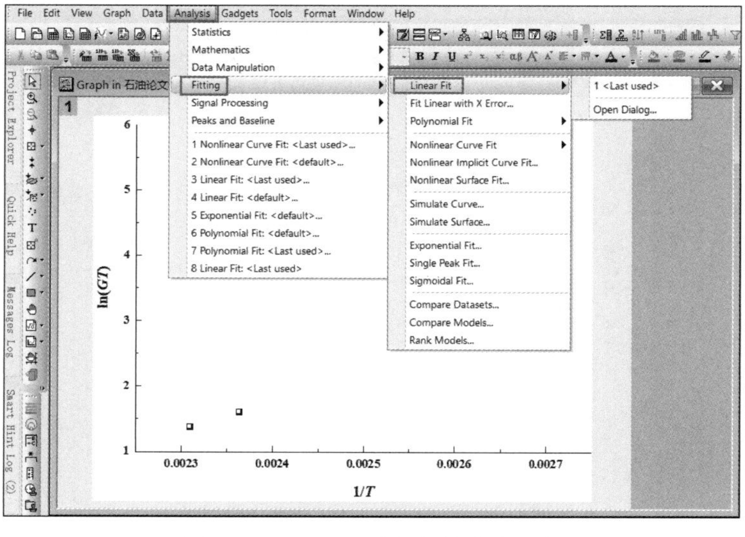

图 4－37 Origin 中数据的线性拟合

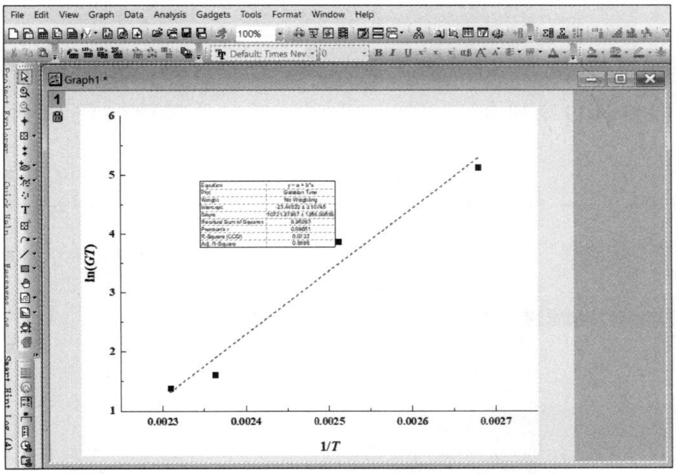

图 4－38　图 4－36 中数据的线性拟合结果

(2)调整文本框的大小，并添加公式和计算数值，最终得到图 4－39。

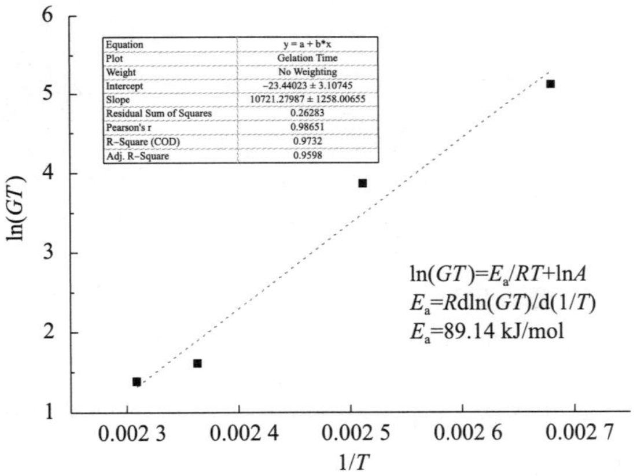

图 4－39　例 4－9 中数据线性函数拟合后的最终图形

【例 4－10】　非线性拟合

对图 4－40 中的散点数据，进行非线性拟合，已知拟合函数为幂函数 $y = ax^b$。

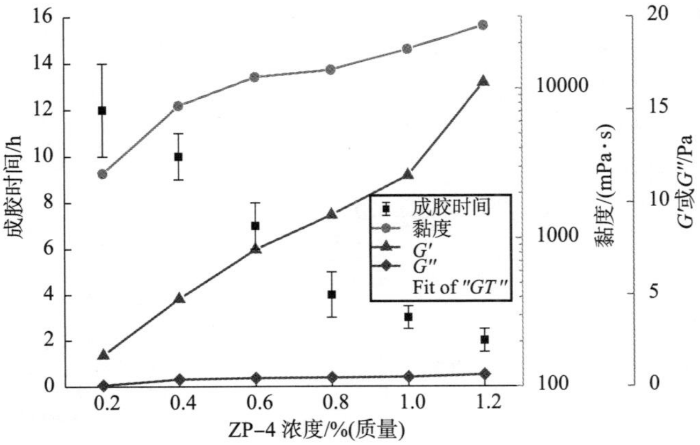

图 4－40　非线性函数拟合示例

图片来源：SPE－194004－PA

【解】

(1)选中散点图中的点，依次点击工具栏“Analysis”(分析)、“Fitting”(拟合)、“Nonlinear Curve Fit”(非线性曲线拟合)、“Open Dialog”(打开对话框)，打开曲线拟合对话框，如图 4 –41 所示。

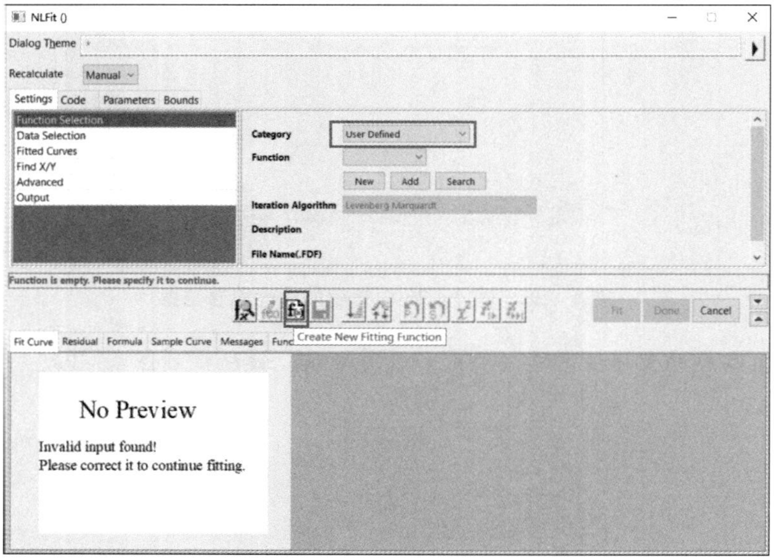

图 4 –41　Origin 中数据的非线性函数拟合

值得注意的是，一定要先选中散点图中的点，再点击工具栏。

(2)在图 4 –41 所示的对话框中，“Category”(类别)选项选择“User Defined”(用户自定义)，再点击按钮“Creat New Fitting Function”(创建新的拟合函数)，打开创建新方程的对话框，如图 4 –42 所示。

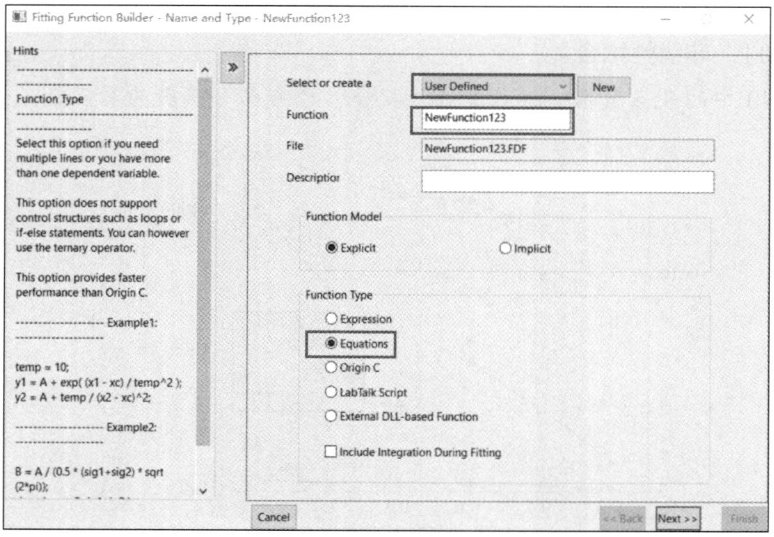

图 4 –42　Origin 中创建新的拟合函数

(3)在图 4 -42 的拟合生成器对话框中，"Select or creat a"(选择或新建类别)选项选择"User Defined"(用户自定义)，"Function Name"(函数名称)一栏可对方程进行命名(仅限英文)，此次命名为"NewFunction123"，"Function Type"(函数类型)一栏选择第 2 个"Equations"(公式)，然后点击"Next"(下一步)，得到如图 4 -43 所示的对话框。

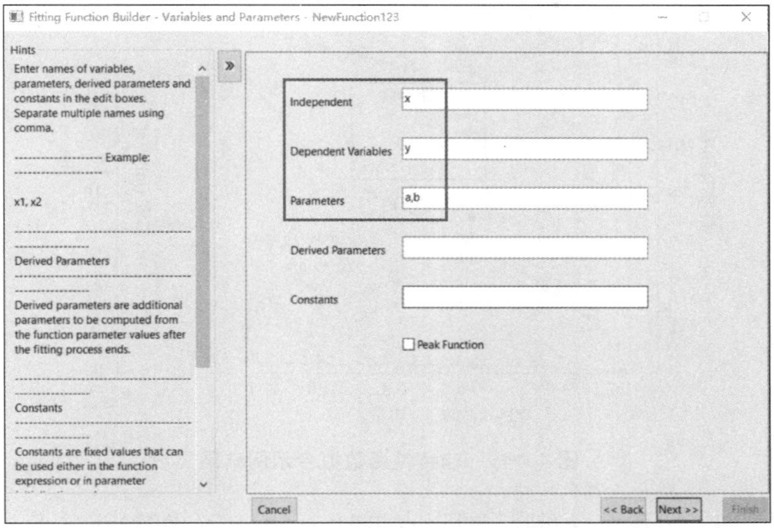

图 4 -43　Origin 中的拟合生成器对话框及参数设定

(4)进入图 4 -43 中的参数设置，第 1 行和第 2 行为自变量 x 和因变量 y，第 3 行为需要设置的方程参数，以幂函数为例，设置参数 a、b(字母和标点符号必须是英文输入法)，然后点击"Next"(下一步)，得到图 4 -44 所示的界面。

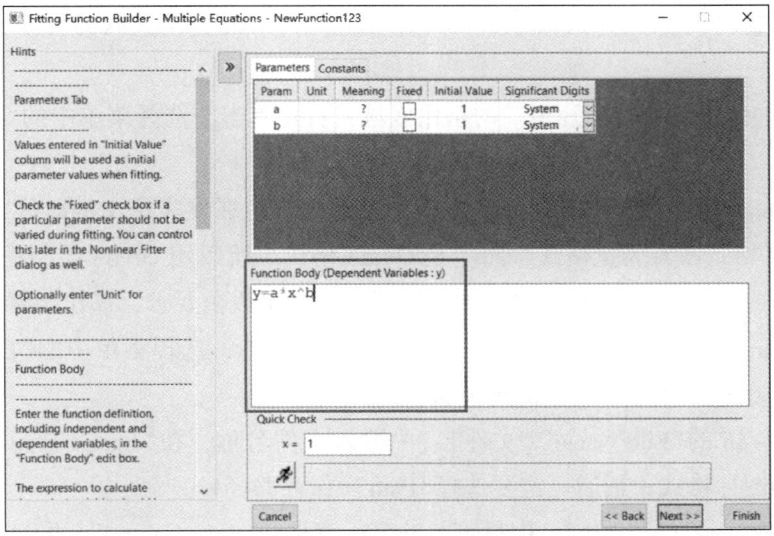

图 4 -44　拟合生成器中方程及参数的设定

(5)进入图 4 -44 中的方程输入，在红线框出的地方输入幂函数方程(字母和符号必须是英文输入法)。到此处基本设置已完毕，一直点击"Next"(下一步)即可，最后点击"Finish”(完成)。

(6)回到最初曲线拟合对话框，会发现“Function”(函数)一栏下拉菜单中已经有了创建的方程“NewFunction123”，点击“Fit”(拟合)，然后对格式进行整理，得到如图4-45所示的拟合图。

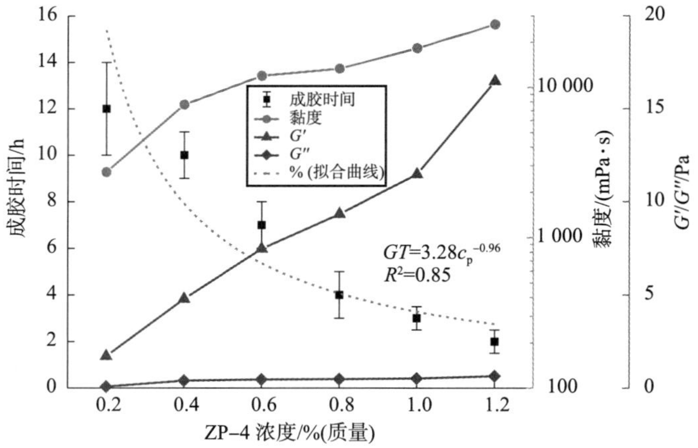

图4-45 非线性函数拟合示例结果

如果在拟合时，参数已经知晓，可以点击“Parameters”(参数)选项卡，勾选“Fixed”(固定)，使固定参数不变；然后点击“Creat New Fitting Function”(创建新的拟合函数)，进行拟合，直至参数不变，达到拟合最佳效果；最后点击“Fit”(拟合)，生成最后的拟合结果。

4.3.3.4 图形导出

在撰写报告时，为了便于编辑，Word中创建与Origin直接关联的可编辑图形，操作步骤如下。

(1)在Origin已绘制的图片窗口的空白区域，右键单击，选择菜单中的“Copy page(复制页面)”。

(2)在Word中直接使用“Ctrl + V”进行粘贴即可。但在发表论文的时候，期刊要求的图线一般是tif格式或者矢量格式，而不是Origin格式。所以用Origin绘制完成一张图后，需要将其导出成tif图片格式或者矢量图片格式，以满足投稿要求，操作步骤如下。

①在Origin已绘制的图片窗口的空白区域，右键单击，选择菜单中的“Export Graphs”(导出图形)，出现图4-46所示的选项窗口。

②在图4-46的“File Name”(文件名)中输入文件名称，在“Image Type”(图像类型)中选择所需的图片格式，最后一定要选择“Path”(保存路径)。

“Export Settings”(输出设置)中最重要的之一就是“Margin Control”(页边距控制)选项，他的功能是设置图片的白边宽度。选择“Tight in Page”(页面内紧凑)可以使得图片的白边与图片边缘紧密贴合，这样导出的图片就不用再剪切白边了。“Image Size”(图像尺寸)也是非常重要的选项，他决定了导出图片的尺寸大小。

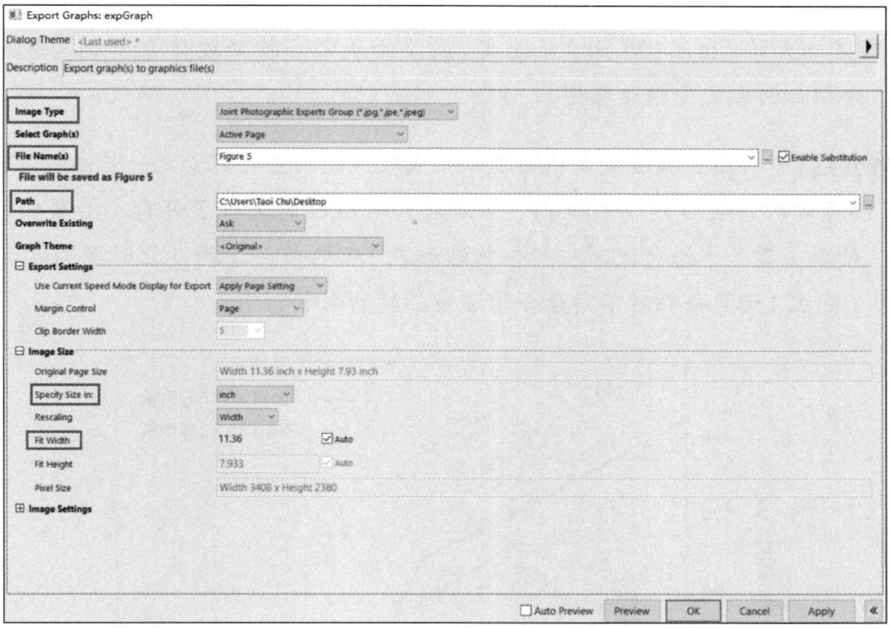

图 4－46　Origin 的图形导出选项窗口

在“Image Settings”(图片设置)中，需要对图片的分辨率进行设置，“DPI Resolutions”(DPI 分辨率)选项就是用来设置此值的。一般而言，大多数的学术期刊对图片的分辨率要求是根据图表情况的不同而定的。对于单色黑白图，分辨率为 1200dpi(即 dots per inch，每英寸点数)；对于灰阶图(即有黑白灰变化的)，分辨率为 600dpi；对于彩色图，分辨率为 300dpi。

4. 3. 4　插图在论文中的表述

插图在论文中的表述主要分为 3 个方面。

1)背景介绍

介绍图片获取的缘由，如实验开展的原因、实验结果获取的方法、实验条件等。

2)数据分析

概述数据变化的总体趋势，对主要变化趋势(如缓慢增加、快速下降、变化不大、平稳波动等)进行举例分析，对关键点(如起点、极值点、转折点、异常点、终点等)进行单独分析，对多条数据曲线或单一曲线的不同变化阶段进行逐条对比分析(如变小、变大、增加几倍、缩小几个单位等)。分析时可以从作用机理或者作用意义两个角度进行展开论述。

3)小结

对实验结果进行总结，并且对该结果产生的影响进行评述。小结有时可以根据行文需要进行省略。

【例4－11】

以中国石油大学(北京)博士学位论文《高温油藏聚合物凝胶体系研制与胶凝机理研究》为例，介绍如何在文中描述插图。

[**背景介绍**]影响高温油藏聚合物凝胶体系成胶性能的主要因素之一是油藏温度。使用Brookfield黏度计对共聚物ZP－3和ZP－4溶液的耐温性能进行了评价。共聚物的浓度均为0.8%，使用去离子水进行配制，聚合物溶液在150℃条件下的老化时间为4～12h。图4－47给出了高温150℃条件对不同聚合物溶液黏度的影响。

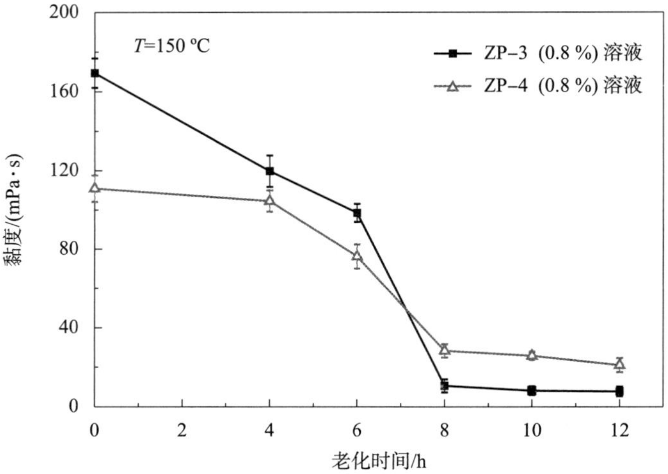

图4－47　温度对不同聚合物(ZP－3和ZP－4)溶液黏度的影响

[**数据分析**]由图4－47可以看出，ZP－3溶液的黏度急剧下降，在高温150℃条件下老化4h后，其黏度保留率为原始聚合物黏度的71%，而ZP－4溶液的黏度变化幅度较小。老化至第4～8h，两种聚合物溶液的黏度均显著下降，聚合物溶液的黏度分别降为原始聚合物溶液黏度的6.24%和26.97%。

[**小结**]值得注意的是，高温老化8h后，三元共聚物ZP－4溶液的黏度高于二元共聚物ZP－3溶液的黏度。这表明三元共聚物中额外添加的NVP单体能够增加聚合物的热稳定性，主要是因为NVP结构中存在较强热稳定性的刚性基团，且NVP结构能够形成较大的空间位阻，并抑制酰胺基团的水解，因此可以明显增强该聚合物溶液的耐温性能。

4.4　数理公式的相关规范

在撰写论文时，应该使用专业的数学公式编辑器(MathType)对公式进行编辑。数学公式编辑器工具可以轻松输入各种复杂的公式和符号，与Office文档完美结合，且显示效果非常好，比Office自带的公式编辑器要强大很多。

在使用公式时，还需要注意以下几点。

(1)正文中需要有文字引出公式。

(2)公式及正文中的变量为斜体，向量、张量及矩阵等符号为加粗垂直体，常量、数字、标点符号等为垂直体。

(3)公式序号应按章编号，公式编号在行末列出，如(4－1)、(4－2)。

(4)公式须居中，且该行要右对齐。公式之间及上下文间设置半行间距或者 6 磅，作者可根据情况适当调整，以保证格式协调和美观。

(5)同一数学符号的含义不能发生变化。

【例 4－12】

以中国石油大学(北京)博士学位论文《高温油藏聚合物凝胶体系研制与胶凝机理研究》为例，介绍如何使用公式。

地下交联聚合物凝胶体系的热稳定性能评价使用 Sydansk 瓶试法。采用凝胶脱水率来半定量评价聚合物凝胶体系的长期稳定性，将考察胶凝效果后的安瓿瓶继续置于 150℃ 的恒温箱中，记录凝胶在不同老化时间时的脱水量，最终计算出凝胶的脱水率 S：

$$S=\frac{V-V_t}{V}\times 100\% \tag{4-1}$$

式中，S 为脱水率,%；V 为胶凝时凝胶的体积；V_t 为老化时间 t 后凝胶的体积。

MathType 公式编辑器的操作比较简单，本书中不再赘述。值得注意的是，当撰写学位论文或图书时，章节较多，需要对文中的公式进行编号。有关公式编号的操作方法将在第 6.2.5.2 节中进行详细介绍。

第 5 章 期刊论文写作

期刊论文写作是学术研究的有效手段。期刊论文是科研成果的载体，也是科研水平的重要标志，期刊论文和其他书面文件有很大区别，要求其在内容上具有创新性、科学性、理论性和可行性。“Publish or perish”(要么发表，要么出局)，期刊论文的重要性早已不言而喻。因此，对于科研工作者，尤其是初入科学殿堂，经验尚浅的学生们，了解科技论文的标准格式并掌握科学的写作方法，才能写出高质量的论文。本章将简要介绍期刊论文的结构与写作方法、英文期刊论文写作方法、期刊论文的规范发表等知识。

5.1 期刊论文写作的意义

科技论文写作是对科研工作认识的升华，是对科研成果质量的提升。马克思曾经说过，科学绝不是一种自私自利的享乐，有幸能够致力于科学研究的人，首先应该拿自己的学识为人类服务。显然，期刊论文写作对于个人成长、学科发展以及社会进步都具有重要作用。

(1)期刊论文是个人学术思想的展示，通过期刊论文的写作，既能够提高个人的科研能力和学术水平，还能够促进学术交流，获得同行专家的认可，因此是发现人才的重要渠道。

(2)期刊论文写作有利于形成特色研究方向，打造高水平的科研平台，扩大专业学科的优势影响，促进学科专业的健康发展。

(3)期刊论文作为科学研究成果的重要载体与表现形式，有利于科学知识的积累。另外，期刊论文作为人们获取科技信息和情报的重要途径与手段，能够加速科研成果向生产力的转化，促进生产力的提高。

5.2 期刊论文结构与写作方法

科技论文不是所有人的读物，他的目的是专业领域的交流。因此，作者们应将时间专注于科学技术，论文只是一种传播信息的手段。从 20 世纪 20 年代开始，科技工作者在长期的期刊论文写作实践中逐步形成了一套严密而又合乎逻辑、有规范可循的期刊论文写作范式。该范式主要包括题目、作者署名、作者单位、摘要、关键词、中图分类号(英文期刊无该项)、文献标识码、引言、正文、结论、致谢、参考文献、附录、注释等，如图5－1所示。在撰写期刊论文时，使用这些范式可以保证信息分享的精练和准确。

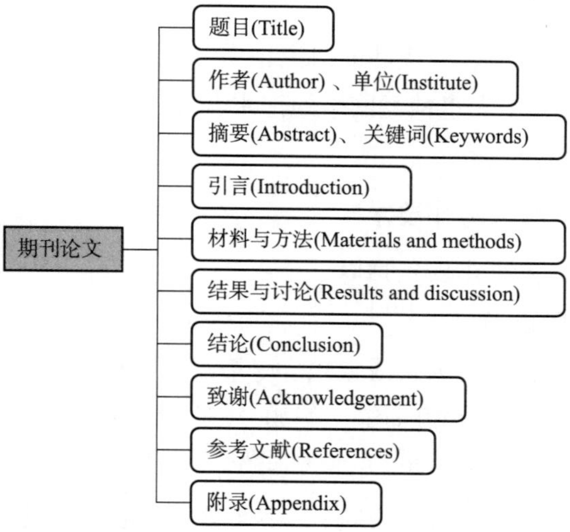

图5－1　期刊论文结构

下面将分条目对各部分的写作方法进行介绍。

5.2.1　题目

古人云，“题者，额也；目者，眼也”，题目是论文中最引人注目的部分，相当于论文的“标签”。题目是以最恰当、最简明的词汇反映论文的重要内容、研究范围和深度的逻辑组合。题目通常是读者最先浏览的内容，也是检索系统首先收录的部分，是一篇论文给出的论文水平与范围的第一个重要信息。

对于作者而言，好的题目是论文核心思想的展现，且有助于文献检索；对于读者而言，好的题目能引人注目，也提供给读者了解文章内容的独特视角与美的享受；对于期刊编辑而言，好的题目可提高编辑效率和期刊质量。

有关选题的方向与原则已经在第3.2.1节进行了详细介绍，此处不再赘述。

5.2.1.1　期刊论文题目类型

期刊论文题目的类型通常有论点型题目、论题型题目和导引型题目。

1)论点型题目

题目与主题构成同一关系，题目直接反映主题。论文的题目能够反映全篇论文的核心观点或主要内容，相应地，各论证章节的题目能够反映出各章节所论证的假设。例如，《适用于塔中区块碳酸盐岩缝洞型异常高温高压储集层的钻井液承压堵漏材料》《滑溜水在页岩储集层的吸附伤害及控制措施》。

2)论题型题目

论题型题目只提出了论文要研究的对象，但是并不提示结论，以制造悬念，增加读者对内容及结果的思考。例如,《胶质气体泡沫基泡沫水泥体系》《致密砂岩水平井多段压裂裂缝扩展规律》。

3)导引型题目

对于某些动态性、比较性、展望性的研究论文,题目只作为导引、告诉读者论文的研究目的与方向。例如,《基于人工神经网络的注水开发油藏产量预测》《连续相与分散相驱油体系驱油机理及其性能对比》。

5.2.1.2 期刊论文题目写作要求

期刊论文题目的写作要求主要包括以下3点。

1)简短、精炼,语序正确

题目用词要简短精炼、不宜太长或太短。一般过长的题目中都存在多余的词汇,包括但不限于"调查""研究"以及一些冠词等。例如,《油藏孔隙结构对砾岩油藏聚表二元复合驱提高采收率的影响研究》,因为油藏出现了两次,去掉冗余后,可精炼为《孔隙结构对砾岩油藏聚表二元复合驱提高采收率的影响》。中文题目一般不超过20个汉字,英文题目一般不超过12个单词。

题目像一条标签,忌用冗长的主谓、宾语结构的完整语句,习惯上常用以名词或名词性词组为中心的偏正词组,一般不用动宾结构。例如,《优化管理与快速查询分散存储油气生产动态大数据》应改为《分散存储油气生产动态大数据的优化管理与快速查询》。

另外,对于英语题目,建议尽可能将表达核心内容的主题词放在题目的开头。例如,Kinetic modeling of asphaltene nano - aggregates formation using dynamic light scattering technique.

如果简短的题目不足以显示论文内容或反映属于系列研究的性质,则可加副题目来补充说明特定的实验材料、方法及内容等信息,使题目既充实准确又不流于笼统和一般化,如《聚氧乙烯脂肪胺乳状液性能——不同pH值清洗条件下对硅酸盐岩储集层润湿性、渗透性的影响》。

2)题文相扣,表达准确

题目要准确表达论文的内容和主题,但不要求反映全部内容;要恰当反映研究的范围和深度,与论文内容要互相匹配、紧扣。题要扣文,文也要扣题,切忌模糊不清、题目过大,而应该限定到问题或者所使用的解决方法层面。常见问题是过于笼统,题不扣文。例如,《钻井液承压堵漏材料》可改为《适用于塔中区块碳酸盐岩缝洞型异常高温高压储集层的钻井液承压堵漏材料》。

另外,题目不必主谓齐全,但要避免词不达意,避免使用缩写或专用术语。例如,《ASP formulation development for a HTHS carbonate reservoir》,ASP(三元复合驱)这个词,非采油工程专业的技术人员可能比较陌生,应改为《Alkaline - surfactant - polymer formulation development for a HTHS carbonate reservoir》。慎用夸张的形容词,如novel、breakthrough等,这些词语会让读者感觉有广告销售之嫌。

3）新颖、独特，引人入胜

新颖是指题目与文章的正文内容一样，有一定的创新性，使读者阅读题目时就赏心悦目，从而激起读者的阅读全文的兴趣。

【例5-1】

指出下列论文题目出现的错误之处，并进行修改。

（1）《纳米驱油剂机理》。

（2）《页岩对水化作用微观结构与物性的影响》。

（3）《基于BP神经网络原理的配比设计模型》。

（4）《石英晶体微天平技术对表面活性剂/聚合物二元体系吸附行为的影响》。

（5）《深层裂缝性储集层封堵层结构失稳机理与提高方法》。

【解答】

（1）成分残缺。如果不看正文，谁也不明白是什么机理？研究什么内容？根据具体的研究目标，可改成《纳米驱油剂扩大水驱波及体积机理》。

（2）语法颠倒。主体应该是水化作用，客体应该是页岩，应改为《水化作用对页岩微观结构与物性的影响》。

（3）省略不当。应改为《基于BP神经网络原理的人造岩心配比设计模型》。

（4）介词不当。本意是作者运用这种技术去定量表征吸附行为，而实际上“石英晶体微天平技术”成了主语，不妥当，应改为《利用石英晶体微天平技术定量表征表面活性剂/聚合物二元体系吸附行为》。

（5）搭配不当。“结构”和“提高”搭配不当，该题目可改成《深层裂缝性储集层封堵层结构失稳机理与强化方法》。

5.2.1.3 期刊论文题目写作方法

期刊论文题目的写作方法与步骤，可以参考以下几步。

（1）回答以下问题：论文的研究领域、研究方法、研究内容、结果和结论。

（2）列出上述问题答案中的关键词。

（3）用关键词造句。

（4）修改并简化信息，完成题目撰写。

【例5-2】 中文期刊论文题目撰写步骤

1）回答以下问题

（1）论文的研究领域：纳米流体在低渗油藏中的驱油性能。

（2）研究方法：采用具有一定疏水性的SiO_2纳米颗粒。

（3）研究内容：考察他的稳定性、界面张力及其在岩心中的驱油性能与注入参数优化。

(4)结果和结论：SiO_2纳米流体可以有效提高采收率。

2)列出上述问题答案中的关键词

纳米流体；低渗油藏；驱油性能；疏水性的SiO_2纳米颗粒；稳定性；界面张力；岩心；注入参数优化；提高采收率。

3)用关键词造句

该研究采用疏水性的SiO_2纳米颗粒作为纳米流体研究了其稳定性、界面张力及其在低渗油藏岩心中的驱油性能，注入参数优化结果表明其能有效提高采收率。

4)修改并简化信息

~~本研究采用疏水性的~~SiO_2~~纳米颗粒作为~~纳米流体~~研究了其稳定性、界面张力以及其~~在低渗油藏~~岩心~~中的驱油性能，注入参数优化~~结果表明其能有效提高采收率~~。

5)整理，完成题目撰写

SiO_2纳米流体在低渗透油藏中的驱油性能和注入参数优化。

【例5-3】 英文期刊论文题目撰写步骤

1)回答以下问题

(1)论文的研究领域：This paper studies whether degradable preformed particle gel improves the matrix acidizing performance in carbonate reservoirs.

(2)研究方法：It was an experimental study.

(3)研究内容：I studies the performance of temporary plugging and oil recovery of the degradable preformed particle gel in carbonate cores.

(4)结果和结论：Degradable preformed particle gel can temporarily plug the carbonate core and improve oil recovery.

2)列出上述问题答案中的关键词

degradable preformed particle gel；matrix acidizing；carbonate reservoir；experimental study；temporary plugging；oil recovery；carbonate cores.

3)用关键词造句

This study is an experimental study that investigates whether degradable preformed particle gel can be used to improve the performances of temporary plugging，matrix acidizing，and oil recovery in carbonate reservoir cores；it reports improves these performances. (37 words)

4)修改并简化信息

~~This study is an~~ experimental study ~~that investigates whether~~ degradable preformed particle gel ~~can be used to~~ improve the performances of temporary plugging，matrix acidizing，and oil recovery in carbonate reservoir ~~cores；it reports improves these performances~~.

5)整理，完成题目撰写

Experimental study of degradable preformed particle gel as temporary plugging agent for carbonate reservoir matrix acidizing to improve oil recovery.

5.2.2　作者署名

5.2.2.1　署名的意义与原则

作者署名是期刊论文的必要组成部分。科研工作是一项复杂的脑力活动，除了写作之外，还有选题、问卷制作、调研、访谈、实验等研究活动。论文的写作与发表，多为研究团队集体智慧的结晶，绝非个人单兵作战的结果。署名就是要充分恰当地体现指导人员、调研人员、实验人员、创作人员等科研工作者的不同贡献与责任。

署名表明作者文责自负的承诺，包括承担法律上的责任、科学上的责任、道义上的责任，作者对于论文版权和发明权的声明，作者智力成果的展示、借此获得社会承认与尊重，便于读者的文献检索与利用，便于读者与作者联系交流。

国家标准《科学技术报告、学位论文和学术论文的编写格式》(GB/T 7713—1987)指出，学术论文的作者只限于做出主要贡献，以及参加撰写论文并能对内容负责的人，按其贡献大小排列名次，参加部分工作的合作者及其辅助人员等不列入，但可列入致谢部分或排于脚注。

5.2.2.2　署名方式

署名包括作者姓名及工作单位(机构名)两项。全面、准确地刊登署名信息是对作者著作权及其所属单位权益的保护和尊重。因此，作者一定要重视署名权，以免引起著作权纠纷。

作者姓名的汉语拼音书写时，姓在前，名在后。姓和名的首字母分别大写，如 Li Hua (李华)。外语拼音书写时，名在前，姓在后，如 Hua Li(李华)，或书写成 Li，Hua。多名作者的署名之间应用逗号隔开。工作单位直接书写在作者姓名之下，并应写明全称，以免混淆。单位名称与省市名之间应以逗号隔开，整个信息用括号括起。例如，中国石油大学(北京)，北京 102249(China University of Petroleum，Beijing，Beijing 102249)。

署名应当按照实际贡献的次序排列。值得注意的是，通常认为第一作者和通讯作者是论文的主要贡献者。第一作者主要针对课题进行调研、实验、计算，是原始数据的收集人，是论文初稿的执笔人，一般也是文章贡献最主要的研究人员。通讯作者是研究工作的主要联系人和责任人，是论文的初始设计者、指导者和法定责任人，对研究提供学术思想和经费支持，并对论文的真实性、可行性、创新性负主要责任。如果确实有作者与第一作者或者通讯作者贡献一致，可以专门署以共同第一作者或者共同通讯作者。对论文贡献较少者，可在致谢中表明其贡献。

不同期刊对署名的方法或格式要求不同，但大同小异。例如，《石油勘探与开发》征稿简则指出，多位作者的署名之间应以逗号隔开，不同工作单位的作者，应在姓名右上角加注不同的阿拉伯数字序号，并在其工作单位名称前加与作者姓名序号相同的数字，如图 5－2所示。

石 油 勘 探 与 开 发

2014年12月　PETROLEUM EXPLORATION AND DEVELOPMENT　Vol.41 No.6　717

文章编号：1000-0747(2014)06-0717-06　DOI: 10.11698/PED.2014.06.10

多井缝洞单元水驱见水模式宏观三维物理模拟

侯吉瑞[1,2,3]，李海波[1,2,3]，姜瑜[1,2,3]，罗旻[1,2,3]，郑泽宇[1,2,3]，张丽[1,2,3]，苑登御[1,2,3]

（1. 中国石油大学（北京）提高采收率研究院；2. 中国石油三次采油重点实验室石油大学研究室；3. 中国石油大学（北京）石油工程教育部重点实验室）

基金项目：国家重点基础研究发展计划（973）项目“碳酸盐岩缝洞型油藏提高采收率基础研究”（2011CB201006）；国家科技重大专项“缝洞型碳酸盐岩油藏提高开发效果技术”（2011ZX05014-003）

图5－2　期刊中的作者署名方式(以《石油勘探与开发》期刊为例)

值得注意的是，在实际署名中有时会出现随便挂名、署名顺序不当、名人被挂名及同一成果挂多个基金或项目名称等不规范现象，要坚决杜绝。

5.2.3　摘要

摘要(Abstract)是以提供文献内容梗概为目的，不加评论和补充解释，简明、确切地揭示论文核心学术信息的短文。摘要具有独立性和自主性，能充分反映研究的创新点，拥有论文同等量的主要信息，即便于普通读者在不阅读全文时就能迅速地把握文章主旨、核心内容、主要特色与贡献，便于论文检索。摘要一般分为信息性摘要(Informative abstract)和指示性摘要(Descriptive abstract)，通常要求作者撰写信息性摘要。

书写摘要时，需要采用直述方式、使用第三人称且摘要字数通常不超过300字或论文字数的5%，较长的大概为3%，不需要分段。不同学术期刊对摘要长度有不同的要求，投稿前需要注意。为了国际交流，中文期刊论文应附有外文(多用英文)摘要。

5.2.3.1　信息性摘要撰写方法

信息性摘要是指明文献的主题范围及内容梗概的简明摘要。他是论文的梗概，本质上是一篇高度浓缩的论文，其基本结构与论文的结构是对应的，不能只是简单地对论文正文中的标题加以扩展。信息性摘要主要包括研究目的、研究方法、研究结果及结论认识。

(1)目的(Object)，即研究工作的前提、目的、任务及所涉及的主题范围。

(2)方法(Methods)，即所用的理论、技术、材料、手段、设备、算法、程序等。

(3)结果(Results)，即通过观测或实验结果和数据得到的效果、性能。

(4)结论(Conclusion)，即论文的创新与独到之处。

【例5－4】

《聚丙烯酰胺－Cr^{3+}凝胶的结构与性能关系》——《石油学报(石油加工)》，2014年第30卷第6期.

摘要：延迟交联对油田深部调剖至关重要。利用聚丙烯酰胺与乙酸铬交联剂反应制备延迟交联体系，成胶之后采用 HAAKE RS600 型流变仪、填充砂管驱替实验测定聚丙烯酰胺凝胶的黏弹性、屈服性、触变性及封堵性能，采用环境扫描电镜(ESEM)观察凝胶的微观网络结构，并考察聚丙烯酰胺质量分数的影响。结果表明，聚丙烯酰胺－Cr^{3+}凝胶是一种以弹性为主的剪切变稀型黏弹性体，随着聚丙烯酰胺质量分数的增大，凝胶的黏弹性增强，屈服值、正触变环面积和应力过冲值也增大，且凝胶对多孔介质的封堵性能增强。聚丙烯酰胺质量分数增大，凝胶的微观交联密度增大，网络结构增强，且由孔径较大、稀疏的网络交织增强为孔径较小、密集层状叠加的空间网络结构，表明聚丙烯酰胺凝胶的宏观性能与其微观结构密切相关。

5.2.3.2　指示性摘要撰写方法

指示性摘要是指明文献的论题及取得成果的性质和水平的摘要。通常论文的创新点是指示性摘要中最吸引读者关注的部分，因此，也可以围绕论文的创新点进行指示性摘要的撰写。指示性摘要主要包括以下几个撰写要点。

(1)创新点是什么？明确论文研究的定位所在，要辨清主次轻重，忍痛割爱，不要面面俱到。

(2)创新点是否成立？要明确论证逻辑，核心概念的准确使用并前后一致，论证的论据充分，并且能够支持结论，结论成立的条件充分有效。

(3)为什么要提出这个创新点？指出论文明确的价值所在，能够解释或者解决的主要问题。要注意选择适当的参照，即使用同类研究中的代表性文献来衬托自己研究工作的新意所在。

【例 5－5】

《局部网格加密与嵌入式离散裂缝模型耦合预测压裂改造井产能》——《石油勘探与开发》，2020 年第 47 卷第 2 期.

摘要：针对利用现有嵌入式离散裂缝方法(EDFM)预测压裂井产能存在不支持角点网格、近井地带精度低、未考虑铺砂浓度不均匀带来的导流能力非均质性等问题，设计了一种角点网格下的 EDFM，可实现嵌入式裂缝与基质网格之间传导率的高效计算，同时利用人工裂缝开度点阵数据计算嵌入式裂缝各裂缝片的渗透率，在此基础上提出一种局部网格加密与嵌入式离散裂缝模型耦合求解预测压裂改造井产能的方法。通过与离散裂缝模型(DFN)方法计算结果对比和对中东伊拉克第一口加砂压裂井实际生产数据的拟合，验证了方法的有效性。采用该方法，结合正交设计完成了同区块首口分段压裂水平井改造参数的优化设计与工艺参数优化。研究表明提出的方法对提高 EDFM 方法适应性及产能预测精度具有理论意义且实用性强，实现了油藏尺度下的裂缝模拟与产能数值模拟的耦合衔接。

【评析】

(1)创新点主体(创新点是什么?)。针对利用现有嵌入式离散裂缝方法(EDFM)预测压裂井产能存在不支持角点网格、近井地带精度低、未考虑铺砂浓度不均匀带来的导流能力非均质性等问题，设计了一种角点网格下的EDFM，可实现嵌入式裂缝与基质网格之间传导率的高效计算，同时利用人工裂缝开度点阵数据计算嵌入式裂缝各裂缝片的渗透率，在此基础上提出一种局部网格加密与嵌入式离散裂缝模型耦合求解预测压裂改造井产能的方法。

(2)创新点论证(创新点是否成立?)。通过与离散裂缝模型(DFN)方法计算结果对比和对中东伊拉克第一口加砂压裂井实际生产数据的拟合，验证了方法的有效性。采用该方法，结合正交设计完成了同区块首口分段压裂水平井改造参数的优化设计与工艺参数优化。

(3)研究结果(为何提出创新点?)。研究表明提出的方法对提高EDFM方法适应性及产能预测精度具有理论意义且实用性强，实现了油藏尺度下的裂缝模拟与产能数值模拟的耦合衔接。

5.2.3.3 摘要撰写注意事项

撰写摘要非常严格，需要注意以下几点。

(1)通常采用第三人称，引导性、支持性、解释性、过渡性的词句要尽量少。尽量使用指示性的词语来表达论文的不同部分(层次)，如使用“研究表明…”表示结果，使用“通过对…的分析，认为…”表示讨论等，使用无主句式。

(2)不应出现或者应尽量少出现的内容具体包括：研究历史回顾、文献综述、概念和名词解释、不规范化的名词术语、数学公式、化学式、化学符号、化学结构式、角标、希腊字母、图表和文献索引、缩写等。

(3)摘要不能写成目录式结构，切忌罗列段落标题来代替摘要。目录是告诉读者论文的内容，便于总览和查阅，而摘要是告诉读者论文做出的具体贡献。如果摘要中按照章节顺序介绍具体内容，那就成为对目录的解释了。

(4)摘要一定要指明研究成果，只说“做了什么”或者“研究了什么”，不说“做出了什么”或者“研究出了什么”，一字之差，意思相距甚远。前者充其量只表明了作者的研究工作量和工作态度，后者才是作者真知灼见的体现。

(5)对于论文的价值描述应该采用陈述而非评述方式，无论摘要还是正文都要避免“销售论调”(Scales pitch)，如“本文有重大的理论与实用价值”“本文分析中肯”“本文无疑做出了重要贡献”“本文首先提出了”“本文独创性地提出了”等，应该用学术语言表述创新点及其背景，让评阅人员和读者自己评判其价值。

(6)撰写英文摘要时，句子结构严谨完整，尽量用短句子。注意冠词用法，分清“a”是泛指，“the”是专指。词语要纯朴无华，不用过度修饰的文学性描述手法。

5.2.4 关键词

关键词(Key words)是为了满足文献标引或计算机检索及国际网络检索工作的需要，而从论文题目、摘要、小标题和结论中提炼出来的、能够反映论文主题内容信息的词或词组，属于主题词中的一类。关键词选用是否得当，关系到文献被检索的概率和成果的利用率。关键词通常为名词或名词性词组，不能是单个字或者长句，位于摘要之后，一般 3 ~ 5 个。英文关键词应与中文关键词一致。

【例 5 –6】

试通过以下论文信息，给出合适的关键词。

《三元复合驱靶向输送提高采收率技术》——2018 年第 45 卷第 2 期.

摘要：针对三元复合驱在注入井近井地带的损耗问题，提出了将高压水射流钻超短半径径向水平井与三元复合驱相结合的靶向输送提高采收率技术，利用水平井作为"靶向通道"，将三元复合体系直接输送至剩余油富集区，避免了三元复合体系在注入井近井地带的损耗。平板均质模型室内实验与数值模拟参数优化研究证实，该技术可显著扩大波及效率，改善驱油效果，大幅度提高原油采收率；靶向输送技术最佳驱替参数组合为：直角靶向输送，通道长度约为井距的 15%，三元复合体系段塞注入量为 0. 4PV(孔隙体积)；三元复合驱靶向输送技术在合理参数下，相对于水驱可提高采收率 48. 87%，相对于常规三元复合驱可提高采收率 22. 04%。靶向输送技术解决了三元复合驱近井地带化学剂的高损耗问题，同时弥补了三元复合驱成本高、应用受限的缺陷，具有广阔的应用前景。

【解答】

关键词：三元复合驱；靶向输送；平板模型；参数优化；提高采收率

5. 2. 5　引言

论文的引言(Introduction)部分主要回答研究该(论文涉及)课题的原因。因此，引言要围绕原因展开，通常需要 1 ~ 4 页的篇幅。基本内容应包括研究背景、研究课题、国内外研究现状与存在的问题和研究可行性等，如图 5 –3 所示。由于引言部分位于论文正文的第一部分，是吸引读者阅读全文的关键。

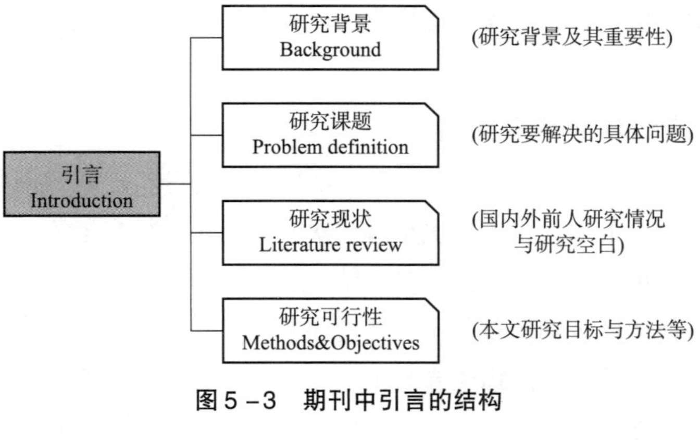

图 5 –3　期刊中引言的结构

1) 研究背景

言简意赅地介绍文章撰写的工程背景和研究背景等，解释研究目的。值得注意的是，研究背景可以是大领域和大科学，逐渐浓缩为论文所研究的关键性问题，但不与研究课题关联。

2)研究课题

开始与研究课题进行联系，最后聚焦到论文研究要解决的问题。

3)研究现状

通常先介绍范围较宽泛的一般性事实，为说明研究工作与过去工作的关系，需要回顾国内外研究历史(文献回顾或文献综述)，并对研究情况横向比较，写明前人在本课题相关领域所做的工作及存在的空白或不足。最后，引出论文所研究课题研究方向和具有挑战性的问题。研究现状在撰写时要条理分明，逻辑性强，不落俗套，可以分类介绍。

4)研究可行性

将作者的研究任务具体化，介绍文章的结构、研究方法、手段和意义等，依次证明本文的科研可行性，能够达到预期目标。

对篇幅较长、结构复杂的论文，其引言的结尾部分还应有简略说明研究的主要结论认识以及论文构架的内容。

引言写作时还需要注意以下几点原则：①按写作要求和内容逐渐展开，不要将引言写成摘要的注释，不讨论、不重复摘要内容。②要慎重而有留有余地地叙述前人工作的欠缺及自己研究的创新，一般不用评价式的用语，避免使用“首次提出”“重大发现”等表述。③研究背景应该准确、简洁，不宜过于分散和琐碎。④应引用最相关且重要的文献以指引读者，力戒刻意回避引用最重要的相关文献。⑤避免不恰当地大量引用作者本人文献。⑥解释或定义专门术语或缩写词，以帮助编辑、审稿人和读者阅读与理解。⑦文献综述不是简单罗列前人的研究方法与结果，是为了发现问题和研究空白要有逻辑性，要前呼后应。因此，前人的文献讨论要与研究问题紧密结合。

5.2.6 正文

正文部分针对科学问题，采用各种论证手段，条理清晰、逻辑正确地得到创新点，使读者信服文章解决了问题。正文需要有详细的研究方法，并对研究结果进行深入分析，且明确阐述研究结论。

5.2.6.1 正文的总体结构

正文部分主要包括研究方法与原理介绍、实验结果与分析、研究问题讨论等内容。正文写作过程中，不论小节层次，还是次小节层次，都应该遵循自上而下的细化方法。这种金字塔式的细化方法也应该体现论文的总体结构层次。即创建高层次的小节，用以描述高层次的思想，然后使用低级别的章节层次结构描述更多的技术细节。

研究方法与原理介绍部分的描述要与论文的研究内容相关，不同的研究内容可能涉及不同的研究方法，要逐一列举出，研究变量可以通过表格或逻辑图的形式进行展示。对于实验性论文，研究方法部分主要包括实验设备、样品和材料(制备)、实验过程、实验结果整理方法、误差分析方法等。对于数值模拟性论文，研究方法部分主要包括模拟系统/部件、假设条件、数学模型、数值方法、结果整理、校验及误差分析等。对于调研性论文，研究方法部分主要包括调查设计、访谈对象、问卷形式、样本收集、整理和剔除、统计方法等。

每个段落都应该有一个中心论点，称为中心句或主题句，通常段落以此为起始句，之后围绕这一中心论点进行更加细致的阐释。

5.2.6.2　正文的主要构成

正文通常由文字、插图、表格、公式等组成。

(1)文字是系统地表述学术立场和观点的主要形式，主要是以专业化的语言流畅地呈现作者的学术思想。

(2)插图则可以直观、有效地表达复杂数据，如果要强调展示数据的分布特征或变化趋势，则采用图示方法。

(3)表格可以很方便地大量列举数据或资料，如果强调展示给读者精确的数值，就可以发挥这一优势，采用表格形式。

正文在书写时要充分发挥各自的优势，即从各种证据从不同角度支撑研究在结论与认识上的创新：①使用文字搭建主体框架，并且丰富内容。②用表格精准地呈现数据。③使用插图科学展示数据分布特征或变化趋势。④结合文字精辟归纳数据之间的逻辑和规律。

有关插图和表格的详细制作方法分别在第4.2节和第4.3节中进行了详细介绍，此处不再赘述。值得注意的是，不同期刊对插图和表格的格式要求各不相同，投稿前应先详细阅读征稿简则。

5.2.7　结论

结论可以是中心思想的重申、研究结果或主要观点的归纳，也可以是某些启示性的解释或考虑，以及在研究结果基础上所进行的预测等，主要包含以下几个方面。

(1)该研究的新发现、规律性认识，解决的理论与实际问题，以及适用范围。

(2)研究的创新点，研究工作与他人已有研究成果的异同。

(3)研究的局限性、不足之处或遗留问题。

(4)可能的应用前景和进一步深入的研究方向。

结论写作时还需要注意以下几点问题：①不应涉及研究中不曾指出的新事实或者通过推论得到的结论。②与摘要大幅度重复。③结论未分条款，大段文字描述，不精简。④部分重要结果未列入结论。

5.2.8　致谢

致谢用来对致谢对象表达道义的感谢，也是尊重致谢对象贡献的标志。致谢主要内容有：感谢个人或组织在研究工作或论文写作中的帮助；感谢论文研究工作的资助项目、协议或奖学金，附上资助项目名称及编号。值得注意的是，致谢某人可能暗含着某人赞同论文的观点或结论，投稿前应请所有被致谢的对象阅读论文的定稿，以获得允许或默认。

5.2.9 参考文献

参考文献是指为撰写论文而引用前人(包括作者自己)已发表的有关文献，是期刊论文不可缺少的重要组成部分。

按规定，在期刊论文中，凡是引用前人或他人(包括本人)已发表的文献中的观点、数据和材料等，都要在引用处予以标明，并在文末(结论之后，如有致谢，则在致谢之后)列出参考文献表，称为参考文献的著录。

参考文献在文中标注一般有两种形式，即上标序号(国内较常见)和作者和年份(国外较常用)。

【例 5-7】

《碱对聚丙烯酰胺的分子形态及其流变性的影响》——《物理化学学报》，2003 年第 19 卷第 3 期.

1)“上标序号”文中标注法

碱(A)、活性剂(S)、聚合物(P)构成三元复合驱油体系(ASP)。许多研究证明[1]，碱与活性剂的协同效应，可使油/水界面张力降到超低(10^{-3}mN · m^{-1}数量级)。但是，由于许多活性剂形成超低界面张力要求较高的碱浓度范围，如大庆油田应用的烷基苯磺酸钠等阴离子表面活性剂，要求 NaOH 浓度为 0.8% ~1.4%(质量分数，下同)。在如此高的碱浓度下，不仅地层的矿物结构要被溶蚀，产生严重的碱垢[2]，且由于聚合物与碱的不相容性，决定了碱将极大地降低 ASP 溶液的表观黏度，波及体积也随之降低，不利于提高非均质油层采收率。

2)“作者和年份”标注法

碱(A)、活性剂(S)、聚合物(P)构成三元复合驱油体系(ASP)。许多研究证明，碱与活性剂的协同效应，可使油/水界面张力降到超低(10^{-3}mN · m^{-1}数量级)(韩冬和沈平平，2001)。但是，由于许多活性剂形成超低界面张力要求较高的碱浓度范围，如大庆油田应用的烷基苯磺酸钠等阴离子表面活性剂，要求 NaOH 浓度为 0.8% ~1.4%。在如此高的碱浓度下，不仅地层的矿物结构要被溶蚀，产生严重的碱垢(薛家锋，2001)，且由于聚合物与碱的不相容性，决定了碱将极大地降低 ASP 溶液的表观黏度，波及体积也随之降低，不利于提高非均质油层采收率。

5.2.9.1 参考文献著录的作用

参考文献著录具有以下作用。

(1)提供真实科学依据，表明广度和深度，著录参考文献能够论证作者的观点，反映出作者严肃的科学态度，并为论文提供了真实、广泛的科学依据，所著录的参考文献数量多少以及发表时间，就能衡量该期刊论文研究的广度与深度。

(2)分清研究成果的归属，尊重前人的科研成果。

(3)节省论文篇幅，避免资料堆积，适当引用参考文献，可避免过多介绍他人工作中已有的方法、结果和结论，避免一般性表述和资料堆积。

(4)指明引用资料出处，便于读者查找，达到资源共享。

5.2.9.2　参考文献的主要类型

表5-1给出了参考文献的主要类型，有关这些文献的基本概念、检索方法与工具以及管理工具已经在第1章中进行了详细介绍，此处不再赘述。

表5-1　参考文献的常见类型及其标识

参考文献类型	专著	期刊论文	会议论文集	学位论文	标准	专利	电子公告	***
文献类型标识	M	J	C	D	S	P	E/OL	***

5.2.9.3　参考文献著录的原则

参考文献著录应遵循以下原则。

(1)只著录必要的、与论文密切相关的、最新发表的、亲自阅读过的文献，适量引用高水平的综述性论文(以概括一系列的相关文献)。

(2)一般只著录已公开发表且便于检索的文献，即同等条件下应优先引用权威核心期刊上发表的论文。

(3)一般不引用专利和教材等。

(4)确保文献各著录项准确无误，数量前后照应、逐一对应。

(5)采用相应期刊标准化的著录格式。各个期刊都有各自的规定，可在投稿前看相关期刊的文献著录格式。

(6)要尊重引文的作者。评论他人研究的不足或欠缺时，绝不可以说“Smith(1997) totally overlooked…”或“Smith(1997) ignored…”，应将这种表达转化为“Smith(1997) did not study…”。

(7)避免非必要地、过多引用自己或他人的文献。

(8)参考的文献数量一般不少于15篇，近5年国内外新文献不低于三分之一，外文文献一般不少于5篇。

5.3　英文期刊论文写作方法

5.3.1　写作顺序

图5-4给出了英文期刊论文的一般框架，主要包括扉页、正文以及文末3个部分。根据经验，英文期刊论文的写作顺序如下。

(1)阅读与分析文献。先从实验室近3年来发表的论文入手，掌握论文的组成与格式，撰写方法，领域前沿与国内外研究现状。

(2)撰写 Results(结果)部分。结果部分需要根据前期研究按照逻辑梳理结果，这部分也是论文的核心。

(3)撰写 Materials and methods(材料与方法)部分。实验方法要与实验结果部分相对应，不能有多余，也不能有遗漏。

(4)撰写 Introduction(引言)部分。论文主题部分撰写完后，此时对论文的研究意义心中有数了，按照前言部分的四要素进行撰写。

(5)撰写 Discussion(讨论)部分。讨论部分应该与前言部分相衔接，结合文献讨论研究结果对现有文献的贡献。此部分有时可以与 Results(结果)部分合并撰写。

(6)撰写 Conclusion(结论)和 Abstract(摘要)部分。根据撰写好的论文主体，可以按照结论的写作要点和摘要四要素进行撰写。

(7)撰写 Title(题目)。根据论文主体，撰写简练醒目、引人入胜的题目。

(8)反复修改论文内容和语法与语言等。

(9)确定合适期刊，根据期刊投稿说明(Guides for authors)整理文献和其他论文格式(如摘要等)。

(10)撰写 Cover letter(投稿信)。

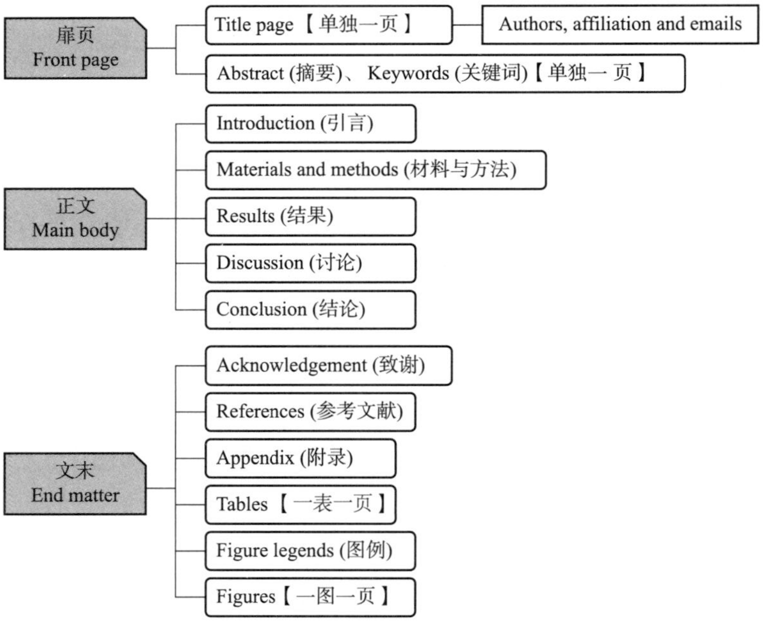

图 5－4　英文期刊论文的框架

5.3.2　写作技巧

5.3.2.1　Abstract & Keywords(摘要与关键词)

Abstract(摘要)是独立于论文正文之外的一个单独完整的文字。摘要是论文的简本，即论文重要部分的浓缩。他能让审稿人或读者在不阅读全文时就能初步了解作者的科研成果与创新之处。因此，摘要主要包括研究目的(研究背景)、研究方法、研究结果和研究结论 4 个部分。

【例 5 –8】

以 Enhanced Recovery of Nanoconfined Oil in Tight Rocks Using Lean Gas(C_2H_6 and CO_2) Injection(SPE – 195272 – PA) 为例。

[**Abstract**]

[**研究目的**]Organic matters in source rocks store oil in significantly larger volume than that based on its pore volume(PV) due to so – called nanoconfinement effects. With pressure depletion and production, however, oil recovery is characteristically low because of the low compressibility of the fluid and amplified interaction with pore surface in the nanoporous material. For the additional recovery, CO_2 injection has been widely adopted in shale gas and tight oil recovery over the last decades. But its supply and corrosion are often pointed out as drawbacks. [**研究方法**]In this study, we propose ethane injection as an alternative enhanced oil recovery(EOR) strategy for more productive oil production from tight unconventional reservoirs. Monte Carlo(MC) molecular simulation is used to reconstruct molecular configuration in pores under reservoir conditions. Further, molecular dynamics(MD) simulation provides the basis for understanding the recovery mechanism of in – situ fluids. These enable us to estimate thermodynamic recovery and the free energy associated with dissolution of injected gas. [**研究结果**]Primary oil recovery is typically below 15%, indicating that pressure depletion and fluid expansion are no longer effective recovery mechanisms. Ethane injection shows 5% to 20% higher recovery enhancement than CO_2 injection. The superior performance is more pronounced, especially in nanopores, because oil in the smaller pores is richer in heavy components compared to the bulk fluids, and ethane molecules are more effective in displacing the heavy hydrocarbons. [**研究结论**]Analysis of the dissolution free energy confirms that introducing ethane into reservoirs is more favored and requires less energy for the enhanced recovery.

【例 5 –9】

以 Surfactant – Aided Low – Salinity Waterflooding for Low – Temperature Carbonate Reservoirs(SPE –201754 – PA) 为例。

[**Abstract**]

[**研究目的**]Carbonate reservoirs tend to be oil – wet/mixed – wet and heterogeneous because of mineralogy and diagenesis. The objective of this study is to improve oil recovery in low – temperature dolomite reservoirs using low – salinity and surfactant – aided spontaneous imbibition. [**研究方法**]The low – salinity brine composition was optimized using ζ – potential measurements, contact – angle(CA) experiments, and a novel wettability – alteration measure. Significant wettability alteration was observed on dolomite rocks at a salinity of 2500 ppm(1ppm $=10^{-6}$). We evaluated 37 surfactants by performing CA, interfacial – tension(IFT), and spontaneous – imbibition experiments. [**研究结果**]Three(quaternary ammonium)cationic and one(sulfonate)anionic surfactants showed significant wettability alteration and produced 43% ~63% of original oil in place (OOIP)by spontaneous imbibition. At a low temperature(35℃), oil recovery by low – salinity effect is small compared with that by wettability – altering surfactants. Coreflood tests were performed with a selected low – salinity cationic surfactant solution. A novel coreflood was proposed that modeled heterogeneity and dynamic imbibition into low – permeability regions. The results of the "heterogeneous" coreflood were consistent with that of spontaneous – imbibition tests. [**研究结论**]These experiments demonstrated that a combination of low – salinity brine and surfactants can make originally oil – wet dolomite rocks more water – wet and improve oil recovery from regions bypassed by waterflood at a low temperature of 35℃.

Abstract & Keywords(摘要和关键词)写作时的注意事项。

(1)独占1页，最常见的是一段式。

(2)在稿件主体完成后，再写摘要(Abstract)。

(3)简练，字数不要太多，投稿前需要满足期刊要求。

(4)关键词(Keywords)通常3~5个。

(5)检查语法错误。

5.3.2.2 Introduction(前言)

Introduction(前言)部分主要简要介绍研究的目的与意义，主要包括以下4个方面的内容：研究背景、研究课题、国内外研究现状与存在的问题及研究可行性。

【例5-10】

以Evaluation of Terpolymer Gel Systems Crosslinked by Polyethylenimine for Conformance Improvement in High – temperature Reservoirs(SPE – 194004 – PA)为例。

[**Introduction**]

[**研究背景**] With broad applications of waterflooding for enhanced oil recovery(EOR)for decades, many mature oil fields have been faced with severe challenges of conformance problems and low oil recovery(Sydansk and Southwell 2000). A conformance problem not only increases the operation cost of subsequent water disposal, but also damages production facilities(Sydansk and Seright 2007; Sydansk and Romero – Zerón 2011). Therefore, conformance improvement, a technique to block the already well – swept layers to mobilize pockets of unswept oil or gas, has become an increasingly important objective in mature oil fields all over the world(Seright et al. 2001; Bai et al. 2015).

Polymer – gel systems are fluid – based systems that can form continuous 3D solid – like structures in the formation(Hardy et al. 1998; Alqam et al. 2001; Okasha et al. 2001; Zitha et al. 2002; Terry et al. 2017; Zhu et al. 2017). Inorganic crosslinkers, such as chromium(Cr^{3+}) and zirconium(Zr^{4+}), can crosslink with the carboxyl group(—COOH) of the polymer chain by forming an ionic bond. However, the GT is usually too short(<2 hours) when the temperature rises to more than 90℃ (Moradi - Araghi 2000). In contrast, organic crosslinkers, such as the phenol - formaldehyde system, can react with the amide group(—$CONH_2$) of the polymer chain by the generation of covalent bonds, which makes it possible for thermally stable gels to be formed at high temperatures. For example, Moradi - Araghi et al. (1993) reported a stable polymer gel crosslinked by the phenol - formaldehyde crosslinker system, which could maintain stability at 149℃ for more than 9 months. However, because of current environmental and safety needs of global oilfield development, the crosslinker systems composed by phenol and formaldehyde have been limited in many oil fields because of phenol toxicity, especially the carcinogenic character of formaldehyde. Many studies have reported replacing phenol and formaldehyde with lower - toxicity chemicals(e. g. hexamethylenetetramine, catechol, resorcinol, and hydroquinone) that can generate phenol and formaldehyde in situ, or are themselves active components of the crosslinker systems, thereby forming stable gel systems at high temperatures (Moradi - Araghi 1999; Zhu et al. 2017). However, the toxicity of these chemicals is still considerable(Table 1), and the application of these crosslinkers has been restricted in some oil fields(Bai et al. 2015).

[研究课题] In recent years, a less - toxic crosslinker, PEI, has been systematically studied and applied worldwide. PEI is an alkyleneimide - based polymer, which is low in toxicity and can be used as a food - accessible substance in the US(Reddy et al. 2005). Although PEI is targeted for phaseout from the Norwegian section and replaced by chitosan(Reddy et al. 2003), it is still widely studied worldwide, as shown in Table 2. The amide groups(—$CONH_2$) on the polymer molecular backbone have an excellent crosslinking reactivity and can react with PEI. Polymer gels formulated with a combination of 1. 5wt% hydrolyzed polyacrylamide(HPAM)(8 million daltons) and an added 0. 3wt% to 0. 8wt% PEI(20000 daltons) provided a GT of 15 hours to 9 days at 40℃, which is longer than that of the polymer - gel systems crosslinked by chromium acetate under the same condition. In addition, the maximum gel strength could reach Code I (Jia et al. 2010). Jia et al. (2012) also reported another gel system composed of HPAM with a higher polymer molecular weight(12 million daltons), and the GT was 18 to 72 hours at 65℃. Therefore, different types of PEI should have different molecular weights, and their activities among the amino group during the crosslinking process are different; though, the effect of different molecular weights on gelation performance has not been reported yet. Fig. 1 shows the molecular structure of PEI and n represents the degree of PEI polymerization.

[研究现状] However, if the temperature reaches higher than 80C, the molecular chain of

HPAM can be easily irreversibly destroyed when it propagates through the pore throats; moreover, HPAM – based gels are easily broken down because of the thermal degradation of HPAM chains (Seright et al. 2010). Therefore, several polymers with antitemperature functional groups have been applied to be crosslinked with PEI to form in – situ polymer gels. A polymer – gel system composed of 0. 35wt% hydrophobically associating polymer(HAP) and 0. 6wt% PEI(12000 daltons) was developed for conformance improvement at 80℃. The GT was 49 hours, and the gel was able to maintain thermal stability after aging for 13 days(Bai et al. 2015). To further apply PEI into conformance – improvement technology with a temperature higher than 100℃, different types of copolymers have been reported to form polymer gels. They include the bipolymer PAtBA synthesized from acrylamide (AM) and tert – butyl acrylate (tBA) (Morgan et al. 1998; Hardy et al. 1999; Vasquez et al. 2005; Al – Muntasheri et al. 2007), the bipolymer P(AM/AMPS) synthesized from AM and acrylamido – 2 – methylpropane sulfonic acid(AMPS) monomers(Vasquez et al. 2003), as well as the terpolymer synthesized from AM, AMPS, and N, N – dimethyl acrylamide monomers(Vasquez et al. 2005), as shown in Table 2. Among these polymers, PAtBA is the most popular one and has been reported in many kinds of literature. The GT was 3. 9 hours, and the plateau – storage modulus(G_e) reached 700 Pa and maintained stability at 250 Pa after aging at 150℃ for 30 days(Al – Muntasheri et al. 2007). Moreover, this PAtBA/PEI gel system had been applied in more than 450 field jobs worldwide with favorable efficiency to manage conformance problems. El – Karsani et al. (2015) found that polyacrylamide(PAM) can be used instead of PAtBA and is more cost – effective. However, the GT of the PAM gel system was fewer than 40 minutes at 150℃. In addition, when PAtBA was replaced by copolymers and terpolymers, bulk gels were able to be formed at 176. 7 and 162℃, respectively. However, their GTs were 2 to 2. 5 and 4 hours, respectively(Vasquez et al. 2003, 2005), which is usually limited to shallow wellbore areas and might be too short for long – distance pumping because many high – temperature formations have great depth. In addition, few long – term thermal – stability data of these polymer gels were provided. Moreover, the main drawback to this system is the higher – polymer – concentration requirement(7wt%), as shown in Table 2. Therefore, the operation cost of conformance improvement would be too high.

In our previous studies, polymer – gel systems consisting of relatively low concentrations (0. 6wt% to 1. 2wt%) of the terpolymer P(AM/AMPS/NVP) synthesized by AM, AMPS, and N – vinylpyrrolidone(NVP) were successfully developed. The in – situ crosslinked terpolymer – gel systems composed of resorcinol and hexamethylenetetramine (HMTA) as the organic crosslinkers are now able to maintain thermal stability at 150℃ for more than 5 months(Zhu et al. 2017). Therefore, to further expand the application of high – temperature terpolymer – gel systems for conformance improvement and to reduce environmental hazards and chemical cost, the terpolymer

P(AM/AMPS/NVP) was also used as the main component of gel systems in this paper. Together with the PEI crosslinker, the authors developed a low – toxicity and relatively low – cost terpolymer – gel system for conformance improvement in high – temperature reservoirs. At the burial depth for high – temperature reservoirs, the GT should be more than 4 to 6 hours for matrix plugging and more than 2 to 4 hours for fracture plugging in case the bulk gel might not form in the wellbore.

[研究可行性] This paper presents a systematic study of a terpolymer – gel system formed by PEI at high temperatures(150℃). The first step was a screening of PEI with different molecular weights. Then, the effects of the terpolymer and crosslinker concentrations on gel performance (GT, long – time thermal stability, viscosity of bulk gel, storage modulus G', and loss modulus G'') were analyzed. The research was also performed to determine the effects of different temperatures and inorganic – salt concentrations. Thermal – stability tests of the bulk gel system were conducted in ampules. A scanning electron microscope(SEM) was also used for further observation of microstructures in the gel system. The results of all these studies culminated in a better understanding of the gelation mechanism of the gel system when the gels are made up of terpolymer and PEI. The final research analysis stage used this new information to recommend more – effective conformance improvement in high – temperature oil fields.

Introduction(前言)写作时的注意事项。

(1)需要广泛的文献知识，每个阐述都要有文献来源。

(2)文献要与论文研究内容有关，最好有10～20篇与课题密切相关的(可普遍获得的)文献。

(3)近3年文献最好高于50%，突出该研究是热点问题。

(4)实验结果分析完成后，再写Introduction(前言)，以达到前后对应、连贯一致的目的。

(5)Introduction(前言)前几句要使用题目中的关键词，能直接进入研究主题。

5.3.2.3 Materials and Methods(材料与方法)

实验部分(Experimental Section)的目的是让读者根据描述能够重复出实验结果。因此，该部分的写作应尽量详细、具体，不要让读者去猜，但不能过于冗长。例如，行业内熟知的实验方法可以引用参考文献，不需详细描述。如果研究方法比较特殊，甚至在方法上有创新，那么方法的描述应该详细具体，如列出数据的整理方法、实验的具体步骤、结果的处理分析方法等。不要过多地讨论研究方法的机理，而应该注重研究方法与研究目的之间的相关性解释。

可以通过换位思考去考量、检验实验部分写的好坏，即按照所描述的实验方法，是否能够重复得到同样的研究结果。Materials and Methods(实验材料与方法)部分应与Results(实验结果)部分相对应，即所有实验结果都应该有对应的实验方法介绍。在撰写研究方法时，可以考虑在每一个段落的第一句话明确给出这一段落的主要内容，也可以考虑用子标题。

【例 5 – 11】

以 Evaluation of Terpolymer Gel Systems Crosslinked by Polyethylenimine for Conformance Improvement in High – temperature Reservoirs(SPE – 194004 – PA)为例。

[**Experimental Studies**]

Materials. This study's terpolymer gel system consisted of a terpolymer(ZP – 4) cross – linked with PEI at different molecular weights and thiourea used as the heat stabilizer. The terpolymer (ZP – 4) was the primary component of the gel system and was synthesized from three monomers, AM, AMPS, and NVP, as shown in Figure 2. Its average molecular weight was 3 ~ 5 MDa; its degree of hydrolysis was 15% ~ 20%. All PEI samples were received in liquid form and used without further purification. The PEI properties with different molecular weights, 1.8, 3, 10 and 70 kDa, are shown in Table 3. The active contents of the four PEI aqueous solutions were 99%, 50%, 99% and 50%, respectively. Sodium chloride (NaCl), sodium carbonate (Na_2CO_3) and thiourea were ACS grade chemicals. Deionized water was used in all experiments.

Preparation of Gelant. Terpolymer stock solutions with a concentration of 2% were prepared in deionized water at room temperature. The gelant consisted of 0.2% ~ 1.2% terpolymer, 0.3% ~ 1.5% PEI, 0.1% Na_2CO_3, and 0.05% thiourea, which was stirred vigorously for 10 minutes with a magnetic stirrer. Then, approximately 30mL of the gelant solution was slowly loaded into thick – walled ampules. The neck of each ampule was sealed after vacuum(– 0.1MPa) had been established for 2 hours(Zhu et al. 2017). Finally, gelation reactions were initiated when the gelant solutions were aged in an oven at 150℃. To examine the effect of inorganic salts on the gelation time and the gel strength, a predetermined amount of NaCl or Na_2CO_3 was added into the gelant solutions. The effect of temperature on gelation time was examined by changing the experimental temperature from 50 to 160℃.

Materials and Methods(实验材料与方法)写作时的注意事项。

(1)先写 Results(实验结果)部分，再写 Materials and Methods(实验材料与方法)部分。

(2)可以考虑用小标题来组织实验部分，顺序合理。

(3)使用过去时态，以第三人称和被动句为主，偶尔使用第一人称。

(4)实验部分应尽可能定量描述，如温度、时间、浓度等。

(5)实验条件要具体，如试剂纯度、溶液浓度、仪器型号、设备厂家等，以保证读者可以重复研究过程，并能得到同样结果。

(6)数据的收集、处理与分析方法需注明，并符合研究规范。

(7)实验步骤按照顺序进行描述，尽量少使用“Then，after”等。

(8)写清在很多研究方法中选择论文所用方法的理由。

(9)需要说明研究方法的局限性。

(10)研究方法是一种“工具”，避免只用了“高大上”方法，却而没有说明此方法比现有的方法的优越性。

5.3.2.4　Results and Discussion(结果与讨论)

Results(结果)部分主要通过图表和其他图片方式展示并使用文字客观地讲述实验结果，不包括作者主观的解释和讨论。Discussion(讨论)是对客观结果的主观分析，解释和讨论。有些期刊允许将结果和讨论放在一起以便讨论结果的意义。

在撰写论文的 Results(结果)部分时需要注意以下几点。

(1)论文写作时应该首先从 Results(结果)部分着手写起。

(2)Results(结果)部分写作前应该根据主要结果的数据特点，将数据制作成 Table(表)和 Figure(图)。这些图和表将作为每个段落的核心，文字论述围绕这些数据来组织。图和表的数量不要太多，能用文字描述的尽量避免使用表格。图和表不要重复使用相同的数据。不要堆砌数据，结果不是原始数据和结果的简单堆积，而应该经过整理之后的数据。

(3)Results(结果)部分通常要分段，小标题写作，每个小标题下又可细分为若干个小段落。小标题的拟定可以依据研究的目的(研究问题)或研究方法。

(4)在写作 Results(结果)部分之前还应参考同类型的文献，学习相关文献的数据和实验结果的分析方式。

(5)在写作 Results(结果)部分时应使用过去时态，用词要准确。

(6)方程式居中，且在右侧要有一个编号。

(7)Results(结果)的每个段落前通常用“为了 ***，而做 *** 实验”等作为开头，以研究问题或目的来引出后面的结果。如果数据(图和表)太多，可以分段描述，描述完后应尽可能作小结。不要使用模糊性或不确定性文字，如“似乎比...... 更大或更小”。Results(结果)部分还应该包含与最初设想没有预料的结果，即便是负面结果。

(8)Results(结果)部分不要包括与发现或研究结果无关的信息，也不要包括作者对结果的主观解释(应该出现在后面的讨论中)。

如果将论文的结果部分比喻成艺术品，那 Discussion(讨论)就是作者对艺术品的讲解。通过讨论部分，可以清晰表述出科研成果和理论的重要性、意义、应用、缺陷等，以达到交流的目的。讨论部分单独写作时要与 Introduction(前言)紧密相关。Discussion(讨论)部分主要包括：研究结果的创新点或新颖发现、与已发表成果的不同或对已有成果的补充、研究成果的意义和应用价值、有待改进的地方和未来研究方向。

在撰写论文的 Discussion(讨论)部分时需要注意以下几点。

(1)讨论时采用主动句，通常采用第一人称。

(2)讨论时要先按照实验结果的逻辑顺序，不能新增新的实验数据或结果。结果的所有内容都应该讨论分析，否则未被讨论的结果和内容应该是无关紧要的，应该去掉。

(3)Discussion(讨论)部分不能只是罗列结果而不加讨论。

(4)论述研究结果对课题研究的认识和意义时，需要引用充分且准确的文献结果来支撑。

(5)可以讨论研究结果与他人或自己前期已发表文献的相同和不同之处。

(6)最后应该简要展望新的研究问题或遐想。

5.3.2.5 Conclusions & Acknowledgements(结论 & 致谢)

Conclusions(结论)部分是论文正文当中的最后一部分，是论文工作的总结。因此，在论文结论中，不需要再重复论文背景、方法等内容，但要把结果和讨论(即新颖性和意义等)用“1.”“2.”“3.”等序号进行罗列。但是，英文论文中的 Results(结果)和 Conclusions(结论)区分很明确。虽然两者都有“结”字，但 Conclusions(结论)是整个论文研究成果的总结，包括客观的 Results(结果)和主观的 Discussions(讨论)以及由此引申的重要意义。

Conclusions(结论)部分的写作要求与 Abstract(摘要)类似，但要避免和摘要使用重复的语句。从涵盖内容上看，摘要可以包括结论，但结论只包括摘要的最后一部分，是其进一步的展开论述。

【例 5-12】

以 Evaluation of Terpolymer Gel Systems Crosslinked by Polyethylenimine for Conformance Improvement in High-temperature Reservoirs(SPE-194004-PA)*为例。*

[**Conclusions**]

A PEI cross-linking terpolymer gel system was developed for conformance improvement in high-temperature reservoirs. The influence of PEI molecular weight, terpolymer concentration, PEI concentration, inorganic salts(Na_2CO_3 and NaCl), and the temperature of the terpolymer gel system were studied at 150℃. The gelation mechanism can help researchers and engineers better understand and apply this terpolymer gel system to high-temperature reservoirs.

1. The terpolymer gel system composed of 0.8% ZP-4 and 0.3% to 0.6% PEI(70 kDa) showed moderately flowing(gel strength code D to F) and small syneresis(less than 5%) after being aged at 150℃ for about 60 days.

2. Terpolymer P(AM/AMPS/NVP) can be an alternative to PAtBA to form bulk gels at 150℃ with less dosage of the polymer. Moreover, with the increase of terpolymer concentration, the gel strength significantly increased while the gelation time decreased.

3. Molecular weight of PEI shows an enormous impact on the gelation performance. When the molecular weight is too small(e.g. 1.8 kDa), it is tough to form bulk gels at 150℃. As the PEI molecular weight continues to increase, from 3.0 to 70 kDa, stable gels can be generated.

4. Effect of PEI concentration on gelation performance is also dependent on the molecular weight of PEI because of the different crosslinking site distributions on PEI molecules.

5. Low concentrations of NaCl could compress the electrical double layers of the polymer and thus slightly decrease the gelation time but enhance the gel strength. After the critical concentrations, the increasing ions would delay the gelation time but reduce the gel strength. The addition of Na_2CO_3 could extend gelation time.

6. Apparent activation energy(E_a) of this terpolymer gel system was 89.14 kJ/mol, which is almost the same as those in literature.

7. The grids in the gel microstructures distributed evenly and their sizes ranged from 33.50μm to 50.57μm, which can firmly lock the free water in the gels even under high temperatures.

Acknowledgments(致谢)部分应位于Conclusion(结论)和References(参考文献)之间，通常要感谢项目资助单位和对研究和论文写作做出贡献的人员。

【例5-13】

以Evaluation of Terpolymer Gel Systems Crosslinked by Polyethylenimine for Conformance Improvement in High-temperature Reservoirs(SPE-194004-PA)为例。

[**Acknowledgments**]

This work was supported by the National Science and Technology Major Projects(Nos. xxx and xxx), the Science Foundation of China University of Petroleum-Beijing at Karamay(No. xxx and xxx), the open research project of the Ministry of Education Key Laboratory for Petroleum Engineering on the development and application of new sealing systems for carbon dioxide(CO_2) flooding processes, and the China Scholarship Council(No. xxx).

5.3.2.6 Highlights(研究亮点)

Highlights(研究亮点)是Elsevier旗下的期刊要求作者必须提供的一个内容。不是所有期刊都包括研究亮点。研究亮点的作用是让读者对论文的亮点“一目了然”。研究亮点由简短的要点组成，这些要点需要传达文章的核心发现，并将以单独的可编辑文件形式进行提交。

在撰写论文的Highlights(研究亮点)部分时需要注意以下几点。

(1)研究亮点可以由3~5个“要点”(即若干关键词)组成，不需要完整的句子。

(2)每个要点需要限制在85个字符之内(包括符号和空格)。

(3)研究亮点中只包含重要发现，研究目的、研究方法等应该放在摘要中。

5.3.3 常见英文语法与语言表述

5.3.3.1 时态

英文论文写作中时态包括现在时、过去时、现在完成时以及将来时，其中以现在时和过去时最为常见。

(1)现在时：用来描述现在的、经常发生的、一般客观事实的情况。

(2)过去时：用来描述过去发生的、过去经常发生的情况。

(3)现在完成时：用来描述已经完成、刚刚完成的情况。

(4)将来时：用来描述即将、未来要发生的情况。

另外，对于已经发表的论文，则已经成为一般客观事实(即知识)。而待发表的论文中提出的假设还未出版，未成为一般客观事实，但研究过程(包括材料、方法、实验等)是在过去发生的。

因此，Abstract(摘要)中既存在现在时(描述研究背景)，也存在过去时(描述研究方法、结果和结论)。例如，“Fractured vuggy carbonate reservoirs in the Tahe Oilfield, China, have many diverse and unevenly distributed reservoir spaces”(现在时，描述一般客观事实)；“In this paper, a two - dimensional(2D) physical model was developed to for a more detailed visual of the flow characteristics”(过去时，描述论文研究内容)。

Introduction(前言)中使用现在时描述他人的研究成果(因为已成为一般客观事实)，使用过去时描述前人的动作，使用现在完成时描述目前仍在进行的工作，使用过去时描述论文研究假设与研究内容。例如，“In 1961, Fried(1961) found that foam can reduce the flow of gas in porous media, which expanded foam flooding application in petroleum reservoirs”(前半句过去时，描述过去发生的动作；后半句现在时，描述他人的研究结果)；“Full diameter cores created by drilling and dewaxing methods have been reported by many researchers(Wang et al, 2012)”(现在完成时，描述目前仍在进行的工作)；“In this research, a microscopic 2D visual physical model was developed to visually observe the flow characteristics of the fluid flow characteristics in a typical fracture - vug unit”(过去时，描述论文研究内容)。

Materials and Methods(实验材料与方法)中使用过去时描述研究中进行过的实验，但引用已经发表过的实验流程需要使用现在时。例如，“Model oil with a viscosity of 23. 8 mPa · s and a density of 0. 821 g/mL was prepared by liquid paraffin and kerosene with a volume ratio of 20：1 and then dyed by Sudan red for easy observation”(过去时，描述论文中的实验方法)。

Results(结果)部分使用过去时描述实验过程与现象(论文还未出版，即还未成为一般客观事实)，但当图或表作为主语时需要使用现在时(结果仍使用过去时)，例如，“As Figure 6 depicts, the water droplets blocked the pore throat due to the effect of Jamin Effect”。与其他研究结果进行分析对比或作推论时，也需要使用现在时。

Conclusion(结论)中使用过去时描述以前的研究成果，使用将来时描述对未来的影响。

5.3.3.2 语态

英文论文写作中的语态分为被动语态和主动语态。由于被动语态通常比较客观，被大部分学术文章写作教程所推荐。但是，被动语态有时会让人感觉到非常啰嗦，不易理解。现在越来越多的期刊社建议作者使用主动语态，使得论文更精简、易懂。

除了呈现出的阅读体验不一样外，这两种语态强调的重点不同。主动语态强调的是动作的发生者，换成被动语态后，强调的重点变成了动作受者。被动语态通常用于实验方法部分，强调实验方法(或动作受者)和试剂等。主动语态则用在前言和讨论部分，使阅读更加顺畅。

5.3.3.3 常见表达

1)常见动词

(1)表示增加：advance，development，enlarge，exceed，extend，facilitate，improve，increment，maximize.

(2)表示减少：alleviate，cease，decline，depress，descent，deteriorate，minimize，subside，reduce.

(3)表示变化：alter，accommodate，difference，evolve，fluctuate，generate，transform，transition，vary.

(4)图形描述：depict，describe，display，illustrate，portray，represent，reveal.

(5)表格描述：classify，enumerate，gives，lists，presents，summarizes.

(6)表示组成：comprises，compose of，constitutes，encompasses，includes，incorporates.

(7)表示肯定：confirm，compliment，corroborate，substantiate，support，uphold，validate，verify.

(8)表示否定：challenge，contradict，disagree，dispute，reject，question.

(9)表示大概：approximate，estimate，resemble，predict.

(10)研究发现：attest，characterize，confirm，contend，demonstrate，discover，document，elucidate，establish，evaluate，examine，explore，find，identify，indicate，investigate，monitor，reveal，study.

(11)表示分析：analyze，appraise，define，diagnose，explore，identify，investigate，observe.

(12)表示举例：case，like，especially，for example，for instance，include，in particular，particularly，specifically，such as.

(13)表示先后：follow，immediate，instant，during the course of，simultaneous，subsequent，then.

2)Abstract 部分常见表达句

(1)研究背景：…is an effective technique for…in petroleum reservoirs.

(2)研究方法(创新点)：Herein we intend to build …，and present a general method to….

(3)研究内容：…was used to simulate…. Furthermore，…can be adjusted….

(4)结论认识：This work reveals the essential role of ….

3)Introduction 部分常见表达句

(1)研究背景：Recent theoretical developments have revealed that ….

(2)目前存在的问题：This appears as a more straightforward problem compared to ….

(3)研究空白：However，… have rarely been studied directly.

(4)研究目的：The aims of this paper are twofold：first，….；second，….

(5)研究重要性：The mian achievements can be summarized as follows….

4)Conclusion 部分常见表达句

(1)重申研究目的：In this investigation，the aim was to assess….

(2)总结关键结论：These experiments confirmed that ….

(3)表明研究意义：The evidence from this study suggests that ….

(4)指出研究贡献：The findings from this study make several contributions to the current literature. First，….

(5)认识研究不足：Since the study was limited to …，it was not possible to ….

(6)提出研究展望：These findings provide the following insights for future research：….

5.4 期刊论文的规范发表

当撰写完期刊论文后，需要为他寻找市场，即论文的投稿与发表。一项科研成果如果没有被发表，就等同于不存在；科研成果只有被发表后，学生们才能顺利毕业，科研人员的职业生涯才可以持续，科学才能进步，社会才能发展。

5.4.1 期刊论文的投稿

期刊论文稿件处理的基本流程有收稿登记与编辑初审、专家评审、主编终审、联系返修、对返修稿件进行编辑、排版、发表等，如图 5－5 所示。

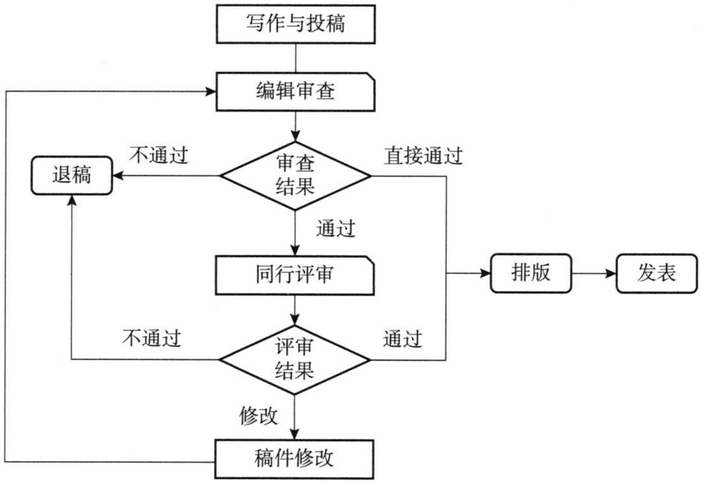

图 5－5 期刊论文的常规投稿流程

5.4.1.1 了解期刊信息

在投稿前需要了解论文适合的目标期刊，以及目标期刊的主办单位、学术地位以及影响力。

【例5-14】

Petroleum Science《石油科学》(英文版)是教育部主管、中国石油大学(北京)主办、科爱合作出版的石油综合学术期刊。2021年进入中科院期刊分区表工程技术大类1区TOP期刊，入选“中国科技期刊卓越行动计划”领军期刊项目，连续六年获得CNKI“中国最具国际影响力学术期刊”。2020年SCI影响因子为4.09，在SCI收录的全球20种石油工程类期刊中排名第二。《石油科学》(英文版)作为国家领军期刊，服务国家利益，构筑石油科学探索新生态，瞄准石油科学前沿热点领域，充分发挥编委、青年编委及全体编辑团队和国际化审稿专家的同行评议作用，及时发现并快速优先发表高水平的原创论文和综述论文，引领世界石油科学研究，服务洁净能源科技发展。

科技期刊通常拥有自己的网络主页，用来分门别类地介绍与管理期刊的各项业务和信息。图5-6给出了《Petroleum Science》期刊的主页信息，上侧的导航栏主要包括期刊介绍、编委会、投稿须知、期刊订阅、下载中心等。左侧的导航栏提供了该期刊的在线办公交互式表单。

图5-6　《Petroleum Science》期刊网络主页

科技期刊在其网络主页上公布投稿指南，作者在投稿时需要详细阅读投稿指南与要求，避免因基本要求不达标而出现论文无法被录用等情况。通常投稿指南主要对期刊论文各个部分的格式做出了基本要求。例如，《Petroleum Science》期刊的“投稿须知”节选如下。

【例5－15】《PETROLEUM SCIENCE 投稿须知》

投稿总则

(1)本刊与 KeAi 公司合作开放获取(Open Access)出版，并被 SCI－E、中国英文版科技期刊统计源数据库、美国化学文摘、剑桥科学文摘、美国石油文摘、俄罗斯文摘杂志、中国学术期刊全文数据库、中国科学引文数据库、DOAJ 收录。文章版权归作者所有。

(2)为确保所有来稿被安全收到，本刊只接受网络在线投稿，不接受邮箱来稿。投稿网址为：https://www.editorialmanager.com/petsci/Default.aspx，如果遇到系统登录较慢，请稍后重试。

(3)我刊已开通中文《科技期刊学术不端文献检测系统(AMLC)》和英文 CrossCheck 文献检测系统，编辑部可以使用这两个系统实现来稿与全球已经发表过的所有中英文文章的全文比对，以检测来稿是否存在抄袭与剽窃、伪造、篡改、不当署名、一稿多投等学术不端现象。

(4)请作者务必在投稿时按照对文章的实际贡献情况确定好作者署名的顺序。一经投稿，作者的署名和顺序不允许有任何更改。

(5)我刊是 SCI－E 收录期刊。由于 SCI 只收录原创性科研论文或综述，不接受已经以中文等其他语言公开发表过的文章的译文。因此，为保证发表在 Petroleum Science 上的每一篇文章都能被 SCI 收录，本刊不接受主体内容已经在中文刊或其他语言刊上发表过的文章的译文投稿。

(6)投稿时请作者必须上传英文稿件，国内作者可同时附上中文稿件，但中文稿件不是必须的。

(7)请您务必在投稿过程中填写推荐审稿人信息，您最好推荐 3～5 位近几年从事过相关领域研究工作、非本单位的审稿专家。

(8)我刊审稿周期为 3 个月，编辑部会尽快处理所有来稿，请作者在审稿期内耐心等待审稿意见。作者想了解稿件的处理进程或结果，不必打电话或发邮件询问编辑部，直接在投稿系统上查询即可。

投稿细则

(1)来稿请用英文撰写，并请国内作者附相应的中文稿，以备审、编、校时准确理解原文含义。来稿内容可以是原创性科研论文，也可以是某专业领域综述性论文，但两种论文内容必须与石油有关。英文要求用词准确，符合英语惯用语法，尽量使用相对简单的句式以保证意思表达清楚。

(2)来稿请登录本网站 https://www.cup.edu.cn/petroleumscience，点击注册登录“在线投审稿系统”，按照系统提示完成投稿。本刊不接受邮件投稿。

(3)来稿必须包括下列要素：论文题目、作者姓名、作者单位、摘要、关键词、论文正文、(致谢)参考文献。

(4)论文题目。题目应用最少量的单词充分表述论文的核心内容，力求准确、简洁，除非必要，避免使用非定量的修饰词，如 rapid，new 等，删去不必要的冠词和多余的说明性冗词，如 study of(on)，research on，investigation of(on)，analysis of，development of，e-valuation of 等。

(5)作者姓名采用汉语拼音形式，名前姓后，首字母大写，如 Xiao－Guang Zhang。作者可以是一个或多个；请用脚注标明通讯作者姓名及其 E－mail，通讯作者一般是作者团队中提出论文研究思路的核心成员，如研究生导师或课题主要负责人等。

(6)作者单位。请尽量将作者单位写具体，如 School of Petroleum Engineering，China University of Petroleum，Beijing 102249，China。不同单位的在作者姓名右上角用阿拉伯数字加注上角标。

(7)摘要。摘要是文章内容的高度浓缩，目的是使读者通过阅读摘要可以知道作者的主要观点、方法；应能提炼论文的主要观点，简明描述研究内容和范围，顺序叙述研究的目的、方法、结果和结论。摘要中一般不出现符号、插图、表格、参考文献、公式、缩略语等。

(8)关键词。关键词 5～10 个，在词语选择上应注意其涵盖的领域范围深浅得当，一般应涉及更广泛的专业领域或地理范围，以增加在数据库中被检索到的概率，使论文被更多的同行检索到。

(9)论文各级标题号一律用阿拉伯数字连续编号，不同层次的数字之间用下圆点相隔，最末数字后不置标点，如 1、1.1、1.1.1。各级标题均为首字母大写。

(10)参考文献。参考文献是反映论文学术水平的一个重要因素，因此请务必重视参考文献的引用。每篇论文应有不少于 30 篇参考文献，其中至少 10 篇国内 SCI 期刊文献，10 篇国外 SCI 期刊文献，最近 5 年的文献应占 2/3 以上。请作者仔细核对每一篇文献以确保准确，参考文献中的人名、书名、文章名、出版社名称、期刊名称等必须与原译文一致，信息要全。每篇参考文献需要提供 DOI 号(如果是年代较早的中文文献没有 DOI 号，可不提供)。您可以登录如下网站检索核对：中文文献 http：\\ www. cnki. net；英文文献 http：\\ scholar. google. com \ 。

参考文献的引用格式分文中和文后两种情况：在行文中用括号注出，注明作者的姓和发表年份；在文后按作者姓氏字母顺序列出所有的参考文献。请注意，文后所列的参考文献必须与文中引用的文献一一对应，不能出现文中引用而文后没有列出，或文后列出的文献在行文中没有引用的情况。

参考文献一般分为期刊论文和专著书籍两大类，在文后全部按作者姓氏字母顺序排列，作者姓前名后。中文文献须译为英文，并在最后注明“(in Chinese)”字样在文后的参考文献列表中。

需要注意作者姓名的写法，在文后一律用姓的全称＋名的首字母大写，文中只用姓氏即可，具体举例说明如下。

①如果只有一位作者，则文后参考文献列表中写为：Wang D Y. ……文中引用为：(Wang，1990)。

②两位作者时，文后参考文献列表中写为：Wang D Y and Zhang X L……文中引用为：Wang and Zhang，1990。

③三位或三位以上的作者，文中一律引用为：Wang et al.，1990。文后参考文献有以下两种不同的表达方式：三位作者 Wang D Y，Zhang X L and Ren S L……。三位以上的作者 Wang D Y，Zhang X L，Ren S L，et al.……在文中引用参考文献时，如遇到两篇或两篇以上文献在同一处引用，中间用分号隔开，如 Wang and Zhang，1990；Robert et al.，1998。如同一处引用的两篇文献在文中引用形式只有年代不同，则可以省略写为 Wang and Zhang，1990；1998。但如果文中引用形式不同，如 Wang and Zhang，1990；Wang，1998；Wang et al.，2006，则只能逐一列出，不能省略。

参考文献中的书名、文章名、出版社名称、期刊名称等必须与原译文一致，不能随便翻译。

(11)量和单位。各种参数、单位及符号要符合国家和有关专业标准，公式中各项物理量均应注明物理意义，并使用法定计量单位。

(12)缩略语在文中首次使用时应注明全称。

(13)图件应清晰可读，分辨率必须为 150～225dpi。图件中的文字一律译为英文，必须清晰可辨。图件尺寸(含图版)不超过 1 个版面(大 16 开)。

图件中表示量的单位时，我刊的格式是“量，单位”，图中文字是首字母大写，其他字母小写(除专有名词外)。图件的位置是放在首次引用它的文字段落之后。

(14)请作者在投稿后自留底稿。编辑部收到稿件后 90 天内会发送 E－mail 告知作者稿件是否刊用。在此期间请勿另投其他刊物。对修改后录用的稿件，作者应按照编辑部提出的修改意见修改好后将修改稿尽快返回编辑部。

(15)随附的中文稿件文责自负。对英文稿件，编辑部若要在内容上进行实质性修改，须征得作者同意，但编辑部有权对其进行英文语言文法方面的修改及内容上的删节。

(16)论文发表后，本刊对刊出的稿件按规定向作者收取版面费，并向作者赠送刊登有其论文的期刊 1 本。

5.4.1.2 期刊论文投稿

期刊论文投稿前应该注意以下几点事项。

(1)选择合适的期刊。要准确把握期刊办刊风格与栏目特点，投其所好。另外，综合性学术期刊录用一般水平论文的可能性相对较大。

(2)撰写投稿信(Cover letter)。信中简要介绍目的，论文的写作背景、创新点及意义，表态与致谢等。如果论文的新观点、新技术等进展具有较强的时效性，可以向编辑指出，以提醒其尽快录用发表。

【例 5－16】

提交新论文时的投稿信(Cover letter)示例。

Cover Letter to the Editor of ＊＊＊(期刊名称)

＊＊＊(通讯作者)

＊＊＊(通讯地址)

E－mail：＊＊＊(通讯邮箱)

August 8，2021(投稿时间)

Dear Editors，

We would like to submit the enclosed manuscript entitled "＊＊＊(论文名称)"，which we wish to be considered for publication in ＊＊＊(期刊名称).

I would like to declare on behalf of my co－authors that the review described has not been published previously，and not under consideration for publication elsewhere，in whole or in part. All the authors listed have approved the manuscript that is enclosed.

In this work，＊＊＊(介绍论文写作背景、主要结论等). This research can not only … but also …. (介绍论文创新点及意义等)We hope this paper is suitable for xxx(期刊名称).

The following is a list of possible reviewers for your consideration：

(1)＊＊＊(审稿人1)　E－mail：＊＊＊(专家工作邮箱1).

(2)＊＊＊(审稿人2)　E－mail：＊＊＊(专家工作邮箱2).

(3)＊＊＊(审稿人3)　E－mail：＊＊＊(专家工作邮箱3).

……

We deeply appreciate your consideration of our manuscript，and we look forward to receiving comments from the reviewers. If you have any queries，please don't hesitate to contact me.

Thank you.

Yours sincerely，

＊＊＊(通讯作者)

(3)严禁一稿多投。一次只能给一家期刊投递一份稿件。稿件邮寄1周或电邮2个工作日后可询问是否收到，接近期刊稿件处理周期时，可以询问稿件处理情况。

(4)可以选准一个期刊反复投稿。论文在经过认真修改后，还可以进行重新投稿。

5.4.1.3　期刊论文顺利录用的特点

一篇顺利录用的期刊论文通常具有以下特点。

(1)刊物选择合理。论文的水平与选择期刊的办刊风格与栏目特点相符，如稿件是否与期刊栏目、组稿计划相一致等。

(2)满足编辑需要。高质量的论文内容和规范的论文形式会使期刊编辑(包括审稿专家、主编、责任编辑及其他编务人员)的青睐与偏爱，大大提高录用率。

(3)迎合读者需求。论文应提供给期刊目标读者新观点、新发现、新材料、新方法、新视角，并能够帮助读者找到相关依据或者知识链接，从而提升读者阅读的兴趣。

5.4.2　期刊论文的同行评议

常言道，“知己知彼，百战不殆。”了解期刊论文的同行评议(即审稿)过程，也有助于期刊论文的成功接收。期刊论文的审稿过程如图5－7所示。期刊论文评审的内容包括研究是否有效、是否有意义，是否有原创性，并且可能对手稿和研究提出改进意见。基于同行评审委员会的意见，期刊编辑可能：接受稿件；接受但要求修改；或者拒绝您的稿件。

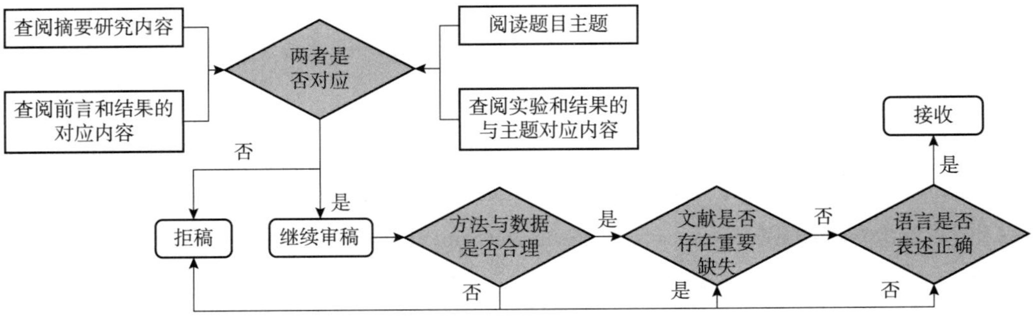

图5－7　期刊论文同行评议的常规流程

【例5－17】

Elsevier 审稿人评价稿件标准参考。

1)研究型论文

(1)Examine the importance of the research question addressed in the manuscript(e. g. ,are objectives and justification clearly stated?). 检查稿件中研究问题的重要性(例如，研究目标和理由是否明确说明)。

(2)Assess the originality(contribution, addition of knowledge to scientific literature or field) of the manuscript. 评论稿件的原创性(贡献，对科技文献或领域的知识补充)。

(3)Clearly identify the strengths and weaknesses of the method described in the manuscript. 明确稿件中研究方法的优缺点。

(4)Make specific useful comments on the writing of the manuscript(e. g. ,writing,organization,figures,etc.). 对稿件的写作提出具体有用的意见(如写法、结构、图表等)。

(5)Offer specific comments on the author’s interpretation of the results and conclusions drawn from the results. 针对作者的结果进行解释以及对由结果得到的结论提出具体意见。

(6)In case applicable, comment on the statistics(for example question if they are robust and fit－for－purpose and if the controls and sampling mechanisms are sufficient and well described). 有时甚至可以对数据发表评论(例如，质疑数据是否可靠、适宜，控制条件和抽样机制是否充分且描述恰当)。

2)综述型论文

(1)Discuss the importance of the topic/scope of the review. 讨论综述主题或范围的重要性。

(2) Assess the originality of the review. 评论综述的原创性。

(3) Comment on the author's representation of the most relevant recent advances in the field. Specifically, determine whether the references are relevant to the topic and cover both historical literature and more recent developments. 评论作者对领域最相关最新进展的表述，即确定参考文献是否与主题相关，并涵盖历史文献和最新发展。

(4) Offer comments on the writing, organization, tables, and figures of the manuscript. 对稿件的写法、结构、表格和图表进行评论。

(5) Comment on the author's interpretation of the results. 评论作者对结果的解释。

期刊论文审稿后一般需要对论文稿件进行修改，在修改时需要注意以下几点。

(1) 单独撰写修改说明文件(Response to Decision letter)，对评审意见进行感谢，首先介绍论文修改的总体情况，然后对评审意见进行逐一答复。格式可以采取“顺序模式”，先列问题再做回答。回答时需指出论文中修改的具体内容。

【例5-18】

提交论文修改时的修改说明文件(Response to Decision letter)示例

Responses to the Editor and the Reviewers

Dear Editors and Reviewers,

We really appreciate your time and insightful comments to improve the quality of this paper. We have addressed your comments below, and the changes presented here are reflected in the revised paper.

The major modifications are summarized as follows:

- ***(主要修改之处1)
- ***(主要修改之处2)
- ***(主要修改之处3)

Best Regards,

***(通讯作者) on behalf of all co-authors.

Associate Editor: ***(主编或副主编意见)

Response: ***(意见回复与修改说明)

Reviewer(s)' Comments to Author:

Reviewer: 1

***(审稿人1总体意见)

Response: Thank you for your kind comment. We have, to the best of our knowledge, addressed the following items.（感谢对方辛勤工作和帮助。）

Comment 1：＊＊＊（审稿人 1 意见 1）

Response：＊＊＊（意见回复与修改说明）

Comment 2：＊＊＊（审稿人 1 意见 2）

Response：＊＊＊（意见回复与修改说明）

＊＊＊

Reviewer：2

＊＊＊（审稿人 2 总体意见）

Response：Thank you for your nice suggestions. We have，to the best of our knowledge，addressed the following items.（感谢对方辛勤工作和帮助。）

Comment 1：＊＊＊（审稿人 1 意见 1）

Response：＊＊＊（意见回复与修改说明）

＊＊＊

（2）尽量按照编辑和审稿人的意见顺序在文中进行逐一修改，不要避重就轻，要认认真真地逐一回答。修改时使用审阅模式（保留修改痕迹）。

（3）如果审稿意见实在存在问题，可以在修改说明中进行解释，并向主编或副主编进行说明。

（4）修改完毕后，要准备一份带修改痕迹的文件和一份去掉修改痕迹的文件，并撰写新的投稿信（Cover letter）。

【例 5－19】

提交论文修改时的投稿信（Cover letter）示例

Cover Letter to the Editor of ＊＊＊（期刊名称）

Dear Editors and Reviewers，

On behalf of my co－authors，we thank you very much for giving us an opportunity to revise our manuscript. We appreciate the editors and the reviewers very much for your positive and constructive comments and suggestions on our manuscript entitled "＊＊＊（论文名称）".（ID：＊＊＊论文编号）.

We have studied the editors' and the reviewers' comments carefully and have made revisions in the manuscript. We have tried our best to revise our manuscript according to the comments. Attached please find the revised version，which we would like to submit for your kind consideration.

We would like to express our great appreciation to the editors and the reviewers for the comments on our manuscript. Looking forward to hearing from you.

Thank you and best regards.

Yours sincerely,

***(通讯作者)

E－mail：***(通讯邮箱)

5.4.3　期刊论文的校核与发表

当论文接收后，论文会被进行编辑加工与排版生成校样稿(Proof)。校样稿的校核是发表前的最后一项重要工作。在期刊论文的校核与发表过程中，需要注意以下几点问题。

(1)检查专业术语、表格中的数据以及插图内容是否正确。

(2)检查内容有无遗漏，是否出现错别字或重复。

(3)检查数学公式、化学方程式、结构式等是否正确。

(4)检查标点符号是否正确。①顿号(、)使用在多个并列主语(或谓语、宾语)之间。②分号(;)用于隔开包含多层并列含义的句子。③冒号(:)用于引出分类、引出公式的句子。④英文中没有顿号，其功能用英文逗号表示。

(5)检查参考文献引用方式与格式是否正确，若需要增删参考文献，一定不要忘记对需要改动的参考文献进行批注。

(6)核对作者姓名、单位、联系方式、基金情况是否准确，此时请勿增添信息。

(7)不要对接收后的校样稿件进行大幅度改写、加写或重写，这不仅对编辑很不礼貌，还可能使得稿件被认定为新的投稿而重新送交同行评议。

(8)作者通常需要在数天之内(有的甚至两天内)完成校样稿(Proof)的校核。出版商修改生成最终的校样稿(Proof)，在线发布，此时没有卷号、期号、正式页码。待论文排期后，会在线发布，此时会提供卷号、期号以及正式页码等。

(9)递交校样稿(Proof)后，论文再无法进行任何修改。

第 6 章　学位论文写作

学位论文是高等学校或研究机构的学生为取得学位，在导师指导下完成的科学研究、科学试验成果的书面报告。学位论文是在校学生最后一次专业知识和业务能力的全面考核，是对学生学科研究能力的训练，也是老师对学生学习生活最系统、最有效的全面了解。学位论文的第一读者主要是导师和评审专家。论文的最后陈述与答辩是师生之间零距离的精彩交流与对话。因此，学位论文是大学本科生、研究生学业成功的重要标志。根据修读学位的不同，学位论文分为学士学位论文、硕士学位论文、博士学位论文 3 个等级，其差别主要体现在创新性的要求程度上。本章将简要介绍学位论文选题、论证、写作方法与技巧、论文答辩及质量监控等方面的知识。

6.1　学位论文选题与论证

学位论文是指作者提交的用于获得学位的文献。学位论文又可分为学士学位论文(本科毕业论文)、硕士学位论文、博士学位论文。

学士学位论文表明作者较好地掌握了本门学科的基础理论、专门知识和基本技能，并具有从事科学研究工作或承担专门技术工作的初步能力。

硕士学位论文表明作者在本门学科上掌握了坚实的基础理论和系统的专门知识，对所研究课题有新见解，并具有从事科学研究工作或独立承担专门技术工作的能力。

博士学位论文表明作者在本门学科上掌握了坚实宽广的基础理论和系统深入的专门知识，在科学或专门技术上做出了创造性的成果，并具有独立从事科学研究工作或独立承担专门技术开发工作的能力。

6.1.1　本科生毕业设计(论文)的选题

6.1.1.1　本科生毕业设计(论文)选题原则及要求

以中国石油大学(北京)为例，本科毕业设计(论文)的选题原则及要求如下。

(1)必须符合本专业的培养目标。体现本专业的基本教学要求，使学生得到本专业全面综合训练。

(2)体现理论联系实际的原则。密切联系生产、科研、实验室建设或社会实际，增加课题应用价值；当实际题目不足时，也可以根据教学要求，以生产实际及社会热点问题为背景自拟课题。

(3)体现多样性原则。根据专业培养目标要求，鼓励教师拟出专业和学科交叉渗透的题目，扩大学生知识面，培养学生创新能力。

(4)贯彻因材施教原则。深度、广度和难易度要适当，既要使大多数学生能在规定时间内经过努力完成任务，又要使少数学有余力的学生得到充分的锻炼。

6.1.1.2 本科生毕业设计(论文)题目类型及要求

理工类毕业设计(论文)大致分为工程设计、实验研究、软件设计、理论研究和综合类等，各专业可结合本专业的特点，在选题时有所侧重。

(1)工科各专业的学生，与工程实际问题相结合的题目比例应不低于80%，以保证对学生基本的工程训练；设计类题目的比例应达到国家工程教育相关专业认证标准的基本要求。

(2)理科各专业的学生，其毕业设计(论文)要体现一定的学术水平，并要结合当前的科技、经济发展情况，让学生了解学科的前沿。

6.1.1.3 本科生毕业设计(论文)题目来源

(1)指导教师的科研或学术探讨课题。

(2)企事业单位的社会委托课题。

(3)学生自拟题目。对学生自拟题目，学院应组织专人对题目进行审核。

其中，学院组织教师拟题比较常见。拟定题目后，教师会填写《填写题目申报表》，供相应专业和学院进行论证与审核。以中国石油大学(北京)为例，本科生本科毕业设计(论文)工作流程中的开题和选题部分如表6-1所示。

表6-1 本科毕业设计(论文)工作流程(开题和选题部分)

任务	参考时间	工作内容	要求	负责人
开题	第七学期中期	1. 学院成立毕业设计领导小组，布置毕业设计(论文)工作，制定工作计划 2. 组织教师拟题、填写《题目申报表》 3. 专业将审核确定的题目、指导教师报所在学院审查	1. 工作计划、所有《题目申报表》(含未入选的)存档 2. 工作计划电子版发教务处	教学院长、专业负责人、教学秘书
选题	第七学期12月下旬	1. 向学生公布毕业设计(论文)题目、要求及有关规定 2. 专业填写《选题汇总表》，由学院统一报教务处备案	开题总结和《选题汇总表》电子版发教务处	专业负责人、教学秘书
师生见面	选题结束后	指导教师与学生见面，编写任务书，明确论文各阶段任务	专业负责人审核任务书并签字	专业负责人，指导教师

6.1.2 硕士研究生学位论文的选题

硕士学位论文选题应与国民经济和科技发展密切结合，应对我国经济建设、科技发展或社会发展有一定的实用价值或理论意义。硕士研究生在导师的指导下，通过查阅一定量的文献、收集资料和调查研究等工作，掌握本研究领域国内外现状和发展动态，以确定研究课题并撰写开题报告。有关选题的具体方法已经在第 3. 2. 1 节中进行详细介绍，此处不再赘述。

6. 1. 3 博士研究生学位论文的选题

博士学位论文选题可以是基础研究或应用基础研究，也可以是社会发展的重大理论问题和实际问题、高新技术和重大工程技术的开发研究。选题应对我国经济建设、科技发展或社会发展有较大的理论意义或实用价值。博士研究生在导师的指导下，通过查阅大量的文献、收集资料和调查研究等工作，掌握本研究领域国内外现状和发展动态，以确定研究课题并撰写开题报告。鼓励学术型博士开展具有原创性的基础创新研究。有关选题的具体方法已经在第 3. 2. 1 节中进行详细介绍，此处不再赘述。

6. 1. 4 论证

硕士和博士学位论文开题通常采取先评阅后做开题报告的方式。开题报告经导师评阅“同意开题”后，送交专家评阅。三年制硕士研究生和博士研究生通常在入学后第四学期开学前完成开题论证工作。以中国石油大学(北京)为例，若有三分之二以上的专家“同意开题”，则通过论文开题。

通过开题报告答辩，与导师和专家们确定学位论文的研究对象、研究目标和思路后，就可以进入论文的论证写作阶段。

学位论文的论证过程主要包括概念的提出、理论的论证、实验方法的选择、实验观察、数据处理与分析、结果检验等步骤。在论证阶段，可以首先从容易把握的部分(如实验设计、数据收集与处理等)出发，分批次整理研究结果；也可以先列出提纲，一边研究一边撰写。

在撰写正式的毕业论文之前，可以先将实验结果以及相应支撑数据按照提纲依次整理成多媒体，与前辈或者指导老师进行讲解与讨论，确保学位论文达到规定的水平要求。

6.2 学位论文结构与写作方法

学位论文主要由封面、中英文摘要、创新点(博士学位论文需要)、目录、绪论、正文、结论、参考文献、致谢等部分构成，如图 6 – 1 所示。摘要(Abstract)应简明扼要地介绍论文的创新点，绪论(Introduction)应辨析研究背景与研究内容之间的关系、明确定位各章在论文中的地位，正文用来组织各论证章(按照创新点进行组织)，结论(Conclusion)应描述研究成果及对研究价值进行讨论。

由于学位论文的篇幅较期刊论文长，且撰写目的不同，因此在撰写学位论文时，需要注意的问题会有一定的差别。通过论文各部分的撰写，能够锻炼学生各方面的综合能力。

例如，撰写摘要时能够锻炼学生的概括能力、撰写前言时能够拓宽学生的视野；论证过程能够锻炼学生的思维方式；论文署名能够明确学生的权力和责任等。值得注意的是，虽然摘要与结论不是论文的主体部分，但是仍然特别重要，这是因为这两部分被阅读的次数比论文的其他任何部分都要多。

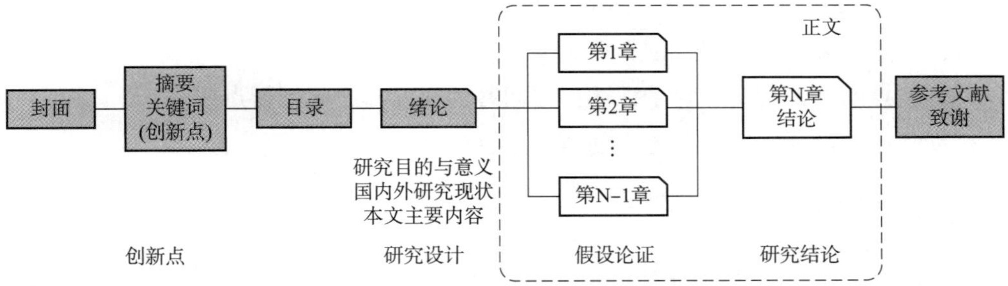

图 6－1　学位论文的框架结构

6.2.1　摘要与关键词

论文摘要是学位论文的缩影，是创新点的扼要表述，乃“点睛”之笔。因此，摘要文字要简练、明确。摘要内容通常包括研究目的、研究方法、研究结果和结论认识。摘要包括论文题目、“摘要”字样、摘要正文和关键词。摘要正文后下空二行书写“关键词：”，每一关键词之间用分号分开，最后一个关键词后无标点符号。写作方法与第 5.2.3 节基本相同，此处不再赘述。但是，在撰写学位论文时还需要注意以下几点要求。

(1)摘要应集中反映所做的工作、获得的成果和作者的观点，不应出现本学科领域已成为常识性的内容，不应对设计(论文)进行自我评价。不得简单地重复文章篇名中已经表述过的信息。

(2)摘要用第三人称，不要使用“作者”“我们”等作为文摘陈述的主语。

(3)摘要中的单位制一律换算成国际标准计量单位制，除特别情况外，数字一律用阿拉伯数字。摘要中一般不宜有数学表达式、化学反应式和图表等，不能出现非通用性的外文缩略语或代号，不得引用参考文献。

(4)为便于检索，要在摘要之后另起一行写出论文的 3～5 个关键词。“关键词：”是关键词部分的引导，不可省略。关键词应能反映论文的核心内容，请尽量用《汉语主题词表》等提供的规范词。

(5)英文摘要和关键词应与中文摘要和关键词一致。

(6)通常情况下，英文摘要用一般过去时描述所做的工作，用一般现在时叙述所得的结果和结论。英文摘要应尽量用短句或短语，不用从句修饰名词。

(7)学位论文的中、英文摘要的字数限制为 300～500 字。

6.2.2　创新点

创新性是科研课题与科技论文的灵魂。本科毕业论文和硕士学位论文对论文创新性的要求没有博士学位论文高，通常无须列出创新点。但博士学位论文通常需要单独列出创新点，以便于评审专家对学位论文的创新性进行科学评议。值得注意的是，创新点不是看作者做了什么，而是看作者做出了什么贡献，即概括出研究工作做出了哪些人们原本不清楚的或者有误解的结果。

创新点一般要回答以下 3 个方面的问题。

(1)创新点的表述，即回答创新点是什么。

(2)创新点的理论和实际背景评述，即回答为何要提出此创新点。

(3)创新点的论证，即回答这个创新点是否成立。

6.2.3 目录

本科生学位论文目录是论文的大纲，反映论文的梗概，便于导师阅读和专家审稿，应将论文目录层次编排清楚。论文的章节按混合编排格式，即一级标题用“第 1 章”“第 2 章”等。从二级标题开始，用阿拉伯数字连续编号，在不同层次的数字之间加一个下圆点相隔，最末数字后不加标点。目录按(第 1 章……，1. 1……，1. 1. 1……)三级标题格式编写，目录中各章、节的阿拉伯数字用 Times New Roman 字体。正文中的标题层次一般不应超过四级，四级以后可单独编号，如编写作(1)、(2)、(3)等或①、②、③等。目录中的标题要与正文中标题一致。

有关目录的制作方法见第 6. 3. 3 节的详细说明。中国石油大学(北京)本科生毕业设计(论文)总体框架顺序如下。

(1)中文封面。

(2)论文独创性声明、论文版权使用授权书(置于同一页)。

(3)中文摘要。

(4)英文摘要。

(5)目录。

(6)绪论。

(7)第 1 章　……(研究内容一)。

(8)第 2 章　……(研究内容二)。

(9)第 3 章　……(研究内容三)。

……

(10)第 N 章　结论。

(11)主要符号表(可无)。

(12)参考文献。

(13)附录(可无)。

(14)致谢。

6.2.4 绪论

绪论又称为引言、前言、导论、绪章等，作为论文的开端，负责简要地说明毕业设计(论文)的研究背景及目的、国内外研究现状和相关领域中已有的研究成果及其与本论文的关系，作者的意图与分析依据，包括论文的追求目标、研究范围和理论、技术方案的选取等，引导读者阅读和理解全文。

绪论通常应包括以下 3 个方面。

(1)研究目的和意义。

(2)国内外研究现状和发展趋势。

(3)主要内容。

绪论在写法上不分章节，提倡使用无人称句。绪论最好是在论文初稿完成之后再写，毕竟绪论是对论文的总结过程，当论文的初稿形成后，论文的大体结构已经建立，此时撰写绪论会更科学合理。绪论的写作示例如例 3 –2 所示，此处不再赘述。

6.2.5 正文

正文是学位论文的主体，要着重反映自己的工作，要突出新的见解，如新思想、新观点、新规律、新研究方法、新结果等。正文的撰写内容可以根据研究课题的性质不同而不同，一般由论文主体、结论等部分组成。正文分章节撰写，每章应另起一页。

6.2.5.1 正文的主要内容

论文正文是毕业设计(论文)的主要部分，应该结构合理，层次清楚，重点突出，文字简练、通顺。主要内容应包括以下几个方面。

(1)毕业设计(论文)总体方案设计与选择的论证，应说明总体方案的原理、选择本方案(包括各种方案的分析、比较)的理由，阐述所采用方案的特点(如采用了何种新技术、新措施，提高了什么性能等)，对解决主要问题的构思过程和预期实现方案的说明。

(2)毕业设计(论文)各部分的设计、实验原理、方法、装置和步骤的阐述，实验数据的处理分析、样机或试件的各种实验及测试情况(包括实验方法、过程、数据及其处理等)。

(3)对所研究内容及成果应进行较全面、客观的理论阐述。

【例 6 –1】 正文的主要内容

以中国石油大学(北京)博士学位论文《高温油藏聚合物凝胶体系研制与胶凝机理研究》为例。由以下目录标题，可以简单了解本文正文的主要内容。

绪论

论文研究背景与意义

国内外研究现状

论文研究内容和技术路线

第 1 章　聚合物类型对高温下成胶性能的影响及相关机理研究

1.1　实验试剂与仪器

1.2　实验方法

1.3　不同类型聚合物体系的基本性能评价

1.4　不同类型聚合物对聚合物凝胶体系成胶性能的影响研究

1.5　小结

第 2 章　有机交联体系对成胶性能的影响及相关机理研究

2.1　实验试剂与仪器

2.2　实验方法

2.3　不同醛类对高温下聚合物凝胶体系成胶性能的影响研究

2.4　不同酚类对高温下聚合物凝胶体系成胶性能的影响研究

2.5　聚合物/聚乙烯亚胺凝胶体系的成胶性能与机理分析

2.6　不同有机交联剂的毒性对比

2.7　小结

第 3 章　聚合物凝胶体系成胶动力学及其控水增油效果验证

3.1　实验试剂与仪器

3.2　实验方法

3.3　聚合物凝胶体系成胶动力学研究

3.4　聚合物凝胶体系在高温条件下的封堵性能评价

3.5　聚合物凝胶体系在高温条件下的控水增油效果评价

3.6　小结

第 4 章　结论与认识

正文要求论点正确，推理严谨，数据可靠，文字精练，条理分明，文字图表清晰整齐。引用别人研究成果必须附加说明。在论文的行文上，要注意语句通顺，达到科技论文所必须具备的“正确、准确、明确”的要求。为了使正文达到严谨的要求，在撰写正文前建议先撰写提纲或目录标题。

正文章节采用分级阿拉伯数字编号，第一级为“1”“2”“3”等，第二级为“2.1”“2.2”“2.3”等，第三级为“2.2.1”“2.2.2”“2.2.3”等。各层标题均单独占行。第四级及以下单独占行的标题顺序采用 A. B. C. 等和 a. b. c. 等两层，标题均空两格写序数，序数后空一格接标题内容。正文中对总项包括的分项采用(1)、(2)、(3)等的序号，对分项中的小项采用①、②、③等的序号，数字加半括号或括号后，不再加其他标点。

6.2.5.2　正文的写作技巧

1)章节交叉引用

要使用章节交叉引用功能，在撰写论文时就必须以“多级列表”方式将章节定义清楚。

这些被定义的章节都含有“功能变量”后，才能够使用交叉引用功能。

在使用Word程序撰写论文时，章节交叉引用的具体操作方法如下。

(1)在开始菜单栏中选择“多级列表”，在“多级列表”下拉菜单中选择“定义新的多级列表”，如图6－2所示。

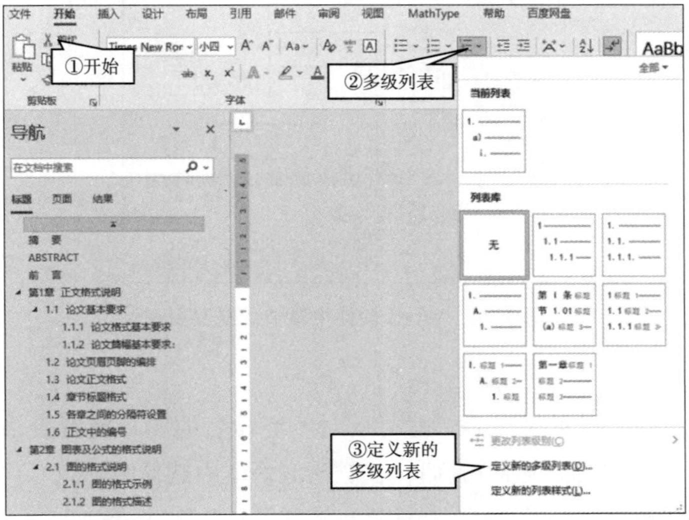

图6－2　Word软件中的多级列表及其定义

(2)在“定义新多级列表”对话框中将“将级别链接到样式(K)”一栏中选择“标题1”，如图6－3所示，点击“确定”。

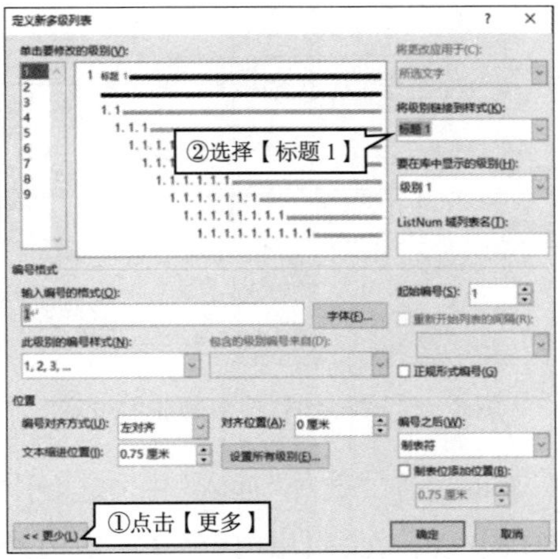

图6－3　Word软件中的定义新多级列表对话框

(3)上一步设置完毕就可以对所要引用的章节进行交叉引用了。鼠标光标置于文中待引用位置，选择上方菜单栏中的“引用”，再点击“交叉引用”，在交叉引用对话框的“引用类型(T)”中选择“标题”。在下方“引用哪一个标题(W)”中选择待交叉引用的标题，在对话框右侧“引用内容(R)”中选择“标题编号”，如图6－4所示。最后，点击“插入”即可在文中相应位置进行交叉引用。

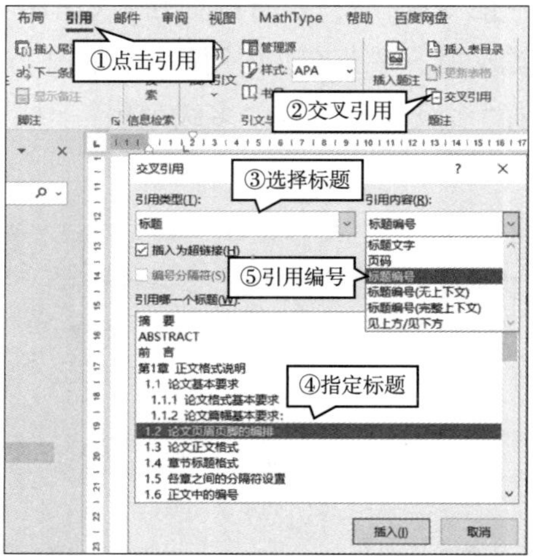

图 6－4　Word 软件中章节的交叉引用

2)图表交叉引用

前面(1)和(2)两步设置完毕后，就可以对所要命名的图片或者表格进行命名了。右键点击图或者表，选择“插入题注(N)”，在题注对话框中选择“编号(C)”。在题注编号对话框中的“包含章节编号”前打“√”，“章节起始样式”选择“标题 1”，“使用分隔符”选择“.(句点)”，点击“确定”。在题注对话框的“标签(L)”中选择“图”，“位置”为“所选项目下方”(如果是表，选择“所选项目上方”)，如图 6－5 所示。

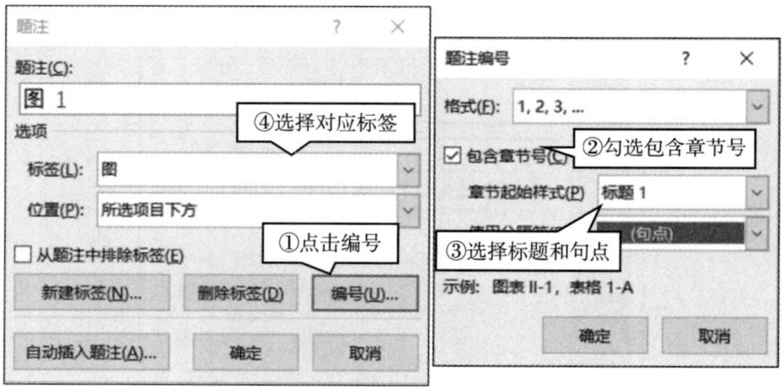

图 6－5　Word 软件中题注的设定

将光标定位到要引用图/表的位置，选择“插入”中“交叉引用”选项。在交叉引用对话框中，“引用类型(T)”中选择图/表，在“引用内容(R)”中选择“仅标签和编号”选项，在“引用哪一个题注(W)”中选择要引用的图/表即可，如图 6－6 所示。

3)公式交叉引用

在文中右键点击公式，选择“插入题注(N)”，在题注对话框中选择“编号(C)”。在题注对话框的“标签(L)”中选择“公式”，“位置”为“所选项目下方”。点击“新建标签(N)”，在新弹出的新建标签对话框的“标签(L)”中输入需要的格式，例如，“(2.”，如图 6－7 所示，最后点击“确定”。

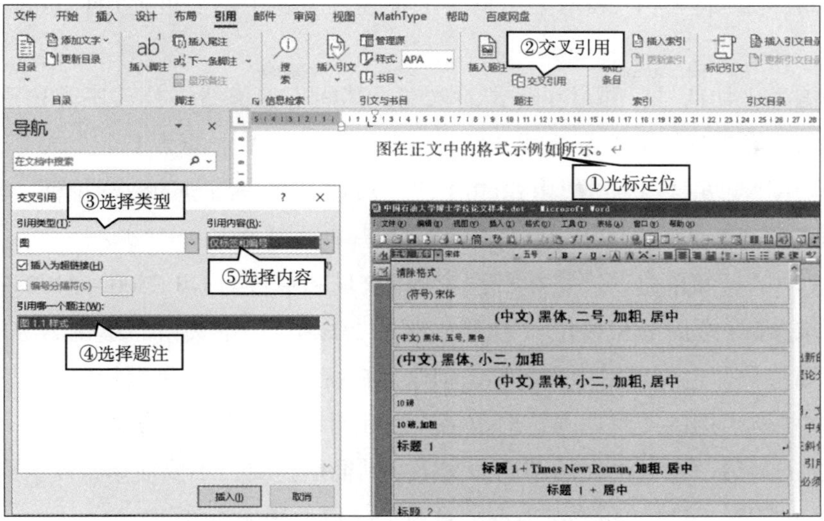

图6－6　Word软件中图表的交叉引用

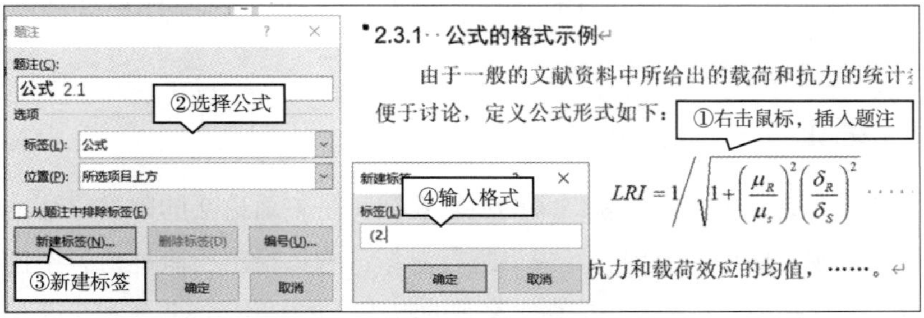

图6－7　Word软件中公式的交叉引用

4）正文写作时的注意事项

（1）层次要清楚、标题要突出重点，各章之间联系紧密，形成一个整体。

（2）已经被普遍接受而成为常识和学术界公认的观点不要再次叙述。

（3）如出现一个非通用性的新名词、新术语或新概念，需解释清楚。

（4）正文中采用比较专业化的术语或缩写词时，最好先在前言中定义说明。

（5）正文中凡是用简要的文字能够讲解的内容，应用文字陈述，用文字不容易说明或说起来比较繁琐的，应由表或图来陈述，避免用图形和表格重复地反映同一组数据。

（6）论文中的图、表、附注、公式一律采用阿拉伯数字分章或连续编号。如果图、表中有附注，应采用英文小写字母顺序编号，附注写在图、表的下方。

论文中的插图应具有鲜明性，切忌与列表及文字表述重复。插图中的术语、符号、单位等应同正文表述所用保持一致。插图的序号及图名居中置于图的下方。插图要清楚，坐标比例不要过分放大，同一幅图上不同曲线的点要分别用不同形状标出。图号按章编排，如“图2－1”表示第2章第1张插图，图号与图名之间空一格排列。

列表中的参数应标明量和单位的符号。列表的序号及列表的名称应置于列表的上方。

表序按章编写，如“表 2－1”表示第 2 章第 1 张表，表题中不允许使用标点符号。表序与表名之间空一格。

公式的编号应加括号，并写在公式的末端，其间不加虚线。公式序号按章分组编号，如“(2.1)”表示第 2 章的第 1 个公式，“(A1)”表示附录 A 中的第 1 个公式等，文中引用公式时，一般用“见式(2.1)”或“由式(2.1)”。对过分注意细节的数学推演，需要时可采用附录的形式供读者选阅。

(7)论文中的量和单位要严格执行国家标准《量和单位》(GB 3100～3102—93)中的规定。具体要求参阅《常用量和单位》(计量出版社，1996)。论文中的单位名称的书写可以采用国际通用符号，也可以用中文名称，但全文应统一，不要两种混用。

(8)论文中所引用的文献用阿拉伯数字连续标明编号。编号加方括号。

(9)论文的最后一章是论文的结论，文字必须简明扼要，不要简单重复罗列实验结果，论点应明确、严谨、完整，在写法上不分章节，提倡使用无人称句。

(10)应将他人研究成果单独书写，并注明出处，不得将其与本人提出的理论分析混淆在一起；对于将其他领域的理论、结果引用到本研究领域时，应说明该理论的出处，并论述引用的可行性与有效性。

6.2.6　结论

结论是本质，是理论分析和实验结果的逻辑发展，是整篇论文的归宿。结论以文字表达为主，应准确、客观地对所研究内容及成果进行总结，着重指出所研究内容中创新、改进与实际应用之处，对存在的问题和不足应做出客观的叙述，并指出后继工作和研究改进的方向。

在撰写“结论”时，需要注意避免“过度引申”现象；注意避免涉及前文不曾指出的新事实；注意避免简单重复摘要、引言、结果或讨论等中的句子；注意避免“本研究数据有限……，没有实际验证……，还存在……”等颠覆性的收尾。

总之，结论必须完整、准确、鲜明、并突出与前人不同的新见解。

6.2.7　参考文献

学位论文的研究是建立在前人研究的基础之上，在介绍研究背景和现状时，需要引用相关文献。另外，在论文结尾处附参考文献，便于读者查寻原文，以及衡量论文的水平和可信程度。学位论文的撰写应本着实事求是、尊重他人研究成果的科学态度，凡有引用他人成果之处，均应按论文中出现的顺序列于参考文献内。

6.2.7.1　参考文献的书写格式

有关参考文献的加注方法见第 1 章。下面给出了中国石油大学(北京)本科生毕业论文的书写格式要求。

1)参考文献在正文中引用的书写格式

引用的文献在正文中用方括号和阿拉伯数字按顺序以右上角标形式标注在引用处。

【例6-2】 参考文献在文中的书写格式

以中国石油大学(北京)博士学位论文《高温油藏聚合物凝胶体系研制与胶凝机理研究》为例。

油藏控水技术能够增加油井的生产能力和提高油藏的潜在储量。当采用油藏控水增油技术后，油井的产水量会显著下降，使得油井能够继续经济开采。最终油藏控水技术能够使油井的经济开采程度增加。为了进一步提高油藏的原油开采程度，地下交联聚合物凝胶体系是主要的控水增油技术之一。目前研究最为广泛的地下交联聚合物凝胶体系包括无机金属离子交联聚合物凝胶体系、酚醛树脂类交联聚合物凝胶体系和聚乙烯亚胺(PEI)交联聚合物凝胶体系等[2]。由于有机交联剂与聚合物之间形成的是共价键，其耐温性能普遍优于金属交联剂。实验研究和矿场试验结果表明，高温聚合物凝胶体系具有可控的成胶时间和可调的凝胶强度，且其高温热稳定性好[3,4]。但在现场实际应用中，当油藏温度高于120℃时，其稳定性一般较差[5]。同时，由于胶凝溶液的注入困难及成胶时间过短等问题，部分高温凝胶只能用于近井堵水作业中[6]。

为制备高温聚合物凝胶体系，Moradi - Araghi[4]研究了二元共聚物与苯酚、阿司匹林以及邻氨基苯甲酸形成的聚合物凝胶体系，其耐温性能能够达到121℃，并且具有非常好的高温稳定性。Sengupta[7]和Fang[8]研究了使用高分子量PAM和对苯二酚、六亚甲基四胺之间形成的高温聚合物凝胶体系，其能够在高温80~120℃下成胶。Prada等[9]采用三元共聚物与铬交联能够形成耐温60~121℃的聚合物凝胶体系。李禄[10]采用三元共聚物和FW交联剂制备出高温140℃聚合物凝胶体系，但其成胶强度较弱，需要添加增强剂来改善凝胶强度。郭辉等[11]采用三元共聚物和铬、酚醛树脂体系制备出的聚合物凝胶能够在110℃条件下耐温3个月。罗先波等[12]合成出疏水缔合聚合物AP-P4(由丙烯酰胺、丙烯酸和疏水单体合成)，但将其应用于聚合物凝胶体系时的温度只有95℃[13]，更高温度研究数据未见报道。Vasquez等[14,15]将聚乙烯亚胺(PEI)作为环保型有机交联体系，在超高温(132~177℃)油藏中进行了大量研究与应用，且通常使用二元聚合物PAtBA作为凝胶主剂，但聚合物使用浓度非常高(通常为7%)和成胶时间太短(3h左右)，并且有关其热稳定性能鲜有报道。

2)参考文献在文末的书写格式

以《本科生毕业设计(论文)写作指南》中的格式要求为例，参考文献在文末的书写格式如下。

(1)参考文献按照在正文中引用的顺序进行编码，文献序号用“[ ]”括住，后加一个空格，不加圆点“.”。

(2)作者一律姓前名后(外文作者名应缩写)，作者间用“,”间隔。作者少于3人应全部列出，3人以上只列出前3人，后加“等”或“et al.”，最后一名作者后接“.”。

(3)标题“参考文献”选用模板中的样式所定义的“标题1”，居中；或者手动设置成黑体，居中，字号为小三，1.5倍行距，段后11磅，段前为0。

(4)参考文献正文设置成宋体，居左，字号为五号，多倍行距1.25行，段后、段前均为0。

(5)按照引用的文献类型不同使用不同的表示方法。

专著(注意应标明出版地及所参阅内容在原文献中的位置)，表示方法为：[序号]作者. 专著名[M]. 版本. 出版地：出版者，出版年：起止页.

期刊中析出的文献[注明应标明年、卷(期)，尤其注意区分卷和期]，表示方法为：[序号]作者. 题(篇)名[J]. 刊名，出版年，卷号(期号)：起止页.

会议论文，表示方法为：[序号]作者. 篇名[C]. 会议名，会址，开会年：起止页.

专著(文集)中析出的文献，表示方法为：[序号]作者. 篇名//文集的编(著)者. 文集名[M]. 版本. 出版地：出版者，出版年：起止页.

学位论文，表示方法为：[序号]作者. 题(篇)名[D]：[博(硕)士学位论文]. 授学位地：授学位单位，授学位年.

专利文献，表示方法为：[序号]专利申请者. 专利题目[P]：专利国别，专利号. 公告日期.

(6)其他注意事项。

①版本用阿拉伯数字或其他标识，如第2版或2nd ed.，第3版或3rd ed.，第一版不用书写。例如，第3版(原题：第三版)；5th ed.(原题：Fifth edition)；Rev. ed.(原题：Revised edition)；1998 ed.(原题：1998 edition)。

②出版地只书写出版者所在的城市名称，后接":"和出版社。

③每条文献最后可加一个黑圆点"."或者什么也不用加。

④一条文献的各个部分用"."","":"分隔，注意分隔符号的使用位置。

⑤不要在一条文献段落的中间换页。

【例6-3】 参考文献在文末的书写格式

以中国石油大学(北京)博士学位论文《高温油藏聚合物凝胶体系研制与胶凝机理研究》为例。

[1]Bailey B, Crabtree M, Tyrie J, et al. Water control[J]. Oilfield Review, 2000, 12(1): 30~51.

[2]Zhu D, Bai B, Hou J. Polymer gel systems for water management in high-temperature petroleum reservoirs: A chemical review[J]. Energy & Fuels, 2017, 31(12): 13063~13087.

[3]Albonico P, Lockhart T. Divalent ion-resistant polymer gels for high-temperature applications: syneresis inhibiting additives[C]. New Orleans, Louisiana: SPE International Symposium on Oilfield Chemistry. Society of Petroleum Engineers, 1993.

[4]Moradi-Araghi A, Doe P. Stability of polyacrylamides in hard brines at elevated temperatures[P]. Phillips Petroleum Co., 1984.

[5]Van Eijden J, Arkesteijn F, Akil I, et al. Gel-cement, a water shut-off system: qualification in a Syrian field[C]. Abu Dhabi, United Arab Emirates: Abu Dhabi International Conference and Exhibition. Society of

Petroleum Engineers, 2004.
[6]Hutchins R, Dovan H, Sandiford B. Field applications of high temperature organic gels for water control[C]. Tulsa, Oklahoma: SPE/DOE Improved Oil Recovery Symposium. Society of Petroleum Engineers, 1996.
[7]Sengupta B, Sharma V, Udayabhanu G. Gelation studies of an organically cross – linked polyacrylamide water shut – off gel system at different temperatures and pH[J]. Journal of Petroleum Science and Engineering, 2012, 81(1): 145 ~ 150.
[8]Fang J, Zhang X, He L, et al. Experimental research of hydroquinone(HQ)/hexamethylene tetramine(HMTA)gel for water plugging treatments in high – temperature and high – salinity reservoirs[J]. Journal of Applied Polymer Science, 2017, 134(1): 44359.
[9]Prada A, Civan F, Dalrymple E D. Evaluation of gelation systems for conformance control[C]. Tulsa, Oklahoma: SPE/DOE improved oil recovery symposium. Society of Petroleum Engineers, 2000.
[10]李禄. 油田堵水用高温堵剂的制备及性能评价[D]. 北京: 中国石油大学(北京), 2015.
[11]郭辉, 杨昌华, 范君, 等. 高温低渗油藏用耐温抗盐调驱体系的研究与应用[J]. 油田化学, 2010, 27(2): 183 ~ 187.
[12]罗先波. 两性淀粉接枝共聚物钻井液降滤失剂的合成与性能评价[D]. 成都: 西南石油大学, 2011.
[13]李华斌, 赵化廷, 赵普春, 等. 中原高温高盐油藏疏水缔合聚合物凝胶调剖剂研究[J]. 油田化学, 2006, 23(1): 50 ~ 53.
[14]Vasquez J, Civan F, Shaw T M, et al. Laboratory evaluation of high – temperature conformance polymer systems[C]. Oklahoma City, Oklahoma: SPE production and operations symposium. Society of Petroleum Engineers, 2003.
[15]Vasquez J, Dalrymple E, Eoff L, et al. Development and evaluation of high – temperature conformance polymer systems[C]. The Woodlands, Texas: SPE International Symposium on Oilfield Chemistry. Society of Petroleum Engineers, 2005.

值得注意的是，不同的学位申请单位，要求可能并不相同，在撰写学位论文前，应该详细阅读毕业论文写作指南等指导性文件。

6.2.7.2 参考文献的引用原则

参考文献的引用原则如下。

(1)不转引或少转引。由于转引不能确保所引内容的准确无误，因此，学术研究中不提倡“转引”。

(2)存在多个复制版本时引用最原始的版本。

(3)引用最新的修订本。

(4)引用主要的参考文献。

(5)引用网络文献时标明出处和时间。在学术研究中，严肃的网络资源和印刷版文献具有同等效力，使用的基本规范也相同。其引用出处一般由网址和时间信息构成。时间信息是指网络资源的发布、更新时间或获取时间。

(6)完整、准确地标注引用。引用不得改变或歪曲被引内容的原貌、原义。因此，需要特别注意使用“某某认为、某某看来”时，一定要概括出作者的真正主张。

(7)一篇论著在论文中多处引用时，在参考文献中只应出现一次，序号以第一次出现的位置为准。

6.2.8 致谢

致谢是作者对他认为在论文过程中需要特别感谢的组织或者个人表示谢意的内容。学位论文中不得书写与论文工作无关的人和事，对导师的致谢要实事求是，一同工作的同志对本研究所做的贡献应在论文中做明确的说明并表示谢意，这部分内容不可省略，一般不超过300字。

6.2.9 附录

对于一些不宜放在正文中、但又是学位论文中不可缺少的部分，或有重要参考价值的内容，可编入附录中。例如，过长的推导公式，重复性的数据，有关的图、表、软件源程序清单(应按软件文档格式)，主要符号表等。

论文的附录依序用大写正体A、B、C……编序号，如附录A。附录中的图、表、公式等另行编序号，与正文分开，也一律用阿拉伯数字编码，但在数码前冠以附录序码，如图A1、表B2、式(B3)等。

6.2.10 附件

文献翻译及原稿等内容可作为附件装订在毕业设计(论文)的最后，资料较多的也可单独装订成册。单独装订成册时，文献翻译封面按所发格式进行打印，做毕业设计的同学选用毕业设计文献翻译封面；做毕业论文的同学选用毕业论文文献翻译封面。

6.3 学位论文格式与排版

6.3.1 版面样式

6.3.1.1 论文基本要求

以中国石油大学(北京)本科生毕业设计(论文)为例，论文需要遵循以下基本要求。

1)论文格式基本要求

(1)纸型：A4纸，纵向单面打印。

(2)页边距：上3.0 cm，下3.0 cm，左3.0 cm、右3.0 cm。

(3)页眉：2.0 cm，页脚：2.0 cm，左侧装订。

(4)字体：正文全部宋体、小四。其他字体如表6-2所示。

(5)行距：多倍行距为 1.25，段前、段后均为 0，取消网格对齐选项。

(6)封皮：A4 幅面，浅黄平面暗花，做毕业论文的学生选择毕业论文封面，做毕业设计的学生选择毕业设计封面。

表 6－2　中国石油大学(北京)本科毕业设计(论文)字体、字形及字号要求

部分	示例	字体字号
一级标题	**第 1 章　正文格式说明**	黑体，居中，字号为小三，1.5 倍行距，段前为 0，段后 11 磅
二级标题	**1.1　论文基本要求**	黑体，居左，字号为四号，1.5 倍行距，段前 0.5 行，段后为 0
三级标题	**1.1.1　论文格式基本要求**	黑体，居左，字号为小四，1.5 倍行距，段前 0.5 行，段后为 0
正文	正文是学位论文的主体，要着重反映自己的工作	宋体，居左，字号为小四，1.25 倍行距，段前、段后均为 0，取消网格对齐选项
表题	**表 1.1　物流的概念和范围** **Table 1.1　Conception and scope of Logistics**	表名应当在表的上方，黑体(其中的阿拉伯数字用 Arial 字体)，五号，居中。编号应分章编号，如表 1.1。英文名称设置为 Times New Roman，五号粗体，居中
图题	**图 1.1　标题编号的示例** **Fig. 1.1　Example of headers serial number**	图名应当在图的下方，黑体(其中的阿拉伯数字用 Arial 字体)，五号，居中。编号应分章编号，如图 1.1。英文名称设置为 Times New Roman，五号粗体，居中
参考文献	[1]蒋有绪，郭泉水，马娟，等．中国森林群落分类及其群落学特征[M]．北京：科学出版社，1998：122～125	宋体，居左，字号为五号，多倍行距为 1.25 行，段后、段前均为 0，取消网格对齐选项，续行采用缩进格式

2)论文篇幅基本要求

中国石油大学(北京)理工各类型毕业设计(论文)的具体要求如下。

(1)工程设计类。此类题目侧重于对学生设计、计算、绘图能力的训练，可对应以下两种类型。

对应于机械类、电类专业的产品、部件、控制系统等设计型题目和建筑工程类专业的建筑设计型题目。做此类题目的学生要完成 1 万字以上的设计说明书(论文)，查阅参考文献不少于 10 篇，包括 2 篇以上外文文献；其中机械专业类学生还必须独立完成一定数量的工程图(不包括零件图和示意图)，工程图中必须要有不少于 1 张是计算机绘图；电类专业的学生要独立完成全部或相对独立的局部设计和安装调试工作，要有完整的系统电气原理图或电气控制系统图。

对应其他工科相关专业的综合方案设计或单项方案设计型题目，可包括关键参数计算、工艺流程设计、经济评价等内容。做此类题目的学生应完成1万字以上的论文，查阅参考文献不少于10篇，包括2篇以上外文文献。

(2)理论研究类。原则上不提倡工科各专业过多选做此类课题，除非题目确实有实际意义。做该类型题目的学生应根据课题提出问题、分析问题，提出方案，并进行建模、仿真和设计计算等，要完成1.5万字左右的论文，查阅参考文献不少于15篇，包括4篇以上外文文献。

(3)实验研究类。学生要独立完成一个完整的实验，取得足够的实验数据，实验要有探索性，而不是简单重复已有的工作；要完成1万字以上的论文，其包括文献综述，实验部分的讨论与结论等内容，查阅参考文献不少于10篇，包括2篇以上外文文献。

(4)软件设计类。学生要独立完成一个软件或较大软件中的一个模块，要有足够的工作量；要完成1万字以上的软件说明书，查阅参考文献不少于10篇，包括2篇以上外文文献。

6.3.1.2　论文页眉页脚的编排

从摘要开始有页眉，奇数页页眉为：黑体、五号、居中，填写内容为“中国石油大学(北京)本科毕业设计(论文)”。偶数页页眉为黑体、五号、居中，填写内容为“章节标题”，如图6－8所示。

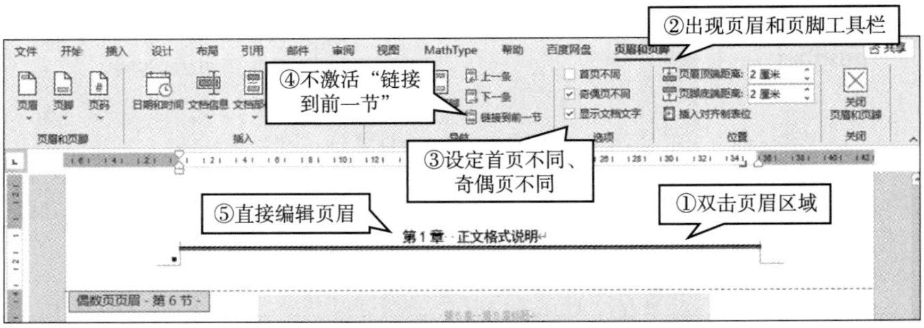

图6－8　页眉编排示例

页码从第一章开始按阿拉伯数字连续编排。封一、封二和封底不编入页码。页码必须标注在每页页脚位置，字体格式为：Arial、五号、居中。将摘要、Abstract、目录等前置部分用罗马数字单独编排页码，字体格式为：宋体、五号、居中，如图6－9所示。在摘要第1页，采用罗马字母“Ⅰ”作为起始页码，后续页码的编号选择“续前节”。

在正文部分的第1页，需要不激活“导航”菜单中的“链接到前一节”，并采用阿拉伯数字“1”作为起始页码，后续页码的编号选择“续前节”。中国石油大学(北京)本科毕业设计(论文)模板中已经将字体和字号要求自动设置为缺省值，只需双击页面中页眉位置，按要求将填写内容替换即可。

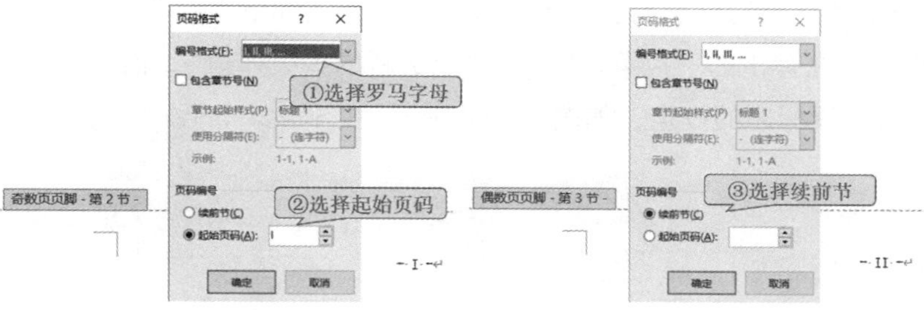

（1）摘要第1页　　（2）摘要第2页

图 6－9　页脚编排示例

6.3.1.3　论文正文格式

正文选用模板中的样式所定义的“正文”，每段落首行缩进 2 字；或者手动设置成每段落首行缩进 2 字，字体为宋体，字号为小四，全文阿拉伯数字和英文字母用 Arial 体或 Times New Roman。多倍行距为 1.25，段前、段后间距均为 0 行，取消网格对齐选项。正文一级标题居中书写，其他标题靠正文左边书写。

模板中已经自动设置为缺省值。模板中的正文内容不具备自动调整格式的能力，如果要粘贴，请先粘贴在记事本编辑器中，再从记事本中拷贝，然后粘贴到正文中即可。或者使用手动设置，将粘贴内容的格式设置成要求的格式。

6.3.2　多级标题设置

6.3.2.1　章节标题格式

每章的章标题选用模板中的样式所定义的“标题 1”，居中。每章另起一页，插入“分节符—下一页”(不要使用分页符，因为每章的页眉不一样)。章序号为阿拉伯数字(不要使用汉字一、二等)。在输入章标题之后，按回车键，即可直接输入每章正文。每节的节标题选用模板中的样式所定义的“标题 2”，节中的一级标题选用模板中的样式所定义的“标题 3”。在二级标题和三级标题中，标题号和标题之间空两格。正文各级标题编号的示例如图 6－10 所示。

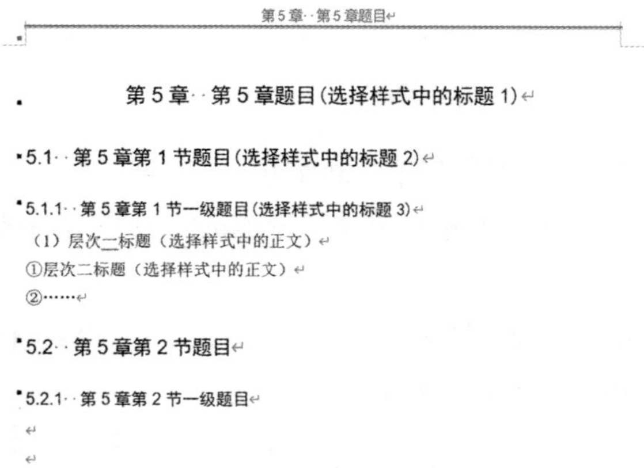

图 6－10　标题编号的示例

在使用 Word 程序撰写论文时，章节标题的设置方法如下：在菜单栏的“开始”界面中点击“多级列表”，在弹出的下拉菜单中选择“定义新的多级列表”。然后，按照第 6. 2. 5. 2 节中的方法进行多级标题的设定，如图 6 – 11 所示。

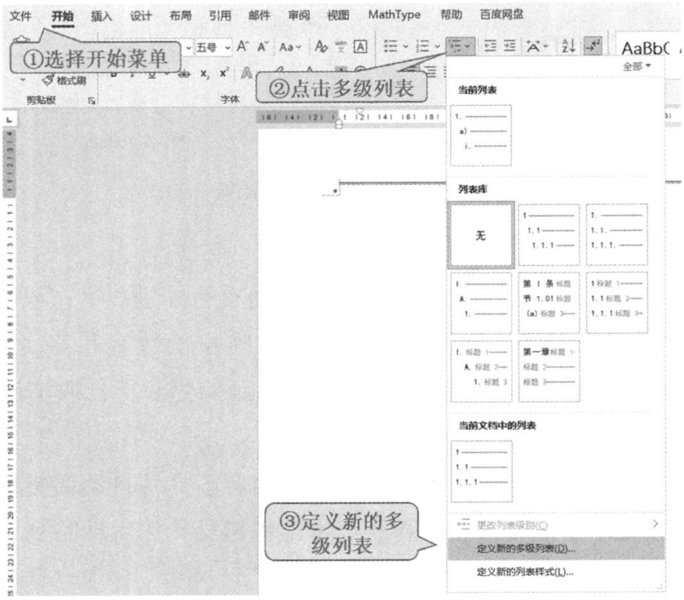

图 6 – 11　定义新的多级列表

6. 3. 2. 2　各章之间的分隔符设置

各章之间应重新分页，使用“分节符”进行分隔。在利用 Word 程序撰写论文时，各章之间分隔符的设置方法如下：在“插入”菜单中选择“分隔符(B)…”，在弹出的窗口中选择分隔符类型为“分节符丨下一页”，确定即可另起一页。

值得注意的是，每个章节(包括封面、摘要、目录、参考文献等部分)都需要设置分隔符，以便设置不同的页眉和页脚页码。需要点击“段落”菜单栏中的 (显示/隐藏编辑标记)符号，才能找到分隔符。如果出现分隔符重复，可以在分隔符的前端点击“Delete”(删除键)进行删除。

6. 3. 3　制作目录

在利用 Word 程序撰写论文时，目录的制作方法如下。

(1)在给文章添加目录前，可对其字体、段落进行最基本的排版。具体方法参考第 6. 2. 5 节相关介绍。

(2)标题 1 默认的对齐方式是两端对齐。默认情况下，标题 1 前面有一个小黑点，该点在打印时不会出现，因此，不需要删除。

(3)在英文摘要和前言(第 1 章)之间新建页面。把鼠标定位到新的页面，选择“引用”菜单下的“目录”，从下拉菜单中选择所需的目录格式或选择自定义目录，如图 6 – 12 所示。值得注意的是，目录所出现的位置视光标所在位置而定，如果光标所在位置在全文末，目录也将自动产生于全文末。另外，目录中的字体也可以根据需要进行修改。当论文最终完稿后，还需要对目录进行更新(只页码出现变化)或者重新制作(标题有更改)。

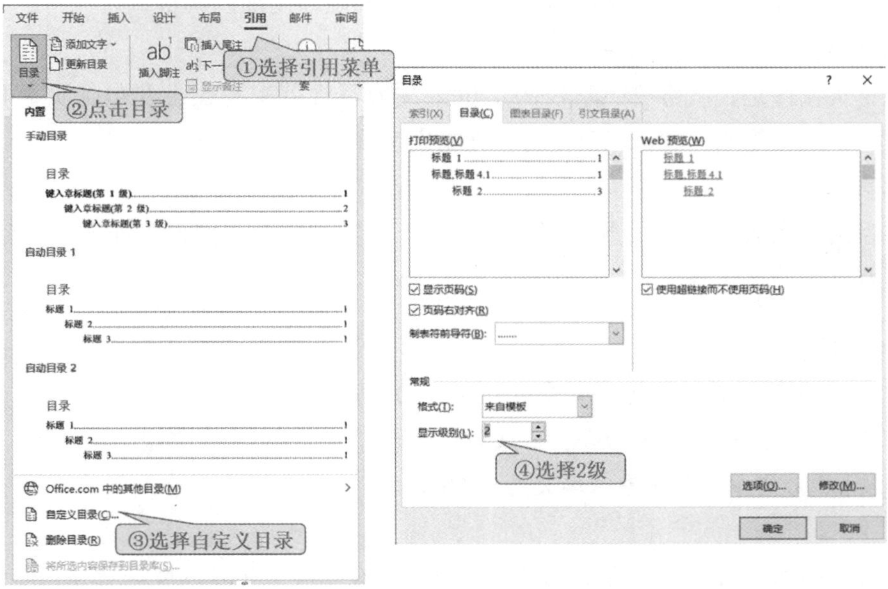

图 6－12　目录的制作

6.3.4　脚注与尾注

脚注出现的位置在每一页的下方或文字下方，便于一边阅读一边引用。作用可以与参考文献相同，也可以指明与本文相关的补充材料，甚至要补充的内容可能是与本文不连贯但有必要说明的部分。

尾注出现在章节结束或是文件结尾的位置，如果要补充的数据文字较长或与内文不太相关，那么将其当作尾注会比较合适。

6.3.5　修订审阅

学位论文的修改有以下 6 个步骤。

1) 推敲题目

毕业论文的题目宜窄不宜宽，所涵盖的范畴应明确，文字应当具有相当的概括力。如果有副标题，应对正标题起到某种特定限制的作用。

2) 修改论点

从论文全篇着眼，看各个论点是否成立，是否正确深刻，中心论点与各分论点之间的逻辑关系是否合理，表达是否准确等，针对问题加以修改。

3) 增删材料

论文中的材料是作论据用的。根据论点的需要，如果发现材料不能说明论点或材料不足以说明论点时，就要删节、调换或补充。

4）调整结构

看全文层次是否清楚，各部分之间的联系是否紧密，段落安排是否合理，开头与结尾是否照应，各部分之间是否衔接自然等，针对上述问题需要加以调整。

5）形式审查

检查论文稿件是否严格按照学校的学位论文编写规范来写，主要包括页面格式、字体、图表、公式、篇幅、编号以及是否存在错别字等。

6）语言润色

主要看语言的表达是否准确、严谨、简练、平实和规范，把似是而非的表述修改准确，把可有可无的字句删去。

【例 6－4】

(1)“通过计算，岩心的气测渗透率为 $50\times10^{-3}\ \mu m^2$。”

表达不准确，主语不定量场合，应改为：

“通过计算，岩心的气测渗透率大约为 $50\times10^{-3}\ \mu m^2$。”

(2)“聚合物凝胶主要包括聚合物冻胶、单体聚合凝胶、颗粒凝胶等。”

表达不严谨，概念要表述完整，应改为：

“聚合物凝胶主要包括地下交联聚合物凝胶、单体地下聚合凝胶、预交联凝胶颗粒、泡沫凝胶等。”

(3)“聚合物凝胶体系有 Sydansk 瓶试测定方法、流变仪测试方法、红外分析方法和岩心驱替实验方法等多种评价方法。”

表达不简练，删除重复词句，应改为：

“聚合物凝胶的评价方法有多种：Sydansk 瓶试法、流变仪测试、红外分析和岩心驱替实验。”

(4)“我们对配制好的不同浓度的和加热不同时间的凝胶，通过流变仪检测其黏弹性。”

表达不平实和规范，避免使用人称代词、口头语和已发表文献中的内容，应改为：

“采用流变仪测试了由不同浓度聚合物制备的凝胶在不同老化时间的黏弹性。”

值得注意的是，在批改论文稿件时，可以选择 Word 软件中的审阅模式，如图 6－13 所示。使用审阅模式进行文章修改，可以直观地看到修改的内容及效果。在利用 Word 程序撰写论文时，修订审阅模式的操作方法为：在“审阅”工具栏下找到“修订”选项，点选激活“修订”并选择“简单标记”。

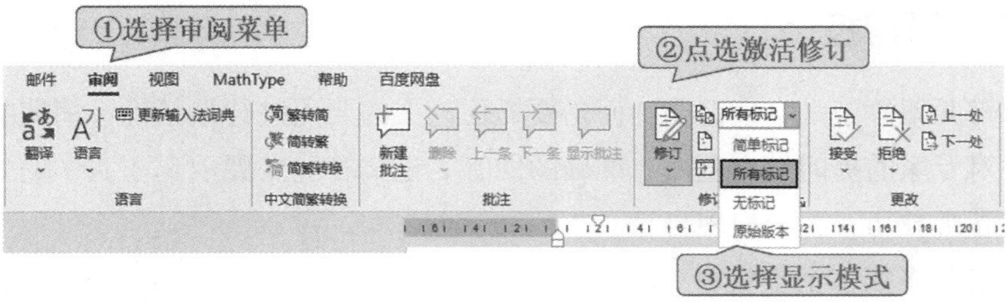

图 6－13　Word 中论文的修订与审阅

在收到修改论文后，点选激活“修订”并选择“所有标记”，可以看到修改的内容及修改过程。点击“更改”工具栏中的“接收”或者“拒绝”，可以对单个或所有修改进行确认。在修订完毕后如果需要原始的状态并进行编辑，则可以取消“修订”选项。

6.4　学位论文答辩

所谓答辩，就是有“问”有“答”，也可以“辩”。学位论文答辩要求学生在答辩会上宣讲自己的学位论文，并当面回答答辩专家提出的问题，也可以针对一些学术观点展开辩解。学位论文答辩既可以反映学生全部学业的综合水平，也是校方审查学生学位论文质量、检验论文的真实性以及考察学生的理论功底、应变能力、表达能力的手段之一。对学生而言，论文答辩有利于进一步陈述、了解论文内容不足，促进论文水平的提高；也有利于发挥和展示其个人的才能。学位论文答辩是整个论文写作的有机组成部分。一场精彩、成功的论文答辩，不仅可以引导学生深化对研究内容的认识，还可以帮助学生发现自己论文写作方法上的不足。

6.4.1　答辩程序

除经过审批的涉密论文外，学位论文答辩会应公开举行。答辩会由答辩委员会主席主持。答辩委员会会预先了解论文的主要研究内容，做好提问的准备。答辩会的程序一般如下。

(1)答辩委员会主席介绍答辩委员会委员，宣布答辩会程序。

(2)学生报告论文主要内容。

(3)答辩委员会委员向学生提问。

(4)学生回答问题。

(5)所有学生论文报告和回答问题结束后，学生和其他列席人员暂时休会，举行答辩委员会会议。

(6)学生、指导导师和其他列席人员复会，答辩委员会主席宣布表决结果和答辩委员会决议。答辩委员会建议授予学位决议经三分之二以上委员同意方为有效。

6.4.2 答辩技巧

论文答辩并不等于是宣读论文，而是要抓住论文的要点进行概括性、简明扼要、生动的阐述，并对专家的提问做出全面、准确的回答。论文答辩是展示真才实学的好机会，学生应该掌握答辩技巧，善于表现自己。

1)认真制作多媒体汇报材料

为了更加流畅地宣讲论文，学生需要事先准备多媒体汇报材料，通常为 Powerpoint 幻灯片。图 6－14 给出了多媒体汇报材料的封面与提纲的示例。封面中需要包括论文题目、学生姓名、指导老师、专业、日期等必要信息。其中，题目的字体应不小于 36 号字体。汇报提纲应包括三个部分，即研究背景、各章研究内容或研究成果、结论与建议。

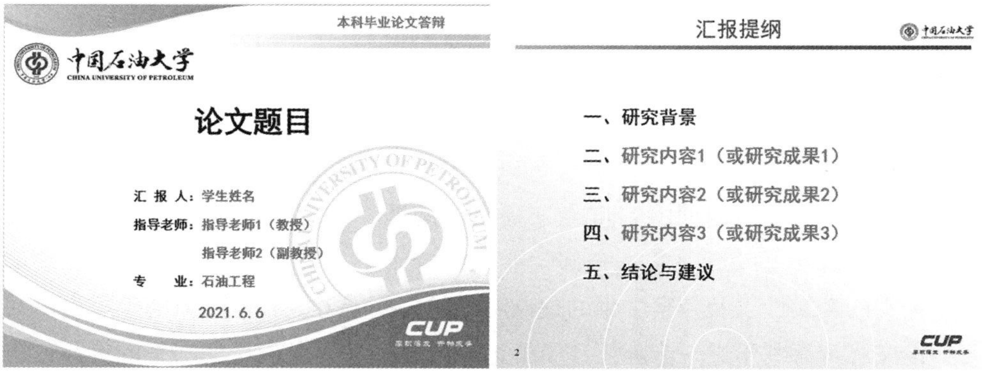

（a）幻灯片封面　　（b）幻灯片提纲

图 6－14　多媒体汇报材料中封面与提纲示例

在制作研究背景材料时，应图文并茂，如图 6－15 所示。可以选择不同的颜色将突出强调的文字进行重点标注，必要时可以加入表格等对国内外研究现状进行归纳概括。幻灯片中正文的字体不应小于 20 号，尽量选择使用黑体，字体颜色不应超过 3 种。

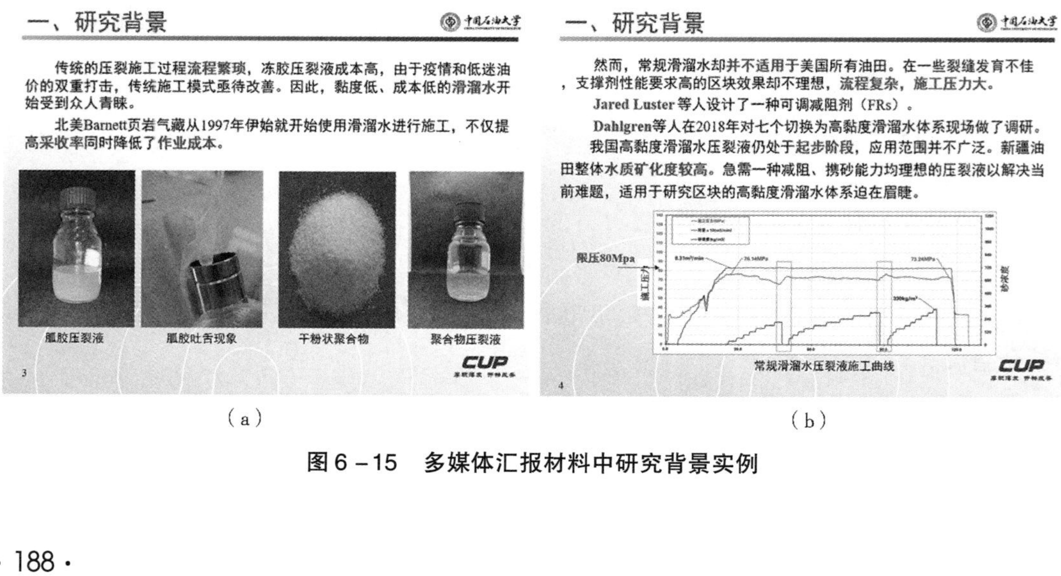

（a）　　（b）

图 6－15　多媒体汇报材料中研究背景实例

在撰写研究内容或研究成果时，应该先用文字描述研究结果，下方放置必要的实验照片和实验数据等支撑材料，如图 6－16 所示。文字尽量不超过 4 行，图和表需要添加标题。图片要清晰，数据图的坐标和刻度应重新标注，以便答辩时专家能够看清。

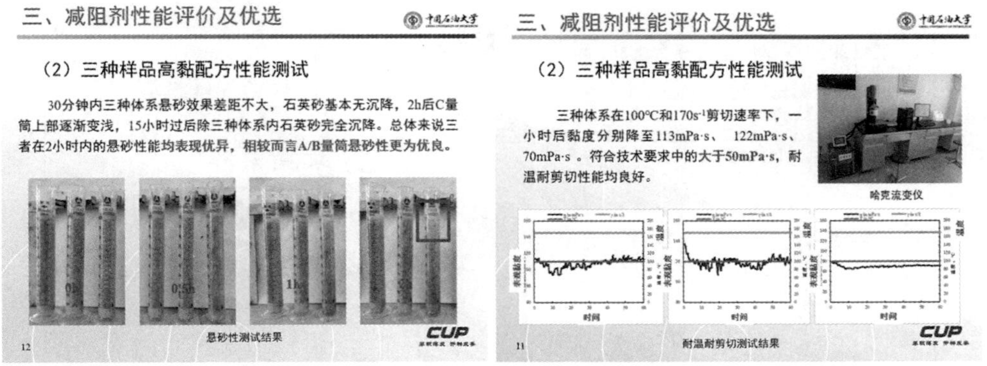

（a）　　　　　　　　　　（b）

图 6－16　多媒体汇报材料中研究内容实例

2）正式着装

答辩场合非常严肃，尽量穿正装或西服，不要穿着显得有些另类的服饰（如背心、拖鞋、短裤等）。

3）合理分配时间

学位论文的时间一般都有限制，学生应该合理分配时间，提前演练熟练，不能超时，重点汇报自己的研究工作和研究成果。

4）认真记录

提问环节中，先记录所有评委的问题，然后进行逐一或分类答辩。答辩结束后，如实整理评委的提问和回答情况，填好答辩记录。

5）礼貌待人

答辩开始之前首先一定要感谢各位导师为论文指正错误，向他们表示谢意。在回答问题的时候一定要做到条理清晰、胸有成竹，而且要根据自己的论文回答问题。当回答完所有问题之后，如果老师提出建议，一定要虚心接受，并向他们表示谢意。

6.5　学位论文质量监控

文献的存在促进了科学研究的同时也为学术不端提供了便利，阻碍了科学研究的创新。学校通常对应届毕业生采取中期检查、查重检测、按比例抽检、专家盲审、论文上网等方式进行质量监控。论文检测系统通常选择“中国知网”大学生论文检测系统（http：//check. cnki. net/pmlc/）。中国石油大学（北京）“中国知网”大学生论文检测系统的 IP 登录网址为 http：//cup. check. cnki. net/，界面如图 6－17 所示。点击“教师/学生入口”按钮，根据单位提供的账户名和密码进入检测系统。

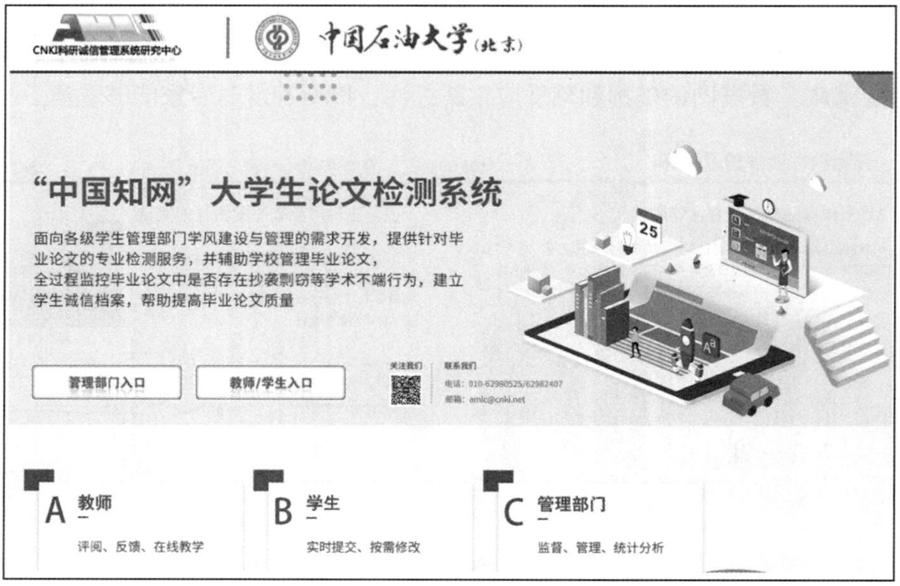

图 6－17　中国石油大学(北京)“中国知网”大学生论文检测系统

检测系统可以从多个角度对学位论文中的文字复制情况进行详细描述，自动给出预判的诊断类型并生成检测报告。当论文检测达到标准后，论文才能进行送审和答辩。值得注意的是，近年来大学生毕业论文的监控也逐渐得到重视。在论文撰写过程中，所有内容均需用自己的语言进行表述，不能复制文献中的文字和内容。

6.6　学位论文专家评审

6.6.1　专家评审的主要指标

论文通过查重后，经导师评阅和学院同意，方可送审。专家评审论文的主要指标如下。

1)研究意义

通过查阅论文的题目与目录，判断论文的选题与研究是否有意义。

2)思考与创新

通过查阅第一章、第二章及最后一章，初步判断论文的原创性，通过查阅结论，评议结论是否合理。

3)工作量

通过查阅论文正文字数的多少判断研究工作量是否达标，通过查阅参考文献与文中注释，评判论文的文献调研基础及是否存在弄虚作假的情况。

收到评阅意见后，学生需要按照专家提出的具体意见进行修改，并写出修改说明；如果专家不建议答辩，则需要申请延期答辩。

6.6.2　专家评审的特点与写作策略

评审专家通常由于时间、精力的限制，不可能仔细阅读全文。因此，论文写作越规范，评阅耗费时间越少，越容易撰写评审意见；论文创新越不清晰，越不容易撰写评审意见。当然，评审专家对论文感兴趣并耗时耗力阅读全文，其角色已不是评阅人，而是同行欣赏了。

针对上述评审特点，在论文写作时应该学会采取对应的策略，以便写出高水平的论文。

(1)要开门见山。以最吸引评审专家的方式围绕创新点来组织内容，让专家能迅速地了解创新点何在以及其价值和有效性，并给予肯定意见。

(2)对于博士学位论文，每个创新点对应一章。方便评审专家针对摘要中的创新点有效率地阅读相应的章节。

(3)周密的论证方法设计。例如，在绪论的结尾给出论文研究的主要思路与内容，在每章的前面介绍研究背景、具体研究方法等。

(4)严谨的数据分析。采用科学的方法对数据进行处理与分析，当实验结果出现误差或者错误时，应该进行重新实验，以保证数据来源与分析结果的可靠性。

(5)科学的结论。结论必须结合论文工作实践，对研究结果进行理论意义和实际意义的讨论，当研究存在的缺陷和不足时，还需要针对性地提出进一步研究的设想和建议。

(6)表述规范且富有个性。表述规范是指论文应该具有一定的深度和实际用途，论证严密、富有逻辑性，因此，需要作者具备一定的学术理论修养、知识积累和实践经验。富有个性是指具有一定的感染力等。

参考文献

[1]教育部科学技术委员会学风建设委员会，高等学校科学技术学术规范指南[M]. 第2版. 北京：中国人民大学出版社，2019.
[2]黄军左，丁书江. 文献检索与科技论文写作[M]. 第3版，北京：中国石化出版社，2018.
[3]梁福军. 科技论文规范写作与编辑[M]. 第3版，北京：清华大学出版社，2017.
[4]张俊东，杨亲正. SCI论文写作和发表：You Can Do It[M]. 北京：化学工业出版社，2016.
[5]龚望欣，石油化工科技论文写作快速入门[M]. 北京：中国石化出版社，2015.
[6]金秋颖，李瑞斌. 信息资源检索与利用[M]. 第2版. 北京：石油工业出版社，2014.
[7]童国伦，程丽华，张楷. EndNote&Word文献管理与论文写作[M]. 第2版. 北京：化学工业出版社，2014.
[8]马三梅，王永飞，孙小武. 科技文献检索与利用[M]. 第2版. 北京：科学出版社，2014.
[9]孙平，伊雪峰. 科技写作与文献检索[M]. 第2版. 北京：清华大学出版社，2013.
[10]王园春，李瑞斌. 科技信息检索与利用[M]. 北京：石油工业出版社，2006.
[11]王威. 石油科技论文写作与发表[M]. 北京：石油工业出版社，2005.
[12]侯吉瑞，李海波，姜瑜，等. 多井缝洞单元水驱见水模式宏观三维物理模拟[J]. 石油勘探与开发. 2014，41(6)：717－722.
[13]Schuman T，Salunkhe B，Al Brahim A，et al. Development and Evaluation of Ultra－High Temperature Resistant Preformed Particle Gels for Conformance Control in North Sea Reservoirs[C]. Dubai，UAE：SPE Annual Technical Conference and Exhibition. Society of Petroleum Engineers，2021.
[14]朱道义. 高温油藏聚合物凝胶体系研制与胶凝机理研究[D]. 北京：中国石油大学(北京). 2018.
[15]赵茜. AM/AMPS/NVP共聚微球的制备及性能研究[D]. 北京：中国石油大学(北京). 2014.
[16]Zhu D，Xu Z，Sun R，et al. Laboratory evaluation on temporary plugging performance of degradable preformed particle gels(DPPGs)[J]. Fuel，2021，289：119743.
[17]Zhu D，Hou J，Wei Q，et al. Terpolymer gel system formed by resorcinol—hexamethylenetetramine for water management in extremely high－temperature reservoirs[J]. Energy & Fuels，2017，31(2)：1519－1528.
[18]Zhu D，Hou J，Meng X，et al. Effect of different phenolic compounds on performance of organically cross－linked terpolymer gel systems at extremely high temperatures[J]. Energy & Fuels，2017，31(8)：8120－8130.
[19]Zhu D，Hou J，Chen Y，et al. Evaluation of terpolymer－gel systems crosslinked by polyethylenimine for conformance improvement in high－temperature reservoirs[J]. SPE Journal，2019，24(04)：1726－1740. SPE－194004－PA.
[20]Zhao S，Zhu D，Bai B. Experimental study of degradable preformed particle gel(DPPG) as temporary plugging agent for carbonate reservoir matrix acidizing to improve oil recovery[J]. Journal of Petroleum Science and Engineering，2021，205：108760.
[21]孙斐斐，林梅钦，王王功，等. 聚丙烯酰胺－Cr^{3+}凝胶的结构与性能关系[J]. 石油学报(石油加工)，2014，30(6)：1065.
[22]朱大伟，胡永乐，崔明月，等. 局部网格加密与嵌入式离散裂缝模型耦合预测压裂改造井产能[J]. 石油勘探与开发，2020：341－348.
[23]吴凡，侯吉瑞，汪志明，等. 三元复合驱靶向输送提高采收率技术[J]. 石油勘探与开发，2018，45(2)：305－311.
[24]Baek S，Akkutlu I Y. Enhanced Recovery of Nanoconfined Oil in Tight Rocks Using Lean Gas(C_2H_6 and CO_2) Injection[J]. SPE Journal，2021，26(04)：2018－2037.
[25]Shi Y，Miller C，Mohanty K. Surfactant－Aided Low－Salinity Waterflooding for Low－Temperature Carbonate Reservoirs[J]. SPE Journal，2021，26(04)：2214－2230.